研究阐释党的二十大精神国家社会科学基金
重大项目“我国土地要素市场化改革及其深化路径研究”
（批准号：23ZDA031）的阶段性成果

农村集体经营性建设用地入市增值收益共享机制研究

NONGCUN JITI JINGYINGXING JIANSHE YONGDI RUSHI
ZENGZHI SHOUYI GONGXIANG JIZHI YANJIU

张　建◎著

中国财经出版传媒集团
中国财政经济出版社
·北京·

图书在版编目（CIP）数据

农村集体经营性建设用地入市增值收益共享机制研究 / 张建著. -- 北京 : 中国财政经济出版社, 2024. 11.
ISBN 978-7-5223-3462-2

Ⅰ. F321.1

中国国家版本馆CIP数据核字第2024FC9517号

责任编辑：吕小军　　责任校对：张　凡

封面设计：卜建辰　　责任印制：张　健

中国财政经济出版社 出版

URL：http：//www.cfeph.cn

E－mail：cfeph@cfeph.cn

社址：北京市海淀区阜成路甲28号　邮政编码：100142

营销中心电话：010－88191522　编辑部电话：010－88190957

天猫网店：中国财政经济出版社旗舰店

网址：https：//zgczjjcbs.tmall.com

北京厚诚则铭印刷科技有限公司印刷　各地新华书店经销

成品尺寸：170mm×240mm　16开　15.25印张　220 000字

2024年11月第1版　2024年11月北京第1次印刷

定价：62.00元

ISBN 978－7－5223－3462－2

（图书出现印装问题，本社负责调换，电话：010－88190548）

本社质量投诉电话：010－88190744

打击盗版举报热线：010－88191661　QQ：2242791300

序

随着我国经济社会的深化发展，农村土地权能体系的不充分、土地市场不完善带来的土地资源配置不合理、利用效率低、无法有效支撑乡村振兴等问题越发显现。为此，在党中央、国务院的部署下，围绕农村土地征收、集体经营性建设用地入市、宅基地制度等三项农村土地制度，我国实施了一系列的改革举措。2015 年 2 月，全国人民代表大会常务委员会授权国务院在全国选择 33 个试点县（市、区）开展农村“三块地”改革。2017 年 10 月 31 日在第十二届全国人民代表大会常务委员会第三十次会议上，国务院将三项改革试点期限延长 1 年。与此同时，这一轮农村土地制度改革精神也落实在了 2019 年新修订的《中华人民共和国土地管理法》中。

集体经营性建设用地入市改革是此次农村土地制度改革的重要内容。集体经营性建设用地是乡村振兴的重要建设用地载体，对于保障农村产业发展、增加农民土地财产性收入、推动建立城乡统一建设用地市场具有重要意义。集体经营性建设用地入市后必然带来土地价值增值，面临的重要问题是增值收益分配问题。合理的增值收益分配政策有利于协调政府与农民集体的利益关系，减少入市过程中的矛盾冲突，保障农村土地制度改革的顺利推进。国家高度重视集体经营性建设用地入市增值收益分配工作，如 2016 年财政部和原国土资源部印发了《农村集体经营性建设用地土地增值收益调节金征收使用管理暂行办法》，明确了县级以下政府以收益调节金的形式参与土地增值收益分配，规定了调节金大体按土地增值收益的 20%—50% 征收。为更好地处理入市过程中的利益分配关系，2022 年召开的中央全面深化改革委员会第二十七次会议审议通过了《关于深化农村集体经营性建设用地入市试点工作的指导意见》，再次强调入市过程中要建立“兼顾国家、集体和农民个人的入市土地增值收益调节机制，保护农民集体和个人权益”。当然，地方政府根据中央政策文件也探索出符合地区特色的入市增值收益分配办法。然而，当前入市改革仍然面临土地增值收益分配方法和程序缺乏理论指导、收益分配机制缺乏可持续性、部分地区土地增值收益分配矛盾冲突较大等困境。

《农村集体经营性建设用地入市增值收益共享机制研究》一书，是张建老师依托研究阐释党的二十大精神国家社会科学基金重大项目“我国土地要素市场化改革及其深化路径研究”（批准号：23ZDA031）的阶段性成果。该书围绕集体经营性建设用地入市增值收益共享机制这一主题，重点剖析了三个方面的问题：第一，在集体经营性建设用地入市增值收益形成机理和价格影响因素分析的基础上，从土地发展权、合作博弈、制度环境与治理结构三个理论视角对增值收益分配进行了分析优化，并基于实地调研案例进行了论证，总结出现实中土地增值收益分配存在的主要问题。第二，通过全国东、中、西部代表性试点地区入市增值收益分配改革现状与实践总结，理顺了集体经营性建设用地入市中的利益关系和增值收益分配格局，提炼了典型收益分配模式在平衡国家、集体和个人利益方面的经验启示。第三，针对入市增值收益分配理论与实践的研究结果，从共享原则、程序和保障机制等方面提出了入市增值收益共享机制。通读样稿，我觉得本书有以下几点特色：

第一，研究内容和视角具有鲜明特色。研究聚焦集体经营性建设用地入市增值收益分配这一“小”问题，分析农村土地制度改革中政府与集体、农民之间的利益关系这一“大”道理，回应了入市改革中如何兼顾国家、集体、个人的土地增值收益分配机制的重大需求。第二，研究理论方法具有新意。本研究以土地发展权理论、合作博弈模型对增值收益分配进行了量化研究，对实践中集体经营性建设用地入市增值收益分配进行了优化，以制度经济学理论解释了不同入市增值收益分配模式的形成，将发展权、贡献度、利益均衡等理论思想融入到增值收益共享机制设计中，进一步丰富了土地产权制度和增值收益分配理论，理论方法科学严谨。第三，研究数据资料翔实可靠。土地增值收益分配的基础数据资料较为匮乏，需要实地调研，数据收集难度较大。该书分别选取东、中、西部地区的典型试点地区作为调研对象，深入调查研究收集整理了一手入市交易案例数据，保证了研究结论的可靠性。

综合来看，该书对于推进集体经营性建设用地入市理论研究和实践探索作出了一定贡献，为我国农村土地制度改革和政府公共决策提供了政策借鉴。当然，新时代新背景下对农村土地制度改革提出新的要求，今年召开的中国共产党第二十届中央委员会第三次全体会议提出“有序推进农村集体经营性建设用地入市改革，健全土地增值收益分配机制”。目前，离真正建立城乡统筹的建设用地市场和完善的土地增值收益分配机制还有很长的路要走，需要广大学术研究者和政策制定者继续贡献力量。

冯淑怡

南京农业大学公共管理学院教授

2024 年 10 月

前　言

在城乡二元土地制度格局下，城市土地持续扩张不断加剧土地资源紧张形势，而农村集体建设用地闲置浪费、低效粗放利用等问题仍然突出。因此，建立城乡统筹的建设用地市场，允许农村集体经营性建设用地入市显得尤为紧迫。农村集体经营性建设用地入市对缓解城市用地压力、盘活农村闲置集体建设用地、提高资源利用效率、促进城乡融合发展、保障农民土地权益、推进乡村振兴与共同富裕等方面具有极为重要的意义。此外，农村集体经营性建设用地入市显化了沉睡的资产价值，产生巨大的价值增值，合理的收益分配机制关系到农民集体和政府的切身利益，是实施土地制度改革中的关键环节。截至2022年6月，我国首批33个试点地区已入市地块有2.7万余宗，面积18万余亩，总价款约357.9亿元，政府收取调节金52.7亿元。然而，集体经营性建设用地入市增值收益分配过程中还存在一系列问题，如各地政府收取调节金差异较大、农民集体内部收益分配规则不清晰、集体博弈能力弱、不同参与主体的利益冲突等。由此，如何科学合理分配集体经营性建设用地入市增值收益，对于丰富收益分配理论、指导收益分配实践以及缓解不同参与主体的利益冲突具有重要的理论和现实意义。

本书首先介绍了我国集体经营性建设用地入市改革政策历程，分析了入市增值收益分配形成的理论机理和实践现状，提出了现阶段入市增值收益分配存在的问题。进一步，研究了农村集体经营性建设用地入市价格影响因素，指出入市收益提升的障碍。接下来，从发展权理论、合作博弈理论和制度经济学理论三个角度，研究了集体经营性建设用地入市增值形成机理与收益分配优化方法。最后，构建了集体经营性建设用地入市增值收益共享机制。

通过以上研究，本书得出以下研究结论：

（1）集体经营建设用地入市增值收益分配存在理论与实践中的悖论，理论上集体作为土地所有权主体应当享有收益分配政策制定权，政府通过税收分享增值收益，而实践中政府往往取代集体成为收益分配政策制定主体，以入市总价款为基数征收调节金而非增值额的税收部分，集体内部较少进行收益分配。理论与悖论的主要原因在于，政府对入市改革强有力的控制，未能有效地培育集体土地所有权主体的自治能力，村集体经济组织产权虚置，农民协商与博弈能力弱等。

（2）集体经营性建设用地入市的方式以协议和挂牌为主，市场化程度较低，竞争程度不高，入市价格尚未显化，增值能力较低。土地使用权主体多为小微企业，价格支付能力较弱。入市价格收益主要受到区位因素如交通便捷度，经济发展和工业化程度等因素的影响，宗地因素对其影响较小。土地开发程度低、区位条件差、交易的人格化特征强、土地权能限制成为阻碍入市价值提升的主要障碍因素。

（3）基于发展权的集体经营性建设用地入市增值收益分配优化研究发现，相较于供求性增值和投资性增值，入市中用途性增值权重比重较大，优化后的发展权增值分配比例分别为区政府 34.14%、镇集体 20.24%、村集体 26.84%、集体成员 18.78%。对应到不同利益主体的增值收益分配，优化后镇集体增值收益分配比例降低，村集体和集体成员收益分配比例提高。研究区域入市增值收益分配中存在镇集体收益分配比例偏高、村集体收益支配权较弱、部分农民尚未实现收益权等问题。

（4）基于合作博弈的集体经营性建设用地入市增值收益分配研究发现，河南省长垣市（县级市）工业用地直接入市中政府获取的收益分配比例低，优化后政府应获得的增值收益分配比例高于实际值。调整入市中政府获得的增值收益分配比例高，主要来源于农地转用的指标费。入市增值收益分配比例优化后，农民获得的增值收益分配比例相应提高。

（5）基于制度经济学理论考察了制度环境、治理结构对江苏省常州市武进区和浙江省湖州市德清县两地入市增值收益分配的影响，发现政府与市场的关系、资源禀赋和入市用途、土地制度设计等制度环境差异是武进区镇集体主导入市模式和德清县集体自组织入市模式增值收益分配差异的主要原因，治理结构的差异对两地入市增值收益分配主体和支配权有很大影响。

（6）围绕本书提出的发展权、博弈均衡、治理结构等收益分配理论，提出了集体经营性建设用地入市增值收益共享的原则、程序和保障机制。共享原则上，提出按照发展权贡献度和利益均衡的增值收益分配原则。共享程序上，提出健全沟通协商机制、完善乡村治理体系、明确分配比例和标准、实施有效的监督机制等建议。最后，从健全村集体经济组织产权体系、完善政策法规、优化政府管理职能、健全市场机制等方面提出了集体经营性建设用地入市增值收益共享保障机制。

目　　录

第一章

导　论

第一节　研究意义与目标

一、研究背景

随着城镇化与工业化的快速发展，我国城市建设用地需求量逐年增加，城市扩张占用大量优质耕地资源。与之相矛盾的是，农村作为集体建设用地占比最大的地区，却存在大量的集体建设用地闲置现象，土地利用效率低下（谭荣、曲福田，2006；唐健、谭荣，2013；孔祥智、李愿，2024）。据统计，中国农村集体建设用地面积达3.1亿亩，其中经营性建设用地面积4200万亩，约占到集体建设用地总量的13.3%（叶兴庆，2015）。此外，农村集体建设用地长期无法合法化进入市场，阻碍了农民土地财产性收入的提升，不利于共同富裕和乡村振兴战略目标的实现。农村集体经营性建设用地入市[①]是中国土地制度改革的发展方向，对缓解城市用地压力、盘活农村闲置集体建设用地、增强土地利用

① 全书其他部分表述中简称入市。本书中相似的概念还有集体建设用地流转。2013年之前，政策文件和学术研究中将农村集体存量和增量建设用地进入市场交易统一称为集体建设用地流转，2013年11月中共中央《关于全面深化改革若干重大问题的决定》正式提出“农村集体经营性建设用地入市”这个概念，后期相关研究也多使用这一概念。从内涵边界上看，集体建设用地流转的概念更广泛，集体经营性建设用地入市属于集体建设用地流转范畴。

活跃度、促进城乡融合发展、保障农民土地权益、推进农村经济社会发展等方面有着极为重要的作用（诸培新、王敏，2017；张晓玲，2021）。农村集体经营性建设用地入市是指在国土空间规划及乡村规划中被确定为工业、商业及其他具有生产经营性质的集体经营性建设用地，其使用权在法律规定的范围内通过出让、出租、作价出资（入股）及其他有偿使用方式进入市场的交易活动。

近年来，政府加大了农村集体经营性建设用地入市改革力度。2015年，中共中央办公厅、国务院办公厅联合印发了《关于农村土地征收、集体经营性建设用地入市、宅基地制度改革试点工作的意见》，审批通过了33个农村土地制度改革试点地区的改革方案，自此拉开了集体经营性建设用地改革的序幕。2019年新修订的《中华人民共和国土地管理法》（以下简称《土地管理法》）明确将农村集体经营性建设用地入市上升到法律层面。2021年2月，《中共中央　国务院关于全面推进乡村振兴加快农业农村现代化的意见》正式发布，明确将积极探索实施农村集体经营性建设用地制度，作为深入推进农村改革的重要事项。2021年12月，国务院办公厅印发《要素市场化配置综合改革试点总体方案》，指出“在依法自愿有偿的前提下，允许将存量集体建设用地依据规划改变用途入市交易”。2022年9月，中央全面深化改革委员会第二十七次会议，通过了《关于深化农村集体经营性建设用地入市试点工作的指导意见》，提出“事关农民切身利益，必须稳妥推进农村集体经营性建设用地入市改革”。2023年3月，启动新一轮集体经营性建设用地入市改革试点，自此，开启了深化农村集体经营性建设用地入市改革的新征程。

集体经营性建设用地入市后产生大量增值收益。据统计，截至2022年6月，我国首批33个试点县（市、区）集体经营性建设用地已入市地块2.7万余宗，面积18万余亩，总价款约357.9亿元，政府收取土地收益调节金52.7亿元。面对大量的增值收益，集体经营性建设用地入市后面临的首要问题是增值收益分配，政府、村集体、农民个人三者的收益如何分配是土地制度改革中的重中之重。2016年，财政部、原国土资源部印发了《农村集体经营性建设用地土地增值收益调节金征收使用管理暂行办法》，对集体经营性建设用地入市的收益分配予以规范和管理，为土地增值收益分配机制的构建与完善提供了权威指导。各地区在入市实践中，也根据地方差异制定了相应的入市增值收益分配办法。

实践中，集体经营性建设用地入市地方实践中还存在以下问题：(1) 入市试点地区的收益分配方法和程序差异较大（周应恒、刘余，2018），无法形成可推广复制的经验，部分收益分配方式缺乏理论指导；(2) 增值收益分配中政府权力过大、农民缺少话语权，导致基层政府与村集体、村集体内部矛盾纠纷较为突出，影响社会和谐稳定（彭文英等，2008；诸培新、刘玥汐，2012；郑妮，2021）；(3) 不同集体经营性建设用地入市模式中涉及的利益主体及其利益关系尚未理顺，如政府与集体的利益关系如何协调，集体和农民内部的收益分配问题等。由利益分配不均引发的利益冲突，有悖于乡村土地制度改革的精神（张建等，2022）。为此，2022 年召开的中央全面深化改革委员会第二十七次会议进一步强调，“推进农村集体经营性建设用地入市改革，事关农民切身利益，涉及各方面利益重大调整，必须审慎稳妥推进”。因此，如何建立合理的增值收益共享机制，均衡各方利益，保护农民土地财产权益，助力乡村振兴，成为迫切需要研究的问题。

本书通过系统梳理集体经营性建设用地入市增值收益相关理论，通过国家和省级集体经营性建设用地入市试点地区调研，总结了我国入市增值收益分配现状特征，厘清了入市过程中增值收益利益分配关系，研究了基于发展权、合作博弈、治理结构的集体经营性建设用地入市增值收益分配优化方法，提炼了试点地区入市增值收益分配的主要亮点模式，并构建了保障集体经营性建设用地入市增值收益合理共享的配套政策体系。

二、研究意义

（一）理论意义

本书研究农村集体经营性建设用地入市增值收益共享机制，构建了

“形成机理—现状特征—理论优化—机制构建”的逻辑思路框架，从理论与实践两个方面解析当前我国集体经营性建设用地入市增值收益分配中存在的主要问题，已有主要模式的经验借鉴，从发展权、利益均衡、治理结构等理论视角提出了集体经营性建设用地增值收益分配优化方法、制度改革的取向等问题，丰富了农村土地制度改革的理论研究方法。

（二）实践意义

本书立足于集体经营性建设用地入市增值收益分配中的现实问题，如收益分配机制不完善、收益分配比例不合理，以及利益主体关系未理顺、冲突大等，从理论优化和实践经验两个方面说明了当前我国入市增值收益共享的原则、程序、保障等机制，通过多个试点地区的现状分析、模式总结和比较研究揭示了入市增值收益分配改革的实践经验及其政策启示，研究结果对协调参与主体利益关系、合理共享增值收益提供了借鉴，为破解城市用地难题、盘活农村闲置土地、保障各利益主体间的公平分配和农民的权益，以及为我国其他改革试点的顺利推进提供了现实指导。

三、研究目标

（一）总体目标

总结试点地区集体经营性建设用地入市的增值收益分配现状、主要模式、参与主体及其利益关系，分析入市增值收益的形成机理和影响因素，研究合理的增值收益分配方式，提出集体经营性建设用地入市增值收益共享机制。

（二）具体目标

（1）分析农村集体经营性建设用地入市增值收益形成机理与影响因素，理顺分配主体间利益关系及其博弈规律，阐述土地发展权、合作博弈理论和治理结构对入市增值收益分配的指导作用，为实证研究提供理论支撑。

（2）分析研究试点地区集体经营性建设用地入市的收益分配现状，总结入市增值收益分配主要模式及其经验启示，提炼当前农村集体经营性建设用地入市增值收益分配中存在的问题。

（3）基于发展权、合作博弈、制度经济学等理论视角对集体经营性建设用地入市增值收益分配进行优化，对比分析优化值与实际值之间的差异，分析实践中入市增值收益分配存在的主要问题。

（4）综合入市增值收益分配的理论与实践经验研究，提出本书关于集体经营性建设用地入市增值收益的共享机制，为我国入市改革提供政策借鉴。

第二节 国内外研究现状

一、国外研究动态

国外主要实行土地私有制，多数情况下土地归个人所有，与我国土地的社会主义公有制不同，并且国外城乡土地市场一体化程度高。因此，涉及集体经营性建设用地入市收益分配的研究较少。国外学者的研究方向着重体现在土地产权制度、土地市场、土地收益分配三个方面。

（一）土地产权制度研究

国外有关土地产权制度的重要性研究方面与国内学者一致。新制度经济学家科斯指出，“清晰的产权界定是市场交易的前提”，要想实现较为充分活跃的土地市场，土地权属的清晰界定是基础（Nosal，2001）。Feder 和 Feeny（1991）对土地产权的含义进行了重点阐述，表示明晰的土地所有者权利可以减少因土地产权问题而产生的纠纷与争议。Van Wagner（2017）指出，土地产权制度不明晰会造成土地交易主体不明确，进而导致土地交易不顺畅。Park 等（2003）通过对中国农村金融机构数据的分析发现，无论是国有土地还是集体土地在产权主体上的不明确，都导致了中国土地资源的利用效率低下。Brand 等（2002）对产权的含义、现状和存在的问题进行研究分析，并通过对中国 215 个村庄的村级调查发现，农民对产权稳定的土地长期投资的意愿更强，也有利于节约利用土地，提高生产效率。Zhou 等（2023）运用 probit 模型分析了中国赣南地区的农民调查数据，发现农民土地产权安全意识会影响其耕地质量保护行为。

针对产权制度的影响因素，Ruden（1999）认为，土地产权制度不仅受到农村家庭、生产方式的影响，还受到土地、资金、劳动力等生产要素配置方式的影响。Adamopoulos（2008）基于土地流转相关要素进行研究，发现集体建设用地的土地产权高度集中在集体经济组织手中，而产权拥有者为了维护自身利益会设法阻碍城市化的进程，一定程度上阻碍了土地的流转。Li 等（2022）通过对中国农村地区的调查，发现乡村治理的民主化程度对土地产权的完整性有一定影响。针对现行产权制度存在的问题，Pašakarnis 等（2013）认为，现有的土地集体所有制结构已经不符合当前的社会发展和农民利益需要，需要政策执行者及时对土地管理制度及产权制度进行相应的改革。Chen 和 Yang（2014）认为，农村土地所有权主体的明晰是农村产权制度改革的重点，要建立统一的城乡建设用地市场，进一步深化落实和确认农村土地所有权主体和颁证工作。Zheng 和 Qian（2021）通过对中国农村家庭调查数据的研究发现，明确的所有权界定和有效的所有权保护有助于遏制耕地撂荒现象，并指出通过土地确权可以提高农民的土地保护行为，促进土地的可持续利用。产权制度不仅降低土地的交易成本，而且有利于土地资源的优化配置，也更利于农业发展。

（二）土地市场研究

土地市场以土地产权为基础，是土地资源配置的最主要方式。国外学者从市场效率、政府角色、交易过程和影响因素对土地市场展开研究。关于土地市场的资源配置效率，Ding（2003）研究指出，要想最大程度提高土地使用效率，土地进入市场是实现配置效率提升最有效的途径。Havel（2014）指出，如果不建立城市土地市场制度，会引发一系列的城市问题。但是进入市场后，政府应该扮演怎样的角色，学者们也有不同的见解。

有的学者支持政府的干预和调控。Munton（2009）基于新制度经济学理论分析英国农村土地市场，认为虽然土地交易市场有一定的缺陷，产权的变化带来一系列权利的分割等问题，但是政府的宏观调控有利于经济调节和保持土地市场的稳定。Adamopoulos（2020）提出，政府在土地市场交易中扮演着极为重要的角色，一个好的制度需要政府有效的约束和管理。Séogo 和 Zahonogo（2022）认为，政府必须在规范土地交易方面发挥核心作用，使土地市场能够有效配置资源。Gorgan 和 Hartvigsen（2022）通过对东亚和中亚国家土地市场发展阶段的研究，提出利用土地管理工具开展国有农业用地的管理和私有化可以支持农用地市场的发展。

部分学者反对政府过度干预。Moss 等（2002）认为，政府的干预会影响市场的资源配置作用，主张政府放权于市场进行自由化的资源配置以提高效率。Kvartiuk 和 Petrick（2021）通过分析哈萨克斯坦的土地改革成效，认为政府的政治决策以及发布的政令和政策对于土地关系的建立以及土地市场的构建存在直接的影响，进而阻碍了土地市场效率。更一般的是对政府与市场关系的理性思考，Macmillan（2000）认为，土地作为一种生产要素，土地所有者和使用者双方可以进行自由交易，但是政府要管理好土地交易市场的环境，当交易产生资源配置不合理等问题时，政府应及时发挥“看得见的手”这一宏观调控作用来弥补市场失灵。

对土地市场交易过程和影响因素研究，Holcombe（2004）提出，中国土地资源配置过程中应发挥市场的作用，遵循土地市场交易规则。Interdonato 等（2022）指出，土地买卖需要建立良好的土地交易市场，在交易过程中更应该注重农民的需求，尽量保证交易的自由。关于土地市场的影响因素，Binswanger（1995）把市场因素和土地因素作为影响资源利用效率和社会经济发展的重要影响因素，而土地所有权流转可以很大程度上提升人们开发投资土地资源的积极性，从而提高土地资源利用率。Deller（2020）通过分析英格兰土地所有权转让案例，提出经济增长与人口的冲击是影响土地交易市场的主要因素。Roy（2020）分析了印度农村土地市场，发现农村土地金融化可以促进农村土地市场发展，经纪人是一个重要影响因素。Weldesilassie 和 Worku（2022）以埃塞俄比亚的城市土地交易市场为研究案例，发现城市土地市场不仅由经济因素驱动，也受非经济因素的影响。

（三）土地增值收益分配研究

英国古典政治经济学家威廉·配第指出，“劳动是财富之父，土地是财富之母”。土地创造的国民财富要合理分配，才能协调不同阶层群体利益，维持国家发展。马克思和恩格斯（1995）有关土地产权理论和收益分配关系是关于土地增值收益分配基础的理论。马克思认为，土地产权完善可以带来收益，而土地所有权是土地产权权能的核心，土地的其他权能均由土地所有权产生。关于土地增值收益归谁所有，主要分两种观点。一是增值收益“归公”论。Hagman 和 Misczynski（1978）认为，土地增值收益并非由土地所有者而产生，而是因土地需求增长等社会因素导致土地价值的改变，土地增值收益应全部归公。George（1995）认为，土地增值收益离不开国家调控下的经济发展，因此土地获得的一部分增值收益应当归属于国家。还有一种观点是“归私”论。Kung（2000）研究发现，法国应当将土地开发增值收益返还给公众。Dye 和 Mcmillen（2007）认为，土地增值收益全部属于土地所有者和使用者。

国外学者认为，各国应当根据本国的国情采取相应的土地增值收益分配方式。Johnston 和 Swallow（2006）指出，在美国实行谁受益谁付费的方式，根据一定的比例收取土地增值收益，将其用于农村的基础设施建设，实现公平和效率的统一。Evans 和 Beed（1986）研究发现，德国通过规划制度来平衡土地增值收益的分配，采用预购权、交易许可证等制度来吸收过多的土地开发收益和增值收益，将这部分收益用来补偿公共利益损失。Boué 和 Colin（2018）研究发现，英国在开发权国有化的基础上，通过税收实现土地增值收益的合理分配。

针对建立平衡的土地增值收益分配体系，学者提出了不同的观点。

保罗·萨缪尔森认为，国家应该充分利用税收制度，对土地增值收益收取税收以调节收入分配。Wang 等（2023）认为，土地增值收益分配要考虑土地的未来价值，实现公平分配需要在土地利用过程中协调相关主体的利益，遵守社会稳定和社会公正的标准。

国外学者从不同的角度对土地产权、土地市场化及土地增值收益分配理论进行了大量的研究，为国内研究提供了一定的参考价值。但是由于国内外土地制度的差别，我国在开展农村集体经营性建设用地入市增值收益分配研究时要进行适当的甄别和借鉴。

二、国内研究动态

在 2015 年我国集体经营性建设用地入市改革以前，相关研究主要围绕农村集体建设用地流转，入市实质上是流转的进一步改革深化，也属于流转的范畴。因此，综述时为保证研究的全面性，这里也将集体建设用地流转相关研究考虑在内，表述上相关文献有集体建设用地流转、集体经营性建设用地入市等。我国学者对集体建设用地流转增值收益分配领域的研究已取得一定的进展，研究方向着重体现在集体建设用地流转模式、增值收益分配关系及机理、经验、问题与对策等方面。

（一）集体建设用地流转模式研究

关于集体建设用地流转模式，国内学者根据产权配置、政府与市场关系、地区特色、治理结构等进行了不同的划分。如根据集体建设用地流转中土地所有权状态，吕萍（2003）将集体建设用地流转模式归纳为三种——换地模式、留地模式以及弃地模式。集体经营性建设用地入市可划分为就地入市、调整入市和整治入市（周应恒、刘余，2018）。调整入市主要针对农村零星、分散的集体经营性建设用地，由地方政府或村集体通过复垦整治后形成建设用地指标再异地入市（张义博、申佳，2018）。而整治入市多存在于城中村、城边村等区位较好地区，通过整治形成连片开发区域后入市（刘晓丽，2016）。根据政府与市场的关系，陈会广（2009）将集体建设用地流转模式划分为：以福建古田、江苏苏州、安徽芜湖等为典型代表的政府主导型模式，以广东南海、顺德为典型代表的市场主导模式和以浙江湖州市为典型代表的政府与市场相结合的模式。吕萍等（2018）对入市模式及市场定位进行了分析，指出由于主体不同表现出村集体主导和运行与乡镇级政府主导两种模式。张文律（2011）从驱动力的角度出发，将土地入市模式分为外驱式和内驱式（张文律，2011），外驱式即政府主导型，内驱式即农民自主型（张梦琳，2013）。根据地方集体经营性建设用地入市实践特色，黄贤金等（2018）归纳分析了“南海模式”“德清模式”“陇西模式”“北流模式”和“抱团入市模式”5种入市模式，并分析了入市模式的可持续性、实际改革绩效和复制推广存在的问题。曹笑辉（2016）分析对比了“同权市场”“借征入市”“规划主导”和“地票交易”四种典型的入市模式，提出了立法选择建议。李春江和贾莉（2019）总结出佛山市南海区的流转方式分为初次流转和再次流转、物权型流转与债权型流转，不是“一条制度横到底”，需要因地制宜，摸索出最适合本地发展特色的土地入市模式。

根据交易成本与治理结构，胡如梅和谭荣（2021）基于案例的交易成本比较分析，总结了村集体自组织的土地联营公司模式和政府主导的土地整备模式；黄砺和姚钰洁（2021）基于“交易—关键交易属性—交易费用—治理结构选择”的分析框架研究湄潭县的“分割登记”模式、义乌市的“集地券”模式与佛山市南海区的“土地整备”模式及其各自适用条件。

（二）土地增值收益分配的形成机理研究

集体经营性建设用地入市收益分配的实质在于实现土地使用价值和权利人合法权益的最大化，其分配公平与否直接关系到农民的切身利益。就政府、集体和农民等不同利益方而言，最核心的矛盾就是利益主体的收益分配问题。关于增值收益分配所有权归属，国内主要有三种观点，即“涨价归公”“涨价归私”和“公私兼顾”论。“涨价归公”理念最早是由英国经济学家约翰·穆勒提出的，他认为，由于社会进步所带来的价值增加应由国家通过土地税收进行调节。贺雪峰（2013）认为，由于入市的增值是特殊的地理位置和政府土地用途规划管制的体现，土地增值收益应按照“归公论”。肖新喜（2019）认为，为了更好地确保农村集体土地所有权价值的实现，在集体土地收益分配中应保证集体获得一定比例的收益，而不能全部分配给集体成员。从保护农民利益的角度出发，部分学者支持“涨价归私”论，认为在土地私有制的情况下，土地所有者拥有完整的土地权能决定其应取得全部土地自然增值。蔡继明（2004）提出，对被征地农民进行全额补偿。刘正山（2006）认为，农民拥有完整的农地产权，只要土地增值，都归原土地所有者所有。“公私兼顾”论是当前众多学者主张的观点。“公私兼顾”论的创始者是中国人民大学周诚教授，他认为“在公平补偿失地者的前提下，将土地自然增值的剩余部分用于支援全国农村建设”（周诚，2006）。但也有不同的观点，岳永兵和刘向敏（2018）认为，现存的“涨价归公”“涨价归私”“公私兼顾”的理论分配仅适用于由非私人投入引起土地增值的部分，而“谁投资、谁受益”的原则适用的是由私人投入引发的增值部分。马翠萍（2022）认为，现阶段仍应沿用调节金制度来调节入市土地增值收益，地方政府、集体、农民都应参与入市土地增值收益的分配。对于集体经营性建设用地入市增值收益分配现状，多数地方政府通过征收土地收益调节金参与收益分配，如贵州省湄潭县按照12%的比例对拍卖价款征收土地收益调节金（周应恒、刘余，2018），德清县按土地入市价格收取16%—48%的调节金（刘俊杰，2019）。集体内部收益分配方面，大部分试点地区采取集体经济组织与农民按比例分成的方式，也有地区综合采取实物形态、股权形态、现金形态的分配模式，减少了直接的现金分配比例（周应恒、刘余，2018；刘俊杰，2019）。

学者从不同研究视角对土地增值形成因素进行了研究，总体而言将入市增值收益划分为政府改革因素、投资因素、经济发展因素、供需关系因素等。入市增值既有主导因素的作用，也有混合因素的共同作用。杨宸（2016）认为，土地增值主要是由农用地转用成本、公共投资和规划管制三方面所引起的。岳永兵和刘向敏（2018）认为，土地增值的来源主要包括公共投入、私人或其他私人机构投入、土地用途转变和使用条件改变四种。张伟（2022）认为，土地增值收益的来源包括投资性增值、供求性增值和用途性增值。申文金等（2023）认为，土地增值是自然增值和人为增值的结果，自然增值的要素主要包括供求变化，用途变化和交易商品化；人为增值主要为投资产生的增加值。部分学者认为，经济发展是土地增值的主要因素，如张梦琳和陈利根（2008）从优化资源配置的角度出发，指出经济发展程度是影响集体建设用地流转的重要因素，经济的发展可以有效提高土地资源利用效率。曲福田（2011）从城乡统筹发展的角度提出了集体土地产权制度改革的可行性，认为城镇化的快速发展，为集体建设用地的流转提供了空间和机遇。张建等（2022）强调了政府改革的重要作用，指出政府赋予集体经营性建设用地进入市场及转变用途对价值增值具有重要作用。

部分学者强调了供需关系和区位对土地增值的作用。刘尚芳（2014）认为，土地增值原因主要有土地供给和土地需求两个方面。贺雪峰（2013）认为，农地产生增值收益的主要原因：一是特定土地位置使其具有商业使用价值而产生的级差地租；二是作为稀缺性资源的建设用地在经济发展中的重要作用而形成的增值。还有人认为，土地产生增值收益的主要原因是多方合作的结果，邓宏乾（2008）认为，造成土地增值是生产性因素和非生产性因素共同作用的结果。罗雅纯（2016）以马克思地租地价理论、信息不对称理论和博弈论揭示了集体建设用地流转增值收益是在初次流转和再次流转过程中所产生的转让金、租金和其他收益。陈阳（2018）认为，土地增值收益可分为由个人劳动和投资所致的人工性增值以及社会因素所致的自然增值，这两者是土地增值的主要原因。朋东云（2020）认为，集体经营性建设用地入市增值收益形成因素是由原土地使用者投资、政府及社会投资、供需关系以及土地使用用途调整四方面所导致。

（三）集体建设用地流转增值收益分配方法研究

集体建设用地流转收益分配问题既是实证问题，更多是规范性、价值观问题。因此，关于合理的增值收益分配有着大量的理论探讨，也有基于一定价值理念的实证方法研究。理论研究方面，王小映（2014）从土地产权和土地增值成因的角度出发，对农村集体建设用地进行理论分析，提出要建立城乡统一的不动产税收体系，加强政府的管理职能，规范集体土地收益的内部分配，健全收益分配机制。杨雅婷（2015）运用经济学的分析方法，对收益分配主体间进行博弈分析，建立合理合法并且兼顾国家、集体和个人三方的农村集体经营性建设用地入市收益分配机制。李怀（2020）从“地权—地租”视角考察农村集体经营性建设用地入市增值收益分配，探寻不同模式下地权变动与土地增值收益分配的互动。何鹏飞（2020）从马克思地租理论中土地权属关系和土地经济主体利益结构的视角，研究农村集体经营性建设用地入市增值收益分配问题，发现其内在原因主要是土地权属关系不完整和土地所有权边界模糊。吕丹和李明珠（2020）运用演化博弈理论模型，构建政府与村委会双方博弈模型，构建入市中政府、集体和农民收益分配的三者利益和行为的相互作用关系，为明确各主体收益分配比例打下基础。夏莲和丁玉敏（2023）在利益均衡视角下，以浙江省德清县为例，分析了集体经营性建设用地入市增值收益形成机理以及影响因素，并构建了入市增值收益分配框架。

关于实证方法的研究，学者们主要基于计量经济学、统计分析、案例分析、博弈分析等方法对合理的土地增值收益进行研究。樊帆（2015）采用 Logistic 模型对湖北省武汉市的农户选择集体建设用地流转收益分配方式的影响因素进行实证分析。董秀茹等（2016）在基于实地调研的数据上，通过运用统计分析和博弈理论 Shapley 值法对农村集体经营性建设用地入市收益分配主体之间的具体比例进行了测算，认为政府应分享一部分流转收益，集体应该成为流转收益的主要获得者，农民也应获取少量流转收益。谢保鹏等（2018）通过定性分析征收和集体经营性建设用地入市两种模式土地增值收益的形成机制，并选择已有集体经营性建设用地入市案例的试点区定量测算了两种模式增值收益的差异，研究表明入市对增加农民收益更有效。樊丽如（2018）运用 ISM 模型从产权因素、市场因素、收益分配因素、行为主体因素、法律政策因素五个方面选取指标对入市的制约因素进行分析，得出制约入市实践的层级因素。舒帮荣等（2018）通过村级背景和农户认知的多层次分析，研究影响农村集体经营性建设用地入市收益分配合理性的因素。杨人豪（2020）基于扎根理论对四川省成都市郫都区宝华村的集体经营性建设用地入市的基层治理进行调研分析，发现是以“村两委—集体资产管理公司”为核心，自治、法治、德治相结合的全域治理体系。

（四）集体经营性建设用地入市改革问题研究

尽管集体经营性建设用地入市改革已取得一定的成效，但在实践中仍存在诸多问题。国内学者针对法律政策、产权制度等方面提出集体经营性建设用地入市改革存在的主要问题。

一是集体经营性建设用地入市的法律问题。刘丽和张迎新（2003）研究指出，增值收益分配比例多数是由地方政府自己制定的，缺乏合理一致的分配标准，无法依靠法律依据解决收益分配过程中出现的纠纷。于建嵘（2015）结合国家法律研究发现，集体经营性建设用地入市的制度障碍，主要是权属不清晰，产权不确定，没有相应的法律规范体系。陆剑（2018）研究发现，集体建设用地入市面临使用权的法律地位缺失，入市范围过窄和城乡建设用地“同等入市、同权同价”规则不清等问题。吴迪等（2020）研究入市的法律问题，认为仍存在多政策性和原则性规定而法律保护不足、入市的权利主体不明晰、入市的客体范围较窄、土地的增值收益分配不均衡、入市审批环节冗杂等问题。马翠萍（2021）通过对首批试点地区入市效果的评价，发现试点地区对入市土地增值收益分配制度安排并没有充分调动起地方政府推动集体经营性建设用地入市的积极性。

二是土地产权制度问题，曲福田和谭荣（2010）指出，尽管集体建设用地流转可以提高农民收入，但仍存在产权制度不完善的问题。高飞（2016）认为，我国集体土地所有权归属主体不仅概念模糊、主体利益也有严重缺陷。王秋兵等（2017）指出，农村集体正式承担所界定土地所有权身份时，存在三重范畴，模糊了土地所有权主体的终极归属，以致所有权主体虚置，产权权能弱化。这进一步导致农村集体经营性建设用地所有权被弱化，逐渐成为虚化的一个符号。吴义龙（2020）认为不对土地的用途管制、规划条件和使用方式进行具体界定，将难以实现“同地同权”，进而夸大市场机制在集体经营性建设用地“一级市场”形成中的作用，引发土地矛盾冲突。徐洁和高清浅（2023）认为，对于农村集体经营性建设用地的归属和利用，在主体方面存在虚位、混乱等问题，农民集体、村民委员会、农村集体经济组织常在认定农村集体经营性建设用地的入市流转主体时被混用。

针对农村集体经营性建设用地入市改革中存在的问题，学者们从法律层面和市场层面提出相应的对策建议。

一是法律层面，温世扬（2015）结合用益物权法提出，要明确“集体建设用地使用权”的用益物权地位，构建集体经营性建设用地使用权流转的规则体系，并且完善集体经营性建设用地使用权流转的配套制度。陆剑和陈振涛（2019）提出，增量集体经营性建设用地应当纳入入市客体，并建立城乡统一的建设用地出让、土地利用规划、土地价格管制与土地收益分配的法律规则体系。崔建远（2020）提出，要将集体经营性建设用地使用权与国有建设用地使用权同权、同价落到实处，既要避免以商业目的征收农民集体土地，以防集体土地所有权人的收益减少；又应封堵“绕道”宅基地使用权的渠道而后转入集体经营性建设用地使用权的“土地池”的暗度陈仓。宋志红（2020）从使用权出发，提出为弥补部分集体土地所有者主体资格和专业能力的不足，土地所有者可以委托入市实施主体代为入市，要明确决议主体、程序和事项；同时倡导入市前开展集体建设用地使用权的首次登记。徐永德（2021）认为，相关法律中应当明确集体经营性建设用地入市范围、用途以及使用强度。夏沁（2022）提出，以《土地管理法》和《中华人民共和国民法典》（以下简称《民法典》）为基本法，制定专门的入市条例，并细化集体经营性建设用地届满后房屋和不动产的归属规则。

二是市场机制。杜伟和黄敏（2018）指出，实施乡村振兴战略，必须坚持农业农村优先发展原则，把推进农村集体建设用地改革放在首要位置，进而建立健全城乡融合发展体制机制和政策体系。唐健和谭荣（2019）提出，在今后的集体经营性建设用地入市管理中，应拓宽入市主体和客体，优化农村生产生活布局，将可以入市的土地从存量集体建设用地扩大到新增建设用地，从仅限于经营性用地扩大到所有集体建设用地。徐建牛和李敢（2019）提出，在入市过程中，在确保基本不触动“土地财政”的前提下，可以规避征地程序、突破建设用地指标的限制，并获得与征地出让大体相当的收益，从而扩大地方政府土地收益的范围。矫雪梅等（2021）提出，对于城乡融合发展程度高的地区可以打破以单个村集体为单位的入市模式，而是以城市国土空间规划为上位规划，全域整体制订入市计划。刘向南等（2022）提出，要从确权登记、基准地价、交易平台、指标和空间管理等方面积极构建市场基础，引导用地主体提高进入出让市场的积极性。

（五）农村集体建设用地流转增值收益分配优化问题与对策研究

农村集体建设用地流转中存在增值收益分配主体认定难题，现实中由于农村集体经济组织缺失，往往由村委会代为行使集体土地所有权主体权利。集体建设用地流转中村干部“一言堂”、集体决策机制不健全，农民参与权、知情权、监督权难以有效形成，土地增值收益分配过程中容易侵犯农民利益。彭文英等（2008）指出，在集体建设用地流转过程中，农民实际所得收益比例往往过低，利益受损严重。诸培新和刘玥汐（2012）指出，入市过程中农民的谈判权、参与权被严重剥夺，极大地削弱了农民合理、公平分享土地增值收益的机会。刘亚辉（2018）指出，目前全国尚未建立起统一的收益分配体系，在政府垄断土地一级市场的情况下，土地出让收入成了地方财政的重要来源，集体和农民只能得到很小的份额。程雪阳（2020）指出，增值收益分配中政府权力过大、农民缺少话语权，导致基层政府与村集体、村集体内部矛盾纠纷较为突出，影响乡村和谐稳定。李文艳等（2021）认为，农村集体经营性建设用地入市存在着政府与农民集体，以及集体内部利益都无法做到有效平衡的现实困境。郑妮（2021）提出，由于建设用地使用权客体维度的二元划分与整体性规范意涵的模糊，导致集体经营性建设用地使用权被束之高阁且流于表面；入市的制度成本高昂，造成农民权益保障存在诸多薄弱环节。岳永兵和刘向敏（2022）认为，对于收益分配主体、比例和方式尚未形成普适性经验，在平衡国家、集体和个人收益关系方面，如何平衡高增值区域的土地增值收益还有较大改进空间。

针对集体建设用地流转中存在的问题，学者们从农民权益保护、收益分配改革、土地制度改革等方面提出了政策建议。李祖全和任空军（2017）研究农地发展权的博弈中发现，由于主体地位、实现能力等方面的差异，达到均衡的博弈结果存在一定难度。地方政府、企业和农民的博弈中，还要制订合理的保护方案，以促进最终利益的合理化。张建等（2017）提出，通过完善农地流转市场建设、清理基层政府不合理的农地流转干预政策、减少与农地流转和规模经营直接挂钩的财政补贴以此来优化收益分配。刘益林等（2017）认为，在对入市收益进行分配时，农村集体经济组织可留出一定金额用于农民医疗、养老保险等方面的支出，确保农民基本生活得到保障。刘晓萍（2020）建议，建立健全土地增值收益分配机制、统筹推进征地制度和宅基地制度改革、加快编制村庄规划和出台入市细则，为农村集体经营性建设用地入市创造条件、提供空间、增添动力。何芳从（2019）提出，土地增值收益如何在国家与集体农民之间均衡分享即调节金如何设定是集体经营性建设用地入市改革的核心。调节金比例需充分考虑入市地块所在区域的设施完备度及集体对设施投入程度，考虑土地级别、规划区内外等因素因地制宜来确定，并配以调节金修正体系。而以总收益为基础设定调节金比例更能实现利益均衡分配。吕丹和薛凯文（2021）提出，政府在集体经营性建设用地入市过程中应处主导地位，参与收益分配具有必要性和合理性，但应减少入市收益分配获得比例。同时，政府在政策法规层面上均衡集体与农民间收益分配比例，保证收益在集体和农民间公平合理调配。翁贞林等（2022）提出，以“还权于民”“让利于民”为政策价值取向，构建政府、集体和农户等相关主体土地增值共享机制，使集体建设用地征收补偿标准与集体经营性建设用地入市“市场价格”相互衔接。王亚男（2022）提出，因地制宜确定合理的入市收益分配机制，通过财政补贴、金融支持等政策手段激励企业下乡，从法律、制度、技术等多角度保障入市土地的有效利用和收益分配。

三、文献述评

综上所述，国外土地多以私有制为主，因此涉及集体经营性建设用地入市方面的研究和探讨较少，但国外学者较多关注土地产权制度、土地市场和土地收益分配问题，研究认为有效的土地产权保护、明晰的土地所有权归属有利于土地资源配置，土地市场化配置有利于提高土地利用效率和农民收入。国外学者从土地增值收益的形成、理论、分配原则等方面进行了探讨。相关研究为我国学者开展集体经营性建设用地入市相关研究提供了一定的理论基础和经验借鉴。

国内学者围绕集体建设用地土地制度改革、收益分配等方面进行了研究。在集体建设用地流转模式方面，已有研究认为当前我国农村集体建设用地流转按照产权配置、政府与市场关系、地方特色等可以划分为不同模式。集体经营性建设用地入市方式中，主要存在直接就地入市、整治入市和调整入市。已有研究从法律政策、产权配置等方面指出了集体建设用地流转中存在的问题，并提出了相应的政策建议。大量研究关注集体建设用地流转增值收益分配问题，从增值收益形成的理论机理，到增值收益分配优化理论与方法，并针对当前我国集体建设用地流转中面临的增值收益分配问题提出相应的政策建议。

已有文献对本书研究集体经营性建设用地入市增值收益共享机制提供了理论基础、方法论基础和经验案例。然而，纵观已有研究，还存在以下需要进一步探讨的问题：

第一，已有关于土地增值收益分配机理的研究忽略了集体土地所有制下的政府作用对集体土地增值收益分配模式和结果的影响。入市改革中，政府与集体关系、利益主体博弈、建设用地产权特征等都会对增值收益形成机理产生较大影响，这些需要系统研究分析。

第二，已有关于集体经营性建设用地入市增值收益分配的研究以理论分析为主，基于实践考察基础上的增值收益分配模式总结及其效应研究和基于不同理论观念的优化方法研究较少。

第三，已有研究缺少对集体经营性建设用地入市增值收益共享机制的研究。鲜有文献关注集体经营性建设用地入市参与主体利益关系和利益冲突问题，无法从利益均衡的视角提出增值收益分配方式和共享机制。

因此，本书基于调查研究、统计分析、案例分析、数理分析等多种方法，在介绍我国集体经营性建设用地入市试点改革增值收益分配现状及问题的基础上，揭示了入市价格和增值收益的形成机理与影响因素，基于发展权、合作博弈、制度经济学等理论视角对集体经营性建设用地入市增值收益分配进行了优化研究，从原则、程序和政策保障等方面提出了入市增值收益共享机制，为弥补当前集体经营性建设用地入市研究的不足，完善我国入市增值收益分配政策，更好平衡国家、集体和个人的收益分配关系，有序推进全国范围内的集体经营性建设用地入市提供了政策参考。

第三节 理论基础与概念界定

一、理论基础

（一）土地产权理论

土地产权包括土地所有权、使用权、收益权、处分权等多种权利体系。其中，土地所有权包含了对土地的占有、使用、收益和处分，其功能主要表现在界定、激励、约束和规范市场交易等方面（马贤磊、曲福田，2006）。土地产权理论是指土地所有权人对土地所享有的权益和权利，主要研究土地的权属关系、土地权利的定义、范围、内容、来源等。

权利的界定是交易的基本前提。土地产权的界定是指确定土地所有权人对土地所享有的权利的过程，包括土地使用、收益、转让、抵押等方面的权利。通过界定土地产权，可以明确土地使用的归属和责任，减少土地使用纠纷。土地权利的界定一般要明确土地所有权及其细分权利的归属、产权边界及四至等区位因素，土地面积、用途等个体因素。

现代土地产权以法律赋予为基础，产权主体及其相关权利受到法律的严格保护，对产权人有效利用土地进行合理约束，具有激励、约束、规范市场交易等功能。激励功能表现在以土地产权保护激发产权主体投资与开发利用的激励行为机制。明晰的土地产权保障了权利人剩余索取权的获取，从而激励土地所有权人对土地进行有效的管理和利用，提高土地利用效率。土地所有权人可以享受土地带来的收益，他们有动力将土地用于最有利可图的用途，提高土地的经济效益。

约束功能主要是指对土地产权主体进行的经济利益、道德以及法律的约束。土地所有权主体拥有对土地的终极处置权，但这并不意味着所有权人就可以随意处置土地，而是受到法律政策的严格管制。管制的目的是保障土地的社会、经济和生态多功能价值实现，维护良好的社会秩序，保障土地可持续利用。土地产权权利主体的界定可以对土地的使用和管理进行约束，防止土地资源的破坏和浪费，维护生态环境和社会公共利益。实践中，国土空间规划、土地用途管制、地役权等都是对土地产权的约束。

规范市场交易功能指通过土地产权制度规范土地市场主体交易行为，保障市场有效运转，实现资源优化配置。土地市场交易，不仅包括买卖双方的土地交易关系，还包括众多参与者产生的多方面的经济关系，如合约关系、债权关系、抵押关系、担保关系等。规范的土地交易市场，可以提高土地交易的效率和安全性，吸引更多投资者和开发商参与土地市场交易，推动区域经济发展和产业结构优化。

农村集体经营性建设用地入市增值收益分配的基础，是运用产权理论确定增值收益分配的形成和参与分配的主体，是进行合理化分配的前提。根据产权理论，集体经营性建设用地入市交易在一定程度上可以理解为使用权的交易（杨宸，2016）。在入市增值收益分配中，首先需要明确各方的产权和权利。其次，根据土地产权的不同形式，分配方案也应有所不同。任何产权交易都应该建立在自愿、公平和有效的基础上。因此，在入市增值收益分配中，需要建立健全市场机制和监管体系，确保交易自由、公正和透明。最后，根据产权理论的透明度原则，分配方案应该公开透明，让各方都能够了解土地产权和增值收益的分配方式。这可以增强各方对土地产权的认同和信任，促进土地交易和利用的合理化。

（二）地租地价理论

地租地价理论是经济学中关于土地使用费用（地租）和土地价值（地价）形成与运作的理论，主要研究土地租金的形成、变化及其对土地价格的影响。地租地价理论是现代土地市场的基础，也是国家土地价格政策制定的理论基础。在我国，地租地价理论在土地市场化改革中起到了重要作用（朋东云，2020）。土地市场化改革中，土地竞拍、招拍挂等市场化机制，通过市场竞争的方式确定土地价格，从而实现土地资源的合理配置。同时，政府也通过土地增值征税的方式，调节土地市场价格。任何地租的产生，必须有土地所有权作为先决条件，地租是土地所有权的价值增值，是一种经济形式。农业资本家向土地所有者支付地租，实质是剩余价值分配问题。它的交易对象实际上并不属于土地本身，而是由不同利益主体支付土地权利和取得期望的最大收益。

古典地租理论由威廉·配第、亚当·斯密和大卫·李嘉图创立，威廉·配第从劳动价值论和工资论出发研究地租，认为地租是收益与生产成本之差的剩余量，地租的高低受到工资水平的限制。此外，他还从土地与市场的距离以及土地肥沃度的不同角度解释了级差地租的概念。大卫·李嘉图提出的级差地租理论，强调了土地肥力差异和位置优势对地租的重要性，认为它们导致生产条件的不同，进而造成不同的地租水平。

现代地租理论的代表人物有克拉克、马歇尔、萨缪尔森等。克拉克是边际学派的典型代表，他扩大了边际效用的应用，建立了一个以分配论为中心的经济理论体系。马歇尔进一步发展了古典地租理论，将其融入了广义的市场分析框架，用土地的供求均衡来说明地租的形成。萨缪尔森是美国当代著名的经济学家，在现代经济框架内解释和应用了传统地租理论，尤其是将经济学原理应用于对地租的分析和理解上，他强调，地租可视为土地作为一种稀缺资源所能带来的超额收益。

马克思地租理论是以剩余价值论为基础创立的科学理论，他把地租按其成因和条件划分为绝对地租、级差地租和垄断地租。马克思指出，绝对地租是由于私有制限制了对土地的使用，即使是最不肥沃的土地也可以产生地租。而级差地租Ⅰ是基于不同质量土地的生产能力差异产生的，较肥沃的土地会比不肥沃的土地产生更多的剩余产品，从而产生地租。差别地租Ⅱ是源于在同一块土地上，通过提高劳动投入（如施肥、改良等）来提升产出的情况。在马克思看来，土地价格不是土地自身购买价格，但却是某一持续期间地租的买价，即地租的资本化，计算公式为：土地价格 = 地租/利息率。

按照马克思的地租理论分析，集体经营性建设用地入市不是建设用地使用的唯一途径，所以一般不存在绝对地租，但会因为区位优势、经济发展和供求关系等因素而产生级差地租Ⅰ。入市过程中，村集体和地方政府对土地开发投资提升了农村土地的基础设施条件，吸引企业投资从而改善供求关系，形成了级差地租Ⅰ和级差地租Ⅱ（易甜，2016）。马克思级差地租理论将地租分为三种类型，分别为级差地租、绝对地租和垄断地租。其中，级差地租又分为级差地租Ⅰ和级差地租Ⅱ。马克思级差地租理论可用于分析集体经营性建设用地入市增值收益的形成。

由级差地租Ⅰ的形成可以解释集体经营性建设用地入市过程中由于土地质量、土地规划用途以及土地区位条件而带来的价值变化。对于土地面积较大、平整度高、周围配套设施齐全的建设用地，入市能够产生较高的价值增值。一般而言，规划为商业用地、住宅用地的入市地块增值收益要高于工业用地。邻近国道、省道等，交通位置条件好的土地入市增值收益较高。尤其对于商住用地，靠近市中心区域、城镇开发边界内的地块入市能够产生较高的增值收益。

由级差地租Ⅱ的形成可以解释集体经营性建设用地入市过程中对土地投资开发产生的价值增值，以及异地调整入市和整治入市产生的价值增值。对于土地质量较差、不具备“三通一平”“五通一平”条件的入市地块，通过土地平整和基础设施配套，可以完善入市地块土地开发条件，提高价值增值。对于区位条件差、需求不足的集体建设用地，可以将其整理复垦为耕地形成建设用地指标，指标可以落到城镇周围等区位条件较好的地区，从而以调整入市方式实现土地价值增值。对于城中村零星分布的建设用地，可以通过整治形成连片开发区域后入市（刘晓丽，2016），提高土地集聚水平和开发利用条件，从而产生较高的价值增值。

农村集体经营性建设用地入市增值收益分配可以通过地租地价理论来制订合理的分配方案，集体经营性建设用地入市过程中，还通过地租地价理论引导和建立差别化的集体经营性建设用地基准价格和入市价格

（杨雅婷，2015）。

首先，根据地租地价理论，土地的价值是由土地的地租决定的。因此，在入市增值收益分配中，可以通过分析土地的地租来源合理分配土地增值收益，也可以按照土地的地租比例来分配土地增值收益，土地租金高的地区分配比例高，而土地租金低的地区分配比例低。其次，根据地租地价理论，土地的地租随着土地的位置、土地的品质和土地市场的需求而变化。因此，在农村集体经营性建设用地入市增值收益分配中有必要根据土地的位置、品质和市场需求的变化来调整土地增值收益的分配比例。在城市核心区和经济发达地区，土地的地租较高，应该给予更高的增值收益分配比例；而在农村地区和经济欠发达地区，土地地租较低，增值收益分配比例应该相应降低。

（三）土地增值收益分配理论

土地增值分为两种：一是土地所有者或使用者对土地持续追加投资而导致土地价格上涨，所带来的人工增值。二是由于政府或公共行为等导致土地价格上涨，带来的自然增值（张伟，2016）。《中华人民共和国土地增值税暂行条例》（以下简称《土地增值税暂行条例》）将土地增值定义为“转让房地产所取得的收入减去规定扣除项目金额后的金额，为增值额”。收益是一个经济学、会计学概念，通俗理解就是增加资产的货币价值。土地增值收益一般通过土地使用权买卖及土地增值收益再分配获取。

土地增值收益分配是指在土地使用权转让、开发、利用等过程中所产生的增值收益如何分配的问题，其核心思想是按照土地增值的贡献来分配增值收益（谈琼，2019）。土地增值收益分配理论认为，土地增值的来源主要有自然的土地稀缺性、社区和基础设施的建设、政府的公共投资、区域发展政策以及市场需求等。因此，合理的增值收益分配应当根据增值收益来源的贡献作出划分。英国经济学家约翰·穆勒坚持“涨价归公”，他认为政府公共设施投资对土地价值增值贡献最大，土地增值收益应当由政府获取，政府可以通过税收的形式分享土地增值收益。部分学者坚持“涨价归私”，如刘正山认为农民拥有完整的农地产权，只要土地增值，都归原土地所有权主体所有。周诚于2006年提出了“公私兼顾”原则，他主张在确保向土地被征用者进行公正补偿的基础上，应当利用土地自然升值产生的额外收益来支持全国范围的农村发展项目。

收益分配涉及政府、农民等各方的利益，需要在社会经济背景下进行综合考虑，制订合理的收益分配方案。我国的土地增值收益分配中，政府的规划和政策对其有着较大的调节作用，政府对国有土地使用权一级市场的垄断为其产生巨大增值收益，而对于大多数农用地，通过征收方式转变为国有建设用地，政府也获得较大的增值额，其余部分是以经济补偿方式返还给村集体和农民。

所谓农村集体经营性建设用地入市增值收益，指农村集体经营性建设用地入市环节产生的入市收入减去土地取得成本和土地开发支出最后所得的净收益。本研究中入市增值收益分配主要指土地增值收益在各相关主体之间的分配。在入市增值收益分配中，可以运用增值收益分配理论来制订合理的分配方案，确保各方利益得到平衡和协调。

（四）制度经济学理论

制度经济学理论是研究经济制度、经济组织及其变迁对经济活动和经济绩效所产生影响的经济理论。这一理论流派认为，经济活动并不仅仅由纯粹的市场力量决定，而是在很大程度上受到社会制度的约束与影响，例如法律、政治、教育、文化习俗等。

Williamson（1998）提出了一个四维度的制度观念分析框架，第一维度是社会基础，包含了各种非正式制度，如风俗、传统、习惯、道德等。第二维度为制度环境，包括宪法、法律、产权等正式规则，制度环境层次产权制度具有重要作用。第三维度为治理结构，是在制度环境下具体的治理规则，是为每一种特定的交易寻找最佳的治理规则，以减少交易费用。第四个维度为资源配置，是微观层面考察资源配置效率的过程（曲福田、谭荣，2010；辛蔚、林木西，2020）。

四维度的制度观念中，社会基础变迁较慢，在整个社会层面上具有很大的相似之处（曲福田、谭荣，2010）。制度环境中，宪法、法律等在国家层面上具有一致性，但实际执行过程中会存在制度差异。而由治理规则构成的治理结构是制度经济学中理解交易费用的最低层面，也是进行规则比较与选择时可比性较强的维度。制度环境具有降低交易成本的作用，一系列治理结构也往往是由交易成本最小化所决定。

产权理论是制度经济学的核心理论。产权可以定义为个人和组织的一组受保护的权利，拥有占有、使用、获益、抵押、出租和转让等权利内容。产权结构是由产权的可分割和可转让性带来的权利束细分与在配置内容上的差异（柯武刚等，2018）。阿尔钦认为，产权结构可以划分为私有产权、政府产权和共有产权。政府作为国家代理人时的产权也就是国有产权，共有产权存在的目的是维持成员集体的平均价值最大化。从经济功能的角度看，Alchian 和 Demsetz（2009）通过对产权结构与效率的考察认为，当稀缺资源的所有制是共有时，排他性与可让渡性都是不存在的，产权共有人为攫取最大利益存在浪费资源现象，共有产权可能导致很大的外部性。在国有产权下，由于国家选择代理人行使产权，而实际的剩余索取权并不为代理人所有，因此代理人为最大化个人利益而减少努力程度，产生较大的外部性。相比之下，私有产权中私人所有者对于资源配置的努力和收益都由个人承担和获取，有足够的激励根据资源配置最大化效率和报酬做出决策，因此，在国有产权和共有产权下的许多外部性就在私有产权下被内部化了，从而有利于资源配置效率提升。然而，产权结构并不是完全由经济效率来决定，而是取决于制度环境，如政府对所有制的偏好、社会群体对一种产权结构安排的接受程度。North 和 Thomas（1981）提出，国家对产权的管理会直接作用于产权的分配，从而对整个制度进行优化。

交易费用理论是新制度经济学中的一个重要理论，主要由经济学家罗纳德·科斯（Ronald Coase）提出。科斯（1960）将交易费用界定为寻找潜在的交易对象、谈判签约、监督合约履行等成本。弗鲁博顿和芮内特（2012）按照交易发生的情景将交易费用划分为市场型交易费用、管理型交易费用和政治型交易费用。与实际可观测的交易费用不同，现实交易中存在一类由于道德风险、机会主义行为而发生的违约风险、监督等交易费用，这一点在 Williamson（1973）、Alchian 和 Demsetz（2009）

的经典论著中都有提及。华人学者杨小凯、黄有光首次区分了内生交易费用和外生交易费用。内生交易费用可以界定为交易中人们争夺分工合作的好处时产生的机会主义对策行为，这种行为使得分工合作的好处不能被充分利用或资源分配产生背离帕累托最优的歪曲（杨小凯、黄有光，1999）。与内生交易费用相对应的是外生交易费用，是指交易过程中直接或间接发生的费用，是在交易之前可以预测到的，如运输费用、管理费用和员工工资等（弗鲁博顿和芮内特，2012）。内生交易费用和外生交易费用之和是总交易费用。交易过程中由于机会主义、道德风险的存在，人们倾向于设计复杂的合约和监管机制，从而增加交易的外生交易费用，以降低内生交易费用。因此，内生交易费用与外生交易费用之间有替代性，节省这两种交易费用是一种两难选择（杨小凯、黄有光，1999）。

交易成本决定了治理结构的差异，资产专用性、不确定性和频率可以用来刻画交易的特征和交易参与者之间的相互依赖程度不同引致的交易成本不同（Cory，2004）。产权结构与其相对应的制度环境的匹配和适应，能有效降低交易成本，提升制度运行的效率，并增强人们的福利。Barzel（1974）认为，由于完全界定产权的交易成本极高，甚至超过了私有产权的收益，产权就不能被完整地界定，总是会有部分财富落入“公共领域”中。当然，产权结构与效率不是一一对应的，产权结构能否提高资源配置效率关键在于，其能否降低交易成本。产权配置对于经济活动的交易成本有着很大的影响，如科斯（Coase，1960）指出，交易成本不为零的世界里，不同的产权结构或者产权安排会带来不同的交易成本和配置效率。奥斯特罗姆认为，通过合理的自主治理的制度设计，可以解决共有产权为主的公共池塘资源利用带来的外部性、搭便车等行为（Sabatier，1992）。Alchian 和 Demsetz（2009）认为，企业内部管理者对员工“偷懒”行为的监督可以降低交易费用，而给予管理者“剩余索取权”可以实现其自我激励，降低监督员工过程中的机会主义倾向。

集体经营性建设用地入市是基于不同制度环境和交易成本做出的选择，本书基于制度经济学理论，分析了不同入市政策、地方制度安排、交易费用对入市增值收益分配模式选择的影响。

（五）博弈理论

博弈理论，又被称为“对策论”，是一种研究决策者之间的策略和收益的数学理论。在对等的情况下分别运用对方可能使用的策略转换其对抗策略，以实现自身的利益最大化（华德志等 2011）。

一个完整的博弈过程至少需要包括局中人、博弈策略、博弈次序、博弈得益四个方面（丰景春等，2016）。局中人是指每个参与竞赛或博弈的决策者，他们在博弈中相互影响，共同决定博弈的结果。博弈策略是指局中人在博弈中做出的选择，是实现博弈目标的行动方案，是实现自身最为有利或最为合理的策略；博弈策略包括合作和非合作策略。博弈次序是指局中人在博弈中做出决策的顺序。博弈次序分为顺序博弈和同步博弈。博弈得失是指局中人在博弈中的利益得失情况，包括正得益和负得益。若全部博弈主体的策略选择都为最优，博弈模型达到了均衡点（韩冬等，2017）。

根据局中人在博弈中采取的不同的策略和行为方式，分为非合作博弈和合作博弈，非合作博弈是指局中人在博弈中采取自私行为，追求自己的利益，而不顾及其他人的利益。这种博弈模式下，每个人的决策是独立的，互相之间缺乏协调和合作，因此容易导致博弈失败。非合作博弈中，每个人都是对手，既可以采取攻击性策略，也可以采取防御性策略。合作博弈是指局中人在博弈中采取协作行为，追求集体利益最大化。合作博弈中，各方通过制定合作协议、合理的利益分配机制，实现多方共赢。合作博弈需要各方之间的信任和合作，需要一定的沟通和协商。此外，合作博弈中还存在着合作风险，例如，一方可能会出现违约或者不履行合作协议的情况，这就需要双方制定合适的合作机制和监督手段，以保证合作的顺利进行。合作博弈又可以分为两人参与博弈和多人参与博弈（聂家荣等，2015）。纳什均衡解是两人参与合作博弈的最佳解；Shapley 值法是根据参与者的边际贡献对利益进行分配，并且存在解的唯一性，因此，Shapley 值法是多人合作博弈问题的最优解。在三名及以上主体参与的合作博弈中，参与者之间的博弈关系更加复杂，他们需要考虑到其他人的利益和行动，从而制订最优的博弈策略。

本研究采用博弈理论分析集体经营性建设用地入市中中央政府、地方政府、集体和农民之间的利益关系和博弈规则，进而分析各利益主体的互动逻辑及其对增值收益分配的影响。此外，运用 Shapley 值法构建不同分配主体的增值收益分配模型，并测算出最优分配比例，从而制订合理的入市增值收益分配方案，实现入市增值收益分配各方利益的平衡和协调。

二、概念界定

（一）农村集体建设用地

土地按用途可以划分为三类：农用地、建设用地和未利用地；建设用地按权属又分为国有建设用地与集体建设用地。土地根据权属分为国有土地和集体土地；集体土地按照用途分为农村集体农用地、建设用地和未利用地。

农村集体建设用地指集体所有、用于农村集体建设的土地。根据《土地管理法》第四十三条的规定，农村集体建设用地主要分为三大类：宅基地、公益性公共设施用地和农村集体经营性建设用地（宋才发、金璐，2018）。

（二）农村集体经营性建设用地

农村集体经营性建设用地是指集体所有、用于经营性建设的土地，包括工业用地、商业用地、工矿仓储用地等（韩松，2014）。《土地管理法》规定，满足“符合规划、经营性用途、依法登记”三个条件才能被认定为农村集体经营性建设用地。

集体经营建设用地从以下三个方面进行界定。首先是产权属性，集体经营性建设用地的权属属于农民集体所有，同一个集体经济组织内的所有成员，共同拥有土地的所有权、使用权和收益权。其次是功能属性，要经过土地利用总体规划、城乡规划确定，具有生产、经营、服务性质的土地，用于承载工矿仓储、商业、服务业等经营性业态。在空间上，主要分布在农村地区，只有少部分用地分布在镇（乡、街道）。最后是来源属性，法律不再强调集体经营性建设用地需为存量用地，现阶段主要以存量为主、增量为辅的形式。如图 1－1 所示。

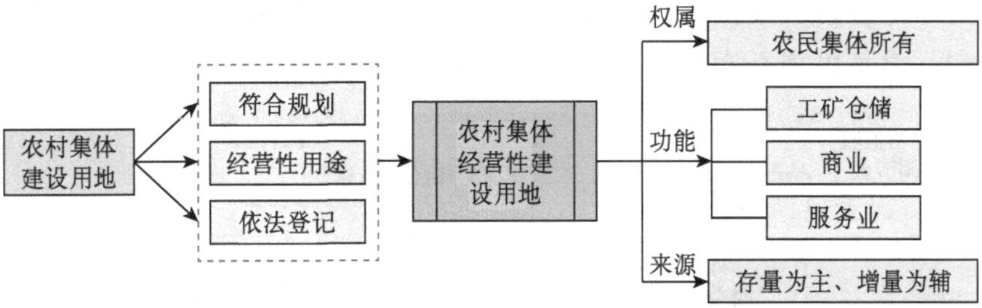

图 1－1　农村集体经营性建设用地属性

（三）农村集体经营性建设用地入市

集体经营性建设用地入市是指农村集体经营性建设用地的使用权可以作为商品，以出让、租赁、入股等方式进入市场，与国有建设用地使用权享有同等入市、“同地、同权、同价”的地位，实质上是对农村建设用地使用权进行市场化配置的过程（杨岩枫，2017）。

农村集体经营性建设用地入市要满足四个条件。一是要经过国土空间规划划定为工业、商业等经营性用途，并依法登记土地所有权；二是实行民主表决的程序，由农民集体决定是否入市以及采取何种入市方式；三是入市方案上报市县级政府审核后，以挂牌或协议等方式出让、出租给土地使用者，并签订书面合同；四是以出让和其他形式获得农村集体经营性建设用地使用权，可再次进行转让和出资（房绍坤，2015；张扬、师海猛，2021；杨辉，2021；李世亮、李海嘉，2022）。

（四）农村集体经营性建设用地入市增值收益分配

2016 年发布的《农村集体经营性建设用地土地增值收益调节金征收使用管理暂行办法》明确，农村集体经营性建设用地土地增值收益，指农村集体经营性建设用地入市环节获得的收入减去土地取得成本和开发支出后的净收益，以及再转让环节的再转让收入减去土地取得和土地开发成本后的净收益（汪洋，2022）。

农村集体经营性建设用地入市增值收益分配是指不同主体之间将入

市所获得的增值收益进行分配的过程。按照利益主体的不同，可以分为外部和内部收益分配。地方政府按一定比例收取的增值收益分配调节金称为外部收益。集体经济组织和农民之间进行的利益分配称为内部收益分配，多是以现金和股份的形式。如图1－2所示。

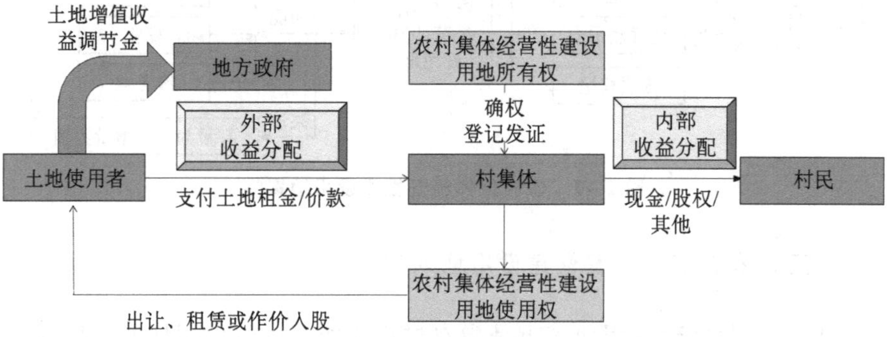

图1－2 农村集体经营性建设用地入市增值收益分配

第四节 研究思路与内容方法

一、研究思路框架

本研究按照“问题提出—形成机理—现状特征—理论优化—机制构建”的研究框架展开。第一，通过已有研究的总结分析、调研实践经验和入市改革历程，总结当前主要试点地区入市增值收益分配亮点模式，提炼现实中集体经营性建设用地入市存在的问题以及科学问题。第二，从理论上阐述集体经营性建设用地入市增值收益形成的原因及其增值机理，相关利益主体及其博弈关系。第三，分析各试点地区集体经营性建设用地入市增值收益分配现状特征，分析入市中的相关利益主体及其收益分配比例。第四，基于发展权、合作博弈、制度经济学等理论对当前集体经营性建设用地入市中政府、集体和农民三者之间的增值收益分配比例进行优化。第五，从共享原则、共享程序、机制保障等方面提出集体经营性建设用地入市增值收益共享机制。

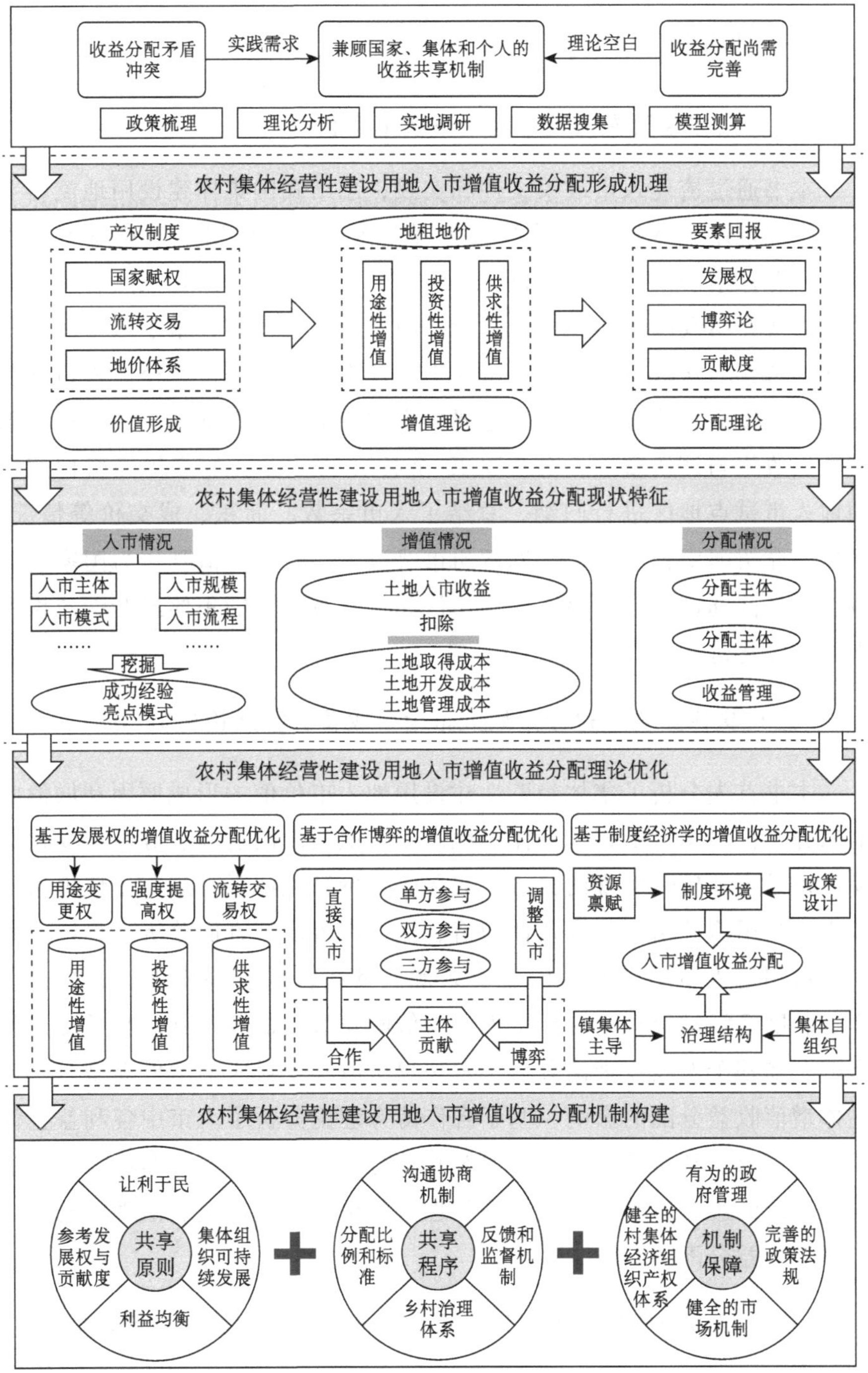

收益分配矛盾冲突
实践需求
兼顾国家、集体和个人的收益共享机制
理论空白
收益分配尚需完善
政策梳理
理论分析
实地调研
数据搜集
模型测算
农村集体经营性建设用地入市增值收益分配形成机理
产权制度
国家赋权
流转交易
地价体系
价值形成
地租地价
用途性增值
投资性增值
供求性增值
增值理论
要素回报
发展权
博弈论
贡献度
分配理论
农村集体经营性建设用地入市增值收益分配现状特征
入市情况
入市主体
入市规模
入市模式
入市流程
……
……
挖掘
成功经验
亮点模式
增值情况
土地入市收益
扣除
土地取得成本
土地开发成本
土地管理成本
分配情况
分配主体
分配主体
收益管理
农村集体经营性建设用地入市增值收益分配理论优化
基于发展权的增值收益分配优化
基于合作博弈的增值收益分配优化
基于制度经济学的增值收益分配优化
用途变更权
强度提高权
流转交易权
用途性增值
投资性增值
供求性增值
直接入市
单方参与
双方参与
三方参与
调整入市
主体贡献
合作
博弈
资源禀赋
制度环境
政策设计
入市增值收益分配
镇集体主导
治理结构
集体自组织
农村集体经营性建设用地入市增值收益分配机制构建
让利于民
参考发展权与贡献度
共享原则
集体组织可持续发展
利益均衡
沟通协商机制
分配比例和标准
共享程序
反馈和监督机制
乡村治理体系
有为的政府管理
健全的村集体经济组织产权体系
机制保障
完善的政策法规
健全的市场机制

图 1-3 技术路线图

二、研究内容

（一）集体经营性建设用地入市改革现状

本书通过梳理入市政策文件和实践，总结我国集体建设用地流转和经营性建设用地入市改革的政策历程，将这一历程划分为自发流转阶段、实践探索阶段、法律授权试点阶段和立法批准与深化试点阶段。然后，简要介绍我国集体经营性建设用地入市主要内容，基于入市政策与实践的考察，从入市条件、入市原则、入市主体、入市途径、入市交易方式、入市流程等方面对入市主要内容和特征进行归纳和总结。进而基于数据收集与调研整理，对全国33个县（区、市）的集体经营性建设用地入市试点地区进行归纳，总结了入市宗数、面积、成交价等情况。最后，介绍河南长垣市、江苏常州市武进区、浙江德清县作为国家级试点，以及江苏连云港市赣榆区作为江苏省省级试点的集体经营性建设用地的市场化进程。

（二）集体经营性建设用地入市增值收益分配理论研究

本书首先分析了集体经营性建设用地入市价值的形成原因和增值收益来源，指出国家赋权是集体土地产权价值实现的前提、健全市场化交易体系是土地价值实现的关键、完善的地价管理体系是规范土地价格的核心。从用途性增值、投资性增值、供求性增值等方面分析了集体经营性建设用地入市增值收益的主要来源。其次，从发展权理论、合作博弈、制度经济学等理论分析了入市增值收益形成机理及其对收益分配的影响，如基于发展权理论分析了发展权价值实现对应的增值类型对入市主体增值收益分配的影响，基于合作博弈理论分析了入市中各利益主体的利益诉求、利益关系、相互博弈及其行动策略，以及博弈均衡对增值收益分配的影响，基于制度经济学理论分析了制度环境、治理结构对入市增值收益分配的影响。

（三）集体经营性建设用地入市增值收益分配实践与现状研究

本书归纳了国家首轮入市改革试点地区的集体经营性建设用地入市

增值收益分配实践，介绍了政府土地收益分配调节金的征收标准和集体内部增值收益分配的具体情况。随后，对河南省长垣市、江苏省武进区、贵州省湄潭县、江苏省赣榆区的入市收益、成本和增值收益分配进行了分析。分别介绍河南省长垣市“定等级、有级差”的收益调节金征收模式，浙江省德清县“折股量化、按股分红”的增值收益分配模式的主要做法和运行方式。并结合入市增值收益分配理论与实践经验，分析了集体经营性建设用地入市增值收益分配理论与实践的悖论，以及存在的主要问题。

（四）农村集体经营性建设用地入市价格影响因素研究

本书从国家赋予集体土地所有权价值实现、土地产权交易体系、完善地价管理体系等方面分析了入市价格影响因素的主要理论，并分析了入市价格影响因素。然后，基于空间自相关模型，以江苏省赣榆区为例，揭示了一般因素、区域因素、市场因素和个别因素对集体经营性建设用地入市价格的影响。基于入市价格影响因素实证分析结果，从土地开发条件和区位条件、交易特征和权能实现程度等方面分析入市价格提升的主要障碍。

（五）基于发展权的集体经营性建设用地入市增值收益分配研究

本书在界定清楚集体建设用地发展权内涵的基础上，按照集体经营性建设用地入市流程指出不同环节分别对应的发展权权利实现过程。接着构建了基于发展权实现贡献度的入市增值收益分配模型，明确了政府、集体和农民应当分享的增值收益分配额数量关系。并基于赣榆区集体经营性建设用地入市交易案例，综合运用模糊综合评价法、熵权法和层次分析法等对发展权贡献度进行了量化，对入市增值收益分配进行了优化。

（六）基于合作博弈的集体经营性建设用地入市增值收益优化研究

本书构建了考虑贡献度和合作博弈的入市增值收益分配理论框架，并以河南省长垣市工业用地入市交易为例，运用区间 Shapley 值法结合增值因素贡献度权重系数调整，分析了直接入市和调整入市中不同入市联盟及其增值收益，优化了两种入市模式下政府、集体和农民的增值收益分配比例，与现状进行了对比分析，指出了实践中收益分配存在的问题。

（七）集体经营性建设用地入市治理结构与增值收益分配

构建了制度环境、治理结构与入市增值收益分配的逻辑框架，分析了制度环境和治理结构对集体经营性建设用地入市增值收益分配的影响。选择江苏省常州市武进区和浙江省湖州市德清县的集体经营性建设用地入市进行案例分析，对武进区以镇集体主导的治理结构和德清县以村集体自组织的治理结构及其增值收益分配特点进行了分析。从政府与市场的关系、资源禀赋和入市用途及土地制度设计等方面分析了制度环境对两地集体经营性建设用地入市增值收益分配的影响，剖析了治理结构差异对两地集体经营性建设用地入市增值收益分配主体和支配权的影响。

（八）集体经营性建设用地入市增值收益共享机制构建

基于发展权、利益均衡、让利于民、集体经济组织可持续发展等角度提出了集体经营性建设用地入市增值收益共享原则，从健全沟通协商机制，发挥村民自治作用、明确分配比例和标准，实施有效的监督机制等方面提出了增值收益共享程序。最后，从健全农村集体经济组织产权体系保障、完善的政策法规、有为的政府管理、健全的市场机制等方面构建了入市增值收益共享保障机制。

三、研究方法与数据来源

（一）研究方法

1. 文献分析法

通过对相关文献进行研究与分析，了解目前关于农村集体经营性建设用地入市增值收益分配的现状及进展，同时对国家和政府出台的相关政策文件整理总结，运用文献研究法找到农村集体经营性建设用地入市增值收益分配的关键点所在，结合入市实践，为进一步研究入市收益分配拓宽思路。

2. 实地调查法

基于江苏省武进区、河南省长垣市、江苏省赣榆区等多个国家级和省级集体经营性建设用地入市试点地区，通过座谈访问、问卷调查等方式了解研究区集体经营性建设用地入市增值收益分配情况，直观了解当前入市改革和增值收益分配中面临的主要问题，收集入市收益、成本、收益分配相关数据、政策文件。调研试点地区的入市案例，以问卷形式调查清楚入市过程中的成本、收益与增值分配情况，为研究入市增值收益的科学合理分配提供数据支撑。

3. 统计分析法

对调研得到的集体经营性建设用地入市案例数据进行编码、录入、清洗和处理，对入市收益、成本、增值收益进行统计，统计分析不同入市模式在收益分配改革重点、公平效率等方面的特点，了解我国入市现状和增值收益分配现状，分析增值收益分配中各利益主体的分配比例以及存在的主要问题。

4. 层次分析法

在量化政府、集体和农民各主体对集体经营性建设用地入市用途性增值、供求性增值和投资性增值等影响的基础上，设计层次分析法的判断矩阵，邀请政策制定者和相关学者对不同入市用途对于入市增值的贡献度进行打分，根据专家的评价结果，得出评价矩阵，计算各主体对入市增值收益的贡献度。

5. 模糊综合评价法

通过构建适宜的入市增值收益分配优化模型，利用模糊综合评价法确定各收益分配主体的贡献度。先后通过确定因素集、因素权重、评语集，进行单因素评价、构造评价矩阵计算各收益分配主体的贡献度，进而求得各分配主体的分配比例及分配额，以此来优化增值收益分配。

6. 案例分析法

选择河南省长垣市、江苏省武进区、贵州省湄潭县、浙江省德清县、江苏省赣榆区等试点地区为案例进行实地调研，通过政策梳理和数据统计，分析其入市分配增值收益主体、分配方式、入市程序等；厘清试点地区入市增值收益分配现状、分配过程中存在的问题及原因，总结试点地区入市增值收益分配成功经验，为入市制度的构建提供可行性的参考方案。

7. 合作博弈模型法

基于 Shapley 值法优化集体经营性建设用地入市的增值收益分配。农村集体土地在合作开发入市中会产生最大净收益，通过计算不同合作联盟关系下入市增值收益值，从而得到政府、村集体和农民分别对于入市增值收益的贡献度，以作为各主体应当分享的具体增值收益分配比例，为构建农村集体经营性建设用地入市增值收益分配机制提供测算模型。

（二）研究区域与数据来源

1. 研究区域

选择河南省长垣市、江苏省武进区、贵州省湄潭县、浙江省德清县、江苏省赣榆区等试点地区作为集体经营性建设用地入市增值收益分配研究对象。其中，长垣市、武进区、湄潭县、德清县等为国家级入市改革试点地区，早在 2015 年起就开始集体经营性建设用地入市改革探索，江苏省赣榆区为省级入市改革试点地区，于 2021 年开始改革探索，也有效地推进了入市改革。研究区域的选择兼有东、中、西部地区，对于全国试点地区具有很强的借鉴意义。

2. 数据来源

本研究主要数据来源于课题组 2020—2024 年的实地调研、资料收集整理，以下为主要用到的数据及获取途径。

（1）研究地区市级、县级集体经营性建设用地入市相关政策文件，通过查找统计年鉴、政府网站以及访谈政府部门获取；

（2）各地区政府部门在集体经营性建设用地入市过程中发挥的职能、管理体制、任务分工情况，通过访谈各部门相关工作人员获取；

（3）入市过程中政府、集体和农民参与主体的认知、态度及其参与入市的流程，通过乡镇政府、村集体和农民等多主体问卷调研得到。

(4) 各研究区域县级土地财政状况、土地征收成本等经济数据，通过统计年鉴、政府工作报告以及部门访谈获取；

(5) 各研究区域集体经营性建设用地面积、入市情况、土地入市方式、土地出让收益以及收益分配情况等基本信息，通过调查问卷获取。

本章小结

本章在介绍当前我国集体经营性建设用地入市改革及增值收益分配研究背景、意义、国内外研究动态等基础上，着重阐述了本书研究的土地产权、地租地价、发展权等理论基础，界定了集体经营性建设用地、入市、增值收益分配等主要概念，构建了本书的研究思路框架，简要介绍了本书研究的主要内容和方法，有助于理解全书逻辑框架和内容体系。

第二章

农村集体经营性建设用地入市改革与现状

集体经营性建设用地入市是我国改革开放以来农村土地市场化改革的重大突破，经历了由自发流转到试点探索再到法律规范等阶段，由自下而上的自发性制度变迁向自上而下的强制性制度变迁过渡。2015 年以来，我国开始进行全国集体经营性建设用地入市试点改革，那么，入市改革的主要内容有哪些？当前，全国主要试点地区集体经营性建设用地入市现状怎样？本章首先介绍集体经营性建设用地入市的政策历程，以便读者更好地理解我国集体经营性建设用地入市增值收益分配形成的历史逻辑。然后对集体经营性建设用地入市特征进行了总结，并分析了国家集体经营性建设用地试点地区入市现状。

第一节　集体经营性建设用地入市政策历程

农村集体经营性建设用地入市政策历程是中国土地制度改革和城乡融合发展战略的重要组成部分。早在 1988 年农村集体经营性建设用地入市前，我国许多地区存在集体建设用地流转现象，是入市合法化前集体建设用地市场化的重要方式。自 1995 年起我国开始农村集体建设用地流转局部试点，直到 2015 年全国范围内开展新一轮的农村土地制度改革。总体而言，集体经营性建设用地入市经历了自发流转阶段、实践探索阶段、国家授权试点阶段、立法批准与深化试点等阶段（刘俊杰、岳永兵，2020；高圣平、刘守英，2007）。

一、自发流转阶段（1988 年至 20 世纪 90 年代）

改革开放初期，集体土地流转交易仍被严格禁止。随着我国经济的快速发展，乡镇企业成为农村经济发展的重要力量，伴随而来的是乡镇企业的建设用地问题。1988 年《中华人民共和国宪法修正案》第十条第四款将“任何组织或个人不得侵占、买卖、出租或者以其他形式非法转让土地”，修改为：“任何组织或个人不得侵占、买卖或者以其他形式非法转让土地。土地的使用权可以依照法律的规定转让”。随后的《土地管理法》增加了“国有土地和集体所有的土地的使用权可以依法转让。土地使用权转让的具体办法，由国务院另行规定”的条款。然而，此后的几年，国务院一直没有出台集体土地使用权流转的办法，而乡镇企业建房用地需求又急剧增加，由此导致了私下自发形成的数量庞大的集体建设用地流转，尤其是在东部沿海地区和城乡接合部（高圣平、刘守英，2007）。这一时期的集体建设用地流转处于无序、混乱的状态，出现了转让、入股、联营等多种形式的流转方式，形成了庞大的隐形市场。

二、实践探索阶段（20 世纪 90 年代中后期至 21 世纪初）

随着大量农村集体建设用地隐形流转，20 世纪 90 年代中后期，地方政府开始对无序的流转方式进行整治，探索规范集体建设用地流转方式。1995 年，江苏苏州率先开展了集体建设用地流转试点，探索指定范围内的存量集体建设用地通过转让、出租等方式进入市场交易，但禁止开发大型娱乐和高档房地产项目（刘俊杰、岳永兵，2020）。浙江湖州、福建漳州、山东临沂及莱芜等地也出台了集体建设用地流转的类似办法。这一阶段，乡（镇）村建设用地的批准权主要在县及县以下，农村居民住宅建房、乡镇企业发展等取得用地相对容易（高圣平、刘守英，2007）。然而，1998 年修订的《土地管理法》规定，集体土地使用权不得流转用于非农业建设，明确提出“任何单位和个人进行建设，需要使用土地的，必须依法申请使用国有土地”，因此形成了国有土地和集体土地不同流转权利的格局，进一步收窄了集体建设用地使用范围，如该法第四十三条规定，“兴办乡镇企业和村民建设住宅经依法批准使用本集体经济组织农民集体所有的土地的，或者乡（镇）村公共设施和公益事业建设经依法批准使用农民集体所有的土地的除外”。与此同时，国家积极进行集体建设用地流转试点，为改革积累经验。如1999年11月，原国土资源部批准安徽芜湖作为第一个全国农村集体所有建设用地使用权流转的试点地区（高圣平、刘守英，2007）。2001年，广东顺德被选为试点地区，并为几年后广东省全省的试点打下了基础。

2004年10月，国务院《关于深化改革严格土地管理的决定》提出，“在符合规划的前提下，村庄、集镇、建制镇中的农民集体所有建设用地使用权可以依法流转”，为集体建设用地流转的地方改革与合法化提供了依据。自此，地方政府推进了集体建设用地流转步伐。2005年10月，广东省以“政府令”形式发布的《广东省集体建设用地使用权流转管理办法（草案）》，使农地直接入市拥有了合法地位，推动了集体建设用地与国有土地“同地、同价、同权”的步伐。

三、国家授权试点阶段（2007—2018年）

经过部分地区集体建设用地流转的早期试点，积累了一定的实践经验，在保障农村发展用地、兼顾国家集体利益方面得到肯定，为此，国家开始将农村集体建设用地纳入到城乡统筹综合配套改革体系。2007年6月，国家发改委下发了《国家发展改革委关于批准重庆市和成都市设立全国统筹城乡综合配套改革试验区的通知》，在重庆市和成都市开展各个领域的体制改革，其中，土地管理与使用制度改革是探索的重要内容。改革试点中，重庆市建立了全国第一家农村土地交易所，首次提出和实践了“地票”交易。成都市2008年起全面推进农村产权制度改革，对农村耕地、山林、建设用地与宅基地的农户使用权和经营权开展确权登记，出台了《成都市集体建设用地使用权流转管理暂行办法》，对集体建设用地的初次流转、再次流转和抵押进行了界定，明确了集体建设用地可以通过出让、转让、作价（出资）入股等方式流转，规定了协议、招标、拍卖或者挂牌等流转方式。成都锦江区还首次以公开招、拍、挂的方式实现了两宗集体建设用地流转，推动了集体建设用地直接入市步伐（周其仁，2010）。此外，成都市探索集体建设用地增减挂钩与指标交易，推动集体建设用地间接入市。2012 年，国家又选择在北京和上海部署开展了利用集体建设用地建设租赁住房试点。通过改革，拓宽了集体经营性建设用地在居民住宅和产业发展方面的应用，同时针对低效利用的集体建设用地进行了有效盘活。

伴随着城乡统一建设用地试点改革的推进，国家开始在更大层面上推进集体建设用地改革。2013 年 11 月，中共中央《关于全面深化改革若干重大问题的决定》明确提出，建立城乡统一的建设用地市场，允许农村集体经营性建设用地进入市场交易，实行与国有土地同等入市、同权同价，前提是要符合规划和用途管制。为落实这一重大决定，2014 年 12 月中央全面深化改革领导小组第七次会议审议通过了《关于农村土地征收、集体经营性建设用地入市、宅基地制度改革试点工作的意见》，拉开了农村土地制度改革的大幕。2015 年 3 月，原国土资源部在全国选择 15 个地区作为农村集体经营性建设用地入市试点，2016 年试点范围扩大到 33 个县（市、区）①，允许试点地区探索集体经营性建设用地入市改革。2017 年 8 月，在北京和上海试点集体建设用地建设租赁住房的基础上进一步将试点范围拓展到 13 个城市②。

四、立法批准与深化试点阶段（2019 年至今）

2019 年，新修订的《土地管理法》首次明确：允许集体经营性建设用地入市流转（以下简称入市）。同时为规范入市程序，将集体经营

---

① 33 个试点县市区分别是：北京市大兴区、天津市蓟县、河北省定州市、山西省泽州县、内蒙古自治区和林格尔县、辽宁省海城市、吉林省长春市九台区、黑龙江省安达市、上海市松江区、江苏省常州市武进区、浙江省义乌市、浙江省德清县、安徽省金寨县、福建省晋江市、江西省余江县、山东省禹城市、河南省长垣县、湖北省宜城市、湖南省浏阳市、广东省佛山市南海区、广西壮族自治区北流市、海南省文昌市、重庆市大足区、四川省郫县、四川省泸县、贵州省湄潭县、云南省大理市、西藏自治区曲水县、陕西省西安市高陵区、甘肃省陇西县、青海省湟源县、宁夏回族自治区平罗县、新疆维吾尔自治区伊宁市。

② 分别是北京、上海、南京、杭州、厦门、武汉、合肥、郑州、广州、佛山、肇庆、沈阳、成都等 13 个城市。

性建设用地纳入土地利用年度计划，并就入市流程做了一系列规定：如以出让、出租等方式入市需经本集体经济组织成员的村民会议三分之二以上成员或者三分之二以上村民代表的同意，入市范围符合土地利用总体规划、城乡规划确定为工业、商业等经营性用途，且依法登记。尽管如此，可以直接入市的集体经营性建设用地较少，入市面临各种难题。为此，2019 年中共中央、国务院《关于建立健全城乡融合发展体制机制和政策体系的意见》（以下简称《意见》）规定，“允许村集体在农民自愿前提下，依法把有偿收回的闲置宅基地、废弃的集体公益性建设用地转变为集体经营性建设用地入市”，进一步扩大了可供入市的集体经营性建设用地范围。

随着集体经营性建设用地入市合法化，各地集体经营性建设用地入市如火如荼推进，但也带来了各种问题，如新增集体经营性建设用地面积不断扩大，违法占用耕地问题突出，冲击了国有土地市场，减少了地方“土地财政”收入，容易引发金融风险。部分地区入市增值收益分配不合理，加剧了政府、集体与农民之间的矛盾冲突。为此，2023 年，中共中央办公厅、国务院办公厅印发《关于深化农村集体经营性建设用地入市试点工作的意见》，进一步强调要审慎稳妥推进集体经营性建设用地入市，开始新一轮农村集体经营性建设用地入市试点。自然资源部在全国 349 个试点县（区）试点推进农村集体经营性建设用地入市工作，加强入市探索和配套制度改革，为落实全面推广入市改革提供经验。

第二节　集体经营性建设用地入市改革现状

本节主要介绍试点地区集体经营性建设用地入市的主要内容、入市规模、宗数、面积、成交价等情况。

一、集体经营性建设用地入市主要内容

本节从入市条件、入市原则、入市主体、入市途径、入市交易方

式、入市流程等方面对集体经营性建设用地入市特征进行归纳和总结，如图 2－1。

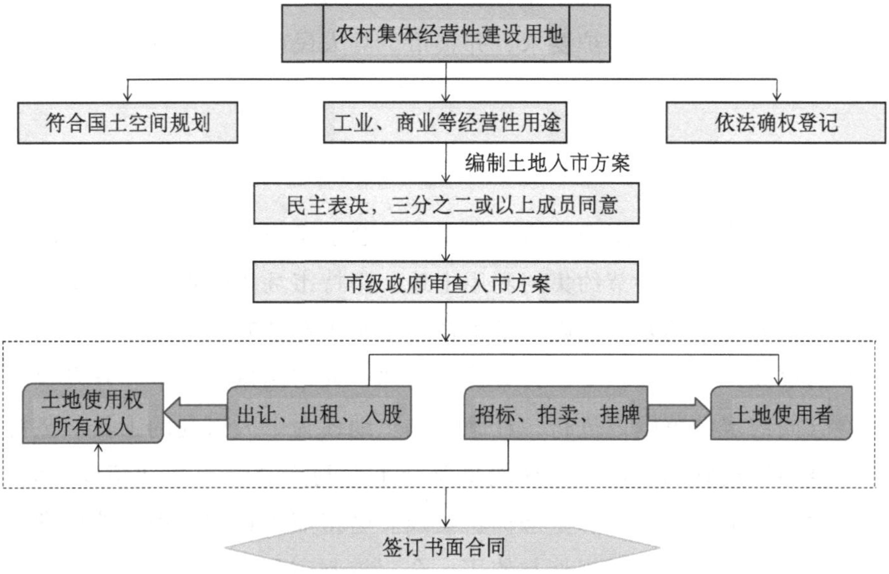

图 2－1　集体经营性建设用地入市流程

（一）入市条件

集体经营性建设用地入市条件可以概括为：民主决策、符合规划和部门备案。入市过程中民主决策是在保护多数村民入市中的权利，同时也是为了解决集体经济组织虚化、避免村委会“一言堂”，发挥村民自治作用。集体经营性建设用地入市使用权的出让、抵押、出租应经三分之二以上的村民（代表）同意。多数村庄集体经营性建设用地入市需经村民大会或村代表大会集体表决才能决定是否入市。

符合规划是入市地块合法审查的实质要件。法律规定，建设用地使用权应符合乡镇土地利用总体规划和年度规划，要纳入年度建设用地供应计划统一管理。对于入市地块的性质，需要是规划确定且依法登记的工业、商业等经营性用途。这就很大程度上限制了入市地块的范围，将规划尚未认定为建设用地、违规开发的“小产权房”用地、农村闲置宅基地、公益用地等排除在外。

部门备案是政府加强市场监管的主要手段，集体经营性建设用地入市应当签订书面合同，载明土地权属地籍性质、交易属性和规划条件、产业准入和生态环境保护要求，并报市、县人民政府自然资源主管部门备案。

（二）入市原则

集体经营性建设用地入市应当维护社会主义土地公有制、坚持国土空间用途管制、坚持节约集约利用土地、坚持市场化配置机制和坚持合理分享增值收益的基本原则。维护社会主义土地公有制是集体土地制度改革的底线，入市过程要以村集体为主体，入市用途、年限、开发权利要在合同约定的范围内进行，杜绝集体土地成为个人谋利的工具。坚持国土空间用途管制是指入市地块要符合土地利用总体规划和年度规划，不能触碰耕地保护红线和生态保护红线。坚持节约集约利用土地原则要求经营性建设用地合理规划与使用，合理控制容积率和建筑面积，推广节地技术，提高土地利用的综合效益。坚持市场化配置机制是要充分发挥招、拍、挂等市场化入市方式，允许集体经营性建设用地在更大的市场平台进行交易，提高入市价值，避免行政干预和价格扭曲。集体经营性建设用地要求与国有土地“同权同价”，无论是集体所有还是国有建设用地，只要用途一致，其所有者便享有同等的权益。在市场机制的调节下，同一区域内，只要土地的规划用途相同，土地价值应当基本持平，从而确保“同地同价”。

（三）入市主体

集体经营性建设用地入市涉及四个主体：一是土地所有权人，即农民集体，客观上形成了乡（镇）农民集体、村农民集体和组农民集体等三级占有的关系。二是入市的实施主体或代理主体。由于所有权主体的虚置，一般由村集体经济组织或村民委员会代为行使集体土地流转权利。对应三级占有的关系，归属于乡（镇）农民集体的土地，由乡（镇）农村集体经济组织代表集体行使所有权。归属于村农民集体的土地，由农村集体经济组织或村委会代表集体行使所有权。归属于组农民集体的土地，由农村集体经济组织或村民小组代表集体行使所有权。三是集体经营性建设用地入市的土地代理主体，接受集体土地使用权所有权主体委托，代理行使集体土地经营与市场交易权，可以是地方政府、企业或事业单位等第三方组织机构。四是集体经营性建设用地入市管理主体，主要为基层地方人民政府和相关管理机构，入市过程的合法性审查、规划审批、合同管理等离不开这些主体。

（四）入市模式

集体经营性建设用地入市可分为就地入市（或直接入市）、调整入市和整治入市。对于开发条件较好的存量建设用地，满足企业项目用地需求的，可以直接进入市场。这类用地一般地块使用权权属单一、涉及的利益方较少。

调整入市是指需要占用耕地的建设项目，需要购买建设用地指标，指标来源于土地整治规划确定村庄内零星、分散的建设用地，经复垦后成为耕地，一般在本县（市、区）域范围内进行指标调剂。调整入市发生在乡镇内缺乏存量集体建设用地或存量建设用地规模较小无法满足建设需求的情况。需要说明的是，调整入市因为需要占用耕地，并不符合法律规定的存量建设用地条件，而这一做法在融入了城乡建设用地增减挂钩政策之后变得更具有实施性。单个项目的调整入市需要协调调入和调出地区，涉及复杂的地块权属调整及不同集体经济组织。据调查，许多地区将调整入市占用耕地指标多来源于占补平衡政策中的指标盈余。因为占补平衡政策下，国家允许地方政府通过土地整治、高标准农田建设、工矿废弃地复垦等途径补充耕地后纳入到县域、市域范围内形成补充耕地储备库，集体建设用地调整入市中入市方需购买建设用地指标。

整治入市是一种针对“城中村”历史上形成的集体建设用地的处理方法，按照城市更新的规划进行集中整顿，涉及重新划分土地单元并确定土地所有权，一般涉及较大范围的用地整治。

当前，由于入市以存量建设用地为主，实践中以直接入市为主。调整入市需要占用建设用地指标，涉及地方政府是否转权让利，一些没有存量建设用地的乡村主要采用这种模式，现实中也并不少见。而“城中村”整治入市较少发生，“城中村”现象主要还是通过国家征地制度解决，以确保国有土地权属的一致性。地方入市模式选择上，存量建设用地较多的地区，如常州市武进区、佛山市南海区，大多数直接就地入市。许多地区两种入市方式都存在，如河南省长垣市，422 宗入市地块中，有 158 宗地块就地入市，263 宗地块调整入市，只有 1 宗地整治入市。

（五）入市交易方式

出让、出租、作价出资或入股等是法律政策明确规定的入市有偿使用方式，分别有着不同的入市特征。出让是集体经营性建设用地最普遍的入市方式，集体经济组织为实现土地价值增值，多数采取出让的入市方式。出让年期不得超过国家规定国有建设用地同类土地用途的最高年限，商业用地一般为 40 年，工业用地为 50 年。为减轻企业压力，也可以灵活确定出让年期，如武进区、长垣市入市过程中均有 30 年和 40 年期的工业用地出让案例。地方实践中出租年限大多为 10—20 年，大多不超过 20 年。企业以出租方式获取土地使用权可以最大化降低土地成本，只需要每年缴纳一定的土地租金即可，避免了一次性缴纳出让费用带来的资金压力。实践中，江苏的苏州、常州等地集体土地流转中较多采取长租短约的租赁方式，即签订一定年限的租赁协议，租赁期内，租金每隔 3—5 年作出调整，从而不仅确保了土地使用者拥有长期稳定的土地使用权，也保障了集体土地所有权主体的土地增值收益。作价出资或入股的入市方式多存在于企业用地处理过程或村集体以土地使用权入股企业合作经营等过程，现实中这种入市方式发生较少。

集体经营性建设用地入市过程中，按照市场化程度的不同可以分为招标、拍卖、挂牌或协议等入市方式。由于集体经营性建设用地大多数位于区位条件并不好的乡村地区，且现状用途多为存量建设用地，在入市前已经有企业实际经营，入市只是其合法化的程序，因而协议方式入市的地块较多。对于一些区位条件好、竞争较激烈的建设用地，则采取市场化程度更高的招标、拍卖等方式。

同国有土地使用权的二级市场，获得集体经营性建设用地使用权的单位或个人有再次流转土地使用权的权利，可以通过转让、互换、出资、赠予或者抵押等方式再次流转集体经营性建设用地使用权。

（六）入市流程

国家法律政策层面对集体经营性建设用地入市有着一般的指导，并未详细规定入市流程。地方政府在此过程中出台入市管理办法，会详细地规定入市流程。一般而言，集体经营性建设用地入市可分为前期准备、编制入市方案、入市审批、入市交易、权属登记等环节。

1. 前期准备

集体经营性建设用地入市前应当做好入市土地的权属调查、勘测定界、规划条件等基础工作，参照基准地价等政府公示价格和土地估价专业机构评估价格，民主决策商定入市价格。

2. 编制入市方案

入市主体向自然资源管理部门预申请，根据自然资源部门提出的国土空间规划、产业准入、土地用途、开发强度、生态环境保护等要求，编制入市方案，明确拟入市宗地的界址、面积、使用期限、土地用途、交易方式、入市价格、集体收益分配安排等内容。召开村民大会或村民代表大会，入市方案须经本集体经济组织成员的村民会议三分之二以上成员或者三分之二以上村民代表同意。

3. 入市审批

入市主体向相关政府部门提交入市申请，自然资源管理部门与其他相关部门对入市民主决策过程、是否符合国土空间规划、用途管制、生态环境保护、产业准入要求、收益分配原则，是否具备入市条件等进行审查，审核通过且得到市级人民政府的批准后，列入建设用地供应计划。

4. 入市交易

入市地块通过交易平台发布入市公告，以出让、出租、作价出资（入股）等交易完成后，交易双方签订农村集体经营性建设用地使用权出让［出租、作价出资（入股）］合同，报自然资源管理部门备案。

5. 权属登记

在完成农村集体经营性建设用地使用权的市场交易、支付了土地价格、土地增值收益调节金及相关税费之后，相关方可向不动产登记机关提交申请，以进行集体建设用地使用权的正式登记。

二、入市规模与区域差异

表 2－1 列出了试点地区集体经营性建设用地入市宗数、面积与成交价，截至 2022 年 6 月，33 个试点已入市地块 2.73 万余宗，面积达到 18.02 万余亩，成交总价款约 358.54 亿元。由此可见，集体经营性建设用地入市初步取得了显著成效，地方发展中表现出了极大的入市热情，各地有序推进入市进程，有力地支撑了乡村产业发展，产生的价值增值对于补充地方政府财政收入、发展壮大集体经济、增加农民土地财产性收益起到了极为重要的作用。

表 2－1　试点地区集体经营性建设用地入市宗数、面积与成交价

	宗数	单宗入市面积（亩/宗）	面积（万亩）	总成交价（亿元）	亩均成交价（万元/亩）
东部	25411	4.39	11.16	310.49	27.83
中部	707	74.12	5.24	14.89	2.84
西部	795	11.53	0.92	29.53	32.22
东北部	395	17.85	0.71	3.63	5.14
总计/平均	27308	6.59	18.02	358.54	19.90

注：数据来源于各政府网站和当地交易平台，作者统计汇总，可能有所疏漏，仅供参考。

总体而言，东部地区集体经营性建设用地市场最为活跃，入市宗数、面积和成交价均远高于其他地区。中部和西部地区入市宗数相似，均在 700 宗左右，但中部地区的入市面积远高于西部地区，而成交价仅是西部地区的一半。主要原因是西部地区重庆和四川试点地区的单宗面积较大，成交价款较多。

从单宗地入市面积看，中部地区单宗地入市面积远高于其他地区，达到74.12亩/宗，其次是东北部地区。从亩均成交价来看，西部地区亩均成交价最高，达到32.22万元/亩，其次是东部地区为27.83万元/亩。

表2-2统计了集体经营性建设用地入市宗数大于100宗的地区入市情况。从入市宗数来看，江苏省武进区、广东省佛山市南海区入市宗数达到万宗以上，两地入市面积分别达到2707亩和92590亩，成交价分别达到70亿元和117.78亿元。主要原因是两地在20世纪90年代之前乡镇企业发达，形成大量存量农村集体建设用地使用权，可以直接入市。这些乡镇企业规模较小，后期也是以小微企业、家族企业的形式存在，所以地块较为零散。

表2-2　入市宗数高于100宗的地区入市情况

试点地区	地区	宗数	面积（亩）	成交价（万元）
广东省佛山市南海区	东部	13709	2707	700000
江苏省常州市武进区	东部	10786	92590	1177800
河南省长垣市	中部	422	7187	74472
山东省德州市禹城市	东部	421	5152.00	31000
浙江省湖州市德清县	东部	234	1929	53700
吉林省长春市九台区	东北	222	1530	15158
贵州省遵义市湄潭县	西部	196	790	17488
湖南省长沙市浏阳市	中部	156	3343	60511
辽宁省鞍山市海城市	东北	132	2121	15300
宁夏回族自治区石嘴山市平罗县	西部	126	1029	6594
甘肃省定西市陇西县	西部	122	569	9306
四川省成都市郫县、泸州市泸县	西部	118	353	104900
安徽省六安市金寨县	中部	101	326	9100
重庆市大足区	西部	100	3000	110000

注：数据来源于各政府网站和当地交易平台，作者进行统计汇总，仅列出入市宗数多于100宗的地区。

值得一提的是中部地区河南省长垣市的入市宗数、面积和成交价均较高，分别为422宗、7187亩和74472万元。长垣市是有名的“中国医疗耗材之都”，乡镇上有着大量的个体经营户起家的加工企业和生产制造业，历史形成的存量建设用地也较多。

可以看到，尽管四川省成都市郫县、泸州市泸县和重庆市大足区入市宗数并不多，但入市价款非常高，分别达到10.49亿元和11亿元，可见两地在入市过程中进行了地块整合，显著提升了入市土地的价值。

第三节　典型试点地区集体经营性建设用地入市现状

由以上国家入市改革总体情况可知，尽管各试点地区整体上集体经营性建设用地入市改革取得很大成绩，但区域之间差异较大。本节分别以东、中、西部入市改革进展较快的江苏省武进区、河南省长垣市、贵州省湄潭县等为例，同时选择江苏省的省级试点地区连云港市赣榆区作为研究区域，介绍这些地区集体经营性建设用地的入市情况。

一、河南省长垣市集体经营性建设用地入市

（一）长垣市集体建设用地现状

河南省长垣市是省直管县（县级市），隶属于新乡市，占地面积1051平方公里，下辖11个镇2个乡和5个街道办事处，2023年年末常住人口89.62万人，总人口110万人，城镇化率59.97%。2023年长垣市地区生产总值达到586.6亿元，总量居新乡市第1位，人均地区生产总值达到6.45万元。企业规模不断壮大，其中营业收入超亿元的企业突破200家。

根据第三次国土资源调查成果的土地利用现状情况统计，本书将长垣市集体建设用地面积、集体建设用地结构、各类各级别面积及所占比例，以及将集体（2021年）基准地价与国有（2018年）建设用地基准地价进行对比。

长垣市建设用地面积为205.92平方公里，集体建设用地为155.06平方公里。总体分布上，长垣市集体建设用地主要分布在恼里镇、佘家镇，而蒲西街道、赵堤镇内较少。从用地结构上看，长垣市集体建设用

地以住宅用地为主，约占76.53%。长垣市集体建设用地面积统计具体如表2－3所示。

表2－3 长垣市集体建设用地面积统计 单位：公顷

名称	商业用地	住宅用地	工业用地	公共管理用地	其他	总计	比重（%）
蒲东街道	17.72	462.93	78.57	52.41	84.85	696.48	4.49
蒲北街道	5.62	413.82	79.50	13.65	117.16	629.75	4.06
南蒲街道	52.54	721.25	181.13	64.64	106.32	1125.87	7.26
蒲西街道	15.03	258.48	141.59	65.15	59.52	539.78	3.48
魏庄街道	13.65	1180.32	347.59	58.55	154.06	1754.17	11.31
丁栾镇	22.61	727.54	66.49	19.92	59.95	896.51	5.78
樊相镇	25.02	664.02	67.22	34.10	42.20	832.57	5.37
恼里镇	6.33	750.13	156.50	29.98	58.58	1001.53	6.46
赵堤镇	5.30	473.27	20.03	19.47	39.54	557.61	3.60
常村镇	15.36	730.58	145.35	27.49	50.46	969.25	6.25
孟岗镇	9.39	641.14	58.73	34.87	71.43	815.57	5.26
满村镇	11.66	532.05	72.18	15.83	85.95	717.66	4.63
苗寨镇	9.32	619.32	11.96	20.32	43.00	703.93	4.54
张三寨镇	6.19	491.93	65.61	17.86	46.15	627.75	4.05
方里镇	7.87	717.55	8.85	27.22	51.46	812.95	5.24
佘家镇	9.39	937.85	25.26	20.47	47.56	1040.54	6.71
芦岗乡	5.03	845.88	39.58	15.55	70.08	976.13	6.30
武丘乡	11.69	699.61	21.27	17.31	58.42	808.30	5.21
总计	249.74	11867.67	1587.42	554.81	1246.72	15506.36	100.00
占比（%）	1.61	76.53	10.24	3.58	8.04	100.00	

对长垣市15506.36公顷的集体建设用地按照不同用地类型划分不同级别，发现商业用地和住宅用地中五级地、六级地居多；工业用地和公共管理用地中四级地和五级地最多。各类各级别面积及所占比例具体数据如表2－4所示。

表 2-4　不同等级用地类型的面积及所占比例　单位：公顷

用地类型		一级地	二级地	三级地	四级地	五级地	六级地	总计
商业用地	面积	400.6	1041.46	1428.66	2823.72	5259.48	4552.44	15506.36
	比例（%）	2.60	6.76	9.27	18.32	34.12	28.93	100
住宅用地	面积	701.93	575.07	1591.66	2755.20	5446.70	4435.80	15506.36
	比例（%）	4.55	3.73	10.33	17.87	35.34	28.18	100
工业用地	面积	210.54	764.24	3112.24	6691.49	4727.85		15506.36
	比例（%）	1.37	4.96	20.19	43.41	30.07		100
公共管理用地	面积	123.63	1264.13	2700.14	6523.97	4894.49		15506.36
	比例（%）	0.8	8.2	17.52	42.33	31.15		100

注：不同用地类型的等级是按照长垣市土地分等定级分类。

集体与城镇国有建设用地之间，因权属性质的差异，土地市场的发展程度不一，市场接受程度的差异以及入市主体的差异，导致了两者在不同的阶段，其价值水平的状况也有一定的不同。工业用地、公共管理用地占国有建设用地基准地价比例较高，大约在85%；其次是商业用地、住宅用地。2021年集体建设用地基准地价与2018年国有基准地价对比如表2-5所示。

表 2-5　集体（2021年）与国有（2018年）建设用地基准地价对比

单位：万元/亩

类别		一级地	二级地	三级地	四级地
商业用地	集体	54	39.33	30	24
	国有	60.00—90.00	49.33	38.67	30.67—34.00
	集体/国有	60.00%—81.82%	79.73%	77.59%	70.59%—78.26%
住宅用地	集体	34.67	27.33	21.33	18.67
	国有	54.00—71.33	42	34.67	26.00—29.33
	集体/国有	48.6%—64.2%	65.08%	61.54%	63.64%—71.79%
工业用地	集体	16	14	12.33	
	国有	20	15.67	13	
	集体/国有	80.00%	89.35%	94.87%	
公共管理用地	集体	21.33	18	14.67	
	国有	29.33	21.33	16.67	
	集体/国有	72.73%	84.38%	88.00%	

（二）长垣市农村集体经营性建设用地入市现状

表 2-6 汇总了长垣市农村集体经营性建设用地入市的土地面积、用途、成交单位及成交价款等信息。截至 2022 年 6 月底，共获取到长垣市 422 宗集体经营性建设用地使用权交易案例。由表 2-6 可以看出，长垣市已成交的 422 宗案例，总面积 7187.04 亩，总价款 7.47 亿元。按照入市模式分，就地入市 158 宗，调整入市 263 宗，整治入市 1 宗。整治入市虽然只有一宗地，但是面积达到 290.69 亩，入市价款高达 3384.72 万元。而直接入市面积较小，价值不高。

表 2-6　长垣市各乡镇集体经营性建设用地入市现状

乡镇	宗数（宗）	面积（亩）	总价款（万元）	就地入市（宗）	调整入市（宗）	整治入市（宗）
蒲西街道	6	87.88	1095.53	2	4	0
蒲东街道	24	290.69	3384.72	9	14	1
南蒲街道	25	493.61	6751.73	17	8	0
蒲北街道	5	52.00	259.99	2	3	0
魏庄街道	29	874.13	6046.56	13	16	0
丁栾镇	26	550.55	5388.89	8	18	0
满村镇	46	514.67	10878.55	35	11	0
恼里镇	37	887.58	4220.22	27	10	0
方里镇	9	73.59	694.27	4	5	0
常村镇	27	755.99	9296.20	4	23	0
苗寨镇	1	1.12	8.53	1	0	0
樊相镇	35	684.15	6588.83	12	23	0
孟岗镇	13	610.61	6398.74	1	12	0
张三寨镇	52	396.09	4774.57	5	47	0
赵堤镇	26	341.40	4779.16	7	19	0
佘家镇	31	192.32	1404.41	7	24	0
芦岗乡	24	273.32	2535.79	4	20	0
武邱乡	6	107.34	225.45	0	6	0
总计	422	7187.04	74732.14	158	263	1

注：根据在长垣市自然资源规划局实地调研和在长垣市公共资源交易中心网站网页以“爬虫”等方式获取数据并进行整理得到。

长垣市作为河南省乃至全国民营经济比较活跃的县（市），集体经营性建设用地需求旺盛。针对长垣市422宗案例，从入市用途、入市方式、入市主体范围及途径和入市企业样本四个方面对其入市状况进行具体分析。

1. 入市用途

长垣市共有4种主要入市用途，分别为工业、商业、物流仓储和公共管理。从入市宗数、面积及入市成交价款上看，工业用地居多，占比分别为73.70%、84.55%、68.2%。需要注意的是，长垣市共有9宗入市地块用于扶贫车间项目，其并不需要缴纳价款。具体信息如表2-7所示。

表2-7 长垣市入市用途汇总

用途	内容		占比（%）
工业用地	入市宗数（宗）	311	73.70
	入市面积（亩）	6077	84.55
	成交价款（万元）	50961	68.20
商业用地	入市宗数（宗）	30	7.11
	入市面积（亩）	406	5.64
	成交价款（万元）	12304	16.47
物流仓储用地	入市宗数（宗）	4	0.95
	入市面积（亩）	141	1.96
	成交价款（万元）	1688	2.26
公共管理用地	入市宗数（宗）	77	18.25
	入市面积（亩）	565	7.86
	成交价款（万元）	9518	12.74
总计	入市宗数（宗）	422	100
	入市面积（亩）	7187	100
	成交价款（万元）	74724	100

注：根据在长垣市自然资源规划局实地调研和在长垣市公共资源交易中心网站网页以“爬虫”等方式获取数据并进行整理得到。

2. 入市方式

从入市方式上看，长垣市集体经营性建设用地入市有协议和挂牌两种方式。其中协议方式230宗，合计3860.37亩。其中协议出让114

宗，占地 1489.24 亩；协议租赁 115 宗，占地 2366.73 亩。挂牌方式 192 宗，合计 4128.5 亩。其中挂牌出让 188 宗，占 4068.26 亩；挂牌租赁 4 宗，占 60.24 亩。在协议出让中，有 1 宗商业服务业用地（加油站）是采用作价出资的方式入市的，出地方每年分红 4700 元/亩；有 25 宗是以年租金的形式入市的，每年的租金在 800—1700 元/亩不等，土地用途全部是工业用地。具体信息如表 2－8 所示。

表 2－8　　长垣市入市方式汇总

方式	途径	宗数（宗）	比例（%）	面积（亩）	比例（%）	总价款（万元）	比例（%）
协议	出让	114	49.57	1489.24	38.58	18981.55	67.64
	租赁	115	50.00	2366.73	61.31	8825.54	31.45
	作价出资	1	0.43	4.40	0.11	254.52	0.91
	总计	230	54.50	3860.37	53.71	28061.61	37.68
挂牌	出让	188	97.92	3266.37	98.19	46276.05	99.71
	租赁	4	2.08	60.24	1.81	134.03	0.29
	总计	192	45.50	3326.61	46.29	46410.08	62.32
总计		422		7186.98		74471.69	

注：根据在长垣市自然资源规划局实地调研和在长垣市公共资源交易中心网站网页以“爬虫”等方式获取数据并进行整理得到。

3. 入市主体、范围及途径

从交易平台上看，长垣市建立了公共交易平台——长垣市公共资源交易管理中心，并且设置专栏进行集体经营性建设用地的入市交易。入市主体主要为乡镇人民政府、村委会委托代理。从入市范围来看，长垣市集体经营性建设用地涉及工矿仓储、商服等用途。从入市途径上看，长垣市存在直接入市、调整入市、整治入市等三种入市途径。长垣市入市主体、范围及途径如表 2－9 所示。

表 2－9　　长垣市入市主体、范围及途径汇总

地区	河南省长垣市
交易平台	长垣市公共资源交易管理中心
委托主体	乡镇人民政府、村委会

续表

地区	河南省长垣市
入市范围	工矿仓储、商服、旅游等用途的农村集体建设用地
入市途径	直接入市、调整入市、整治入市

注：根据在长垣市自然资源规划局实地调研和在长垣市公共资源交易中心网站网页以“爬虫”等方式获取数据并进行整理得到。

4. 入市企业

按照国民经济行业分类（GB/T 1.1—2009）的标准，本书将长垣市入市成交单位进行公司分类和企业所属分类。长垣市422宗入市成交案例中，入市企业有55%为制造业、14%为电力燃气业、13%为批发零售业、5%为公共管理，由此可以看出长垣市以工业企业入市为主，用途较为广泛。而在企业分类中，有82%为有限公司、10%为个体工商业、4%为政府机构，个人独资、合作社与民办非企业单位形式仅占4%。河南省长垣市入市成交单位公司分类主要以制造业为主，其次是批发零售。而在入市成交单位企业类型中，主要以有限公司为主，个人独资和个体工商户占比均在20%以下。

二、江苏省常州市武进区集体经营性建设用地入市现状

（一）武进区简介

武进区位于江苏省常州市，属于江苏省南部发达地区。市域面积1066平方公里，下辖11个镇、7个功能区和5个街道。2023年，武进区的地区生产总值超过3200亿元。其一般公共预算收入达到216亿元，大型工业产值高达5847亿元。武进区的综合实力雄厚，且在投资潜力、科技创新、绿色发展和新型城镇化方面均名列前茅。武进区是乡镇工业企业发展的摇篮，20世纪七八十年代有着“家家点火、村村冒烟”的历史，也因此产生了大量村庄建设用地。武进区很早就进行集体建设用地流转实践探索，入市前以集体建设用地租赁为主。尽管近年来武进区通过实施“三集中”政策，引导中小企业向工业园区集中，但是在乡镇层面，工业用地的总体规模偏大且使用效率不高、乡村工业用地扩张

无序，工业园区的发展也处于停滞状态（周扬等，2018）。很大程度上，武进区乡村集体经营性建设用地对小微工业企业的发展起到重要的支撑作用。作为第一批全国宅基地和集体经营性建设用地试点地区，武进区入市过程中建立了相对完善的政策体系。

（二）武进区农村集体经营性建设用地入市现状

表2－10汇总了武进区农村集体经营性建设用地入市的土地面积、用途、成交单位及成交价款等信息。由表2－10可以看出，武进区已成交的1662宗集体经营性建设用地入市案例，总面积16117.81亩，总价款41.16亿元。乡镇之间入市差异较大，与所处乡镇产业类型和存量建设用地有关。礼嘉镇、雪堰镇、洛阳镇等工业化发达的乡镇入市市场的供给和需求均较为活跃，入市宗数、面积远高于遥观镇、湖塘镇等传统农业乡镇。产业园的入市案例也较少，主要原因是产业园主要以国有建设用地出让为主。

表2－10　　武进区各乡镇入市现状

乡镇（园区）	宗数	总面积（亩）	总价（万元）
横林镇	5	33.35	222.34
遥观镇	1	20.09	1005.52
嘉泽镇	57	584.59	22523.17
礼嘉镇	370	3521.56	86379.28
前黄镇	135	1234.92	35750.50
牛塘镇	9	94.84	1927.60
湖塘镇	5	130.81	37327.93
雪堰镇	343	2717.42	42855.42
湟里镇	114	1022.27	22664.42
洛阳镇	574	4298.96	74462.57
经开区	10	254.19	6077.20
高新区	36	2142.69	77913.27
产业园	3	62.05	2481.96
总计	1662	16117.73	411591.18

注：根据在江苏土地市场网站网页以“爬虫”等方式获取数据并进行整理得到。

常州是我国近代工业的发源地，制造业企业众多，对工业等建设用地的需求长期火热。以下本书针对武进区 1622 宗案例，从入市用途、入市方式、入市主体范围及途径等四个方面对其入市状况进行具体分析。

1. 入市用途

武进区共有 4 种主要入市用途，分别为工业、商业、物流仓储和公共管理。从入市宗数、面积及成交价款来看，工业用地居多，占比分别为 98.80%、98.12%、88.37%。这与武进区乡镇工业企业发达有关。商业用地主要用于乡镇、村中心的商业配套，以小型商超、批发零售业为主。具体信息如表 2－11 所示。

表 2－11　　武进区入市用途汇总

用途	内容		占比（%）
工业用地	入市宗数（宗）	1642	98.80
	入市面积（亩）	15815.35	98.12
	成交价款（万元）	363712.10	88.37
商业用地	入市宗数（宗）	17	1.02
	入市面积（亩）	194.73	1.21
	成交价款（万元）	44821.26	10.89
物流仓储用地	入市宗数（宗）	2	0.12
	入市面积（亩）	98.73	0.61
	成交价款（万元）	2961.81	0.72
公共管理用地	入市宗数（宗）	1	0.06
	入市面积（亩）	9.00	0.06
	成交价款（万元）	96.02	0.02
总计	入市宗数（宗）	1662	100
	入市面积（亩）	16117.73	100
	成交价款（万元）	411591.18	100

注：根据在江苏土地市场网获取数据和调研等方式获得数据并进行整理得到。

2. 入市方式

从入市方式上看，武进区集体经营性建设用地入市有协议和挂牌两种。其中协议方式 1525 宗，合计 13778.51 亩。其中协议出让 1156 宗，占地 10020.73 亩；协议租赁 362 宗，占地 3276.27 亩。挂牌方式 137 宗，合计 2339.30 亩。其中挂牌出让 132 宗，占地 2308.58 亩；挂牌租赁 5 宗，占地 30.72 亩。协议出让中，有 7 宗土地是采用作价出资的方式入市，以占比 3.49% 的协议入市面积比例，产生了占比 12.83% 的入市收益。总体而言，武进区集体经营性建设用地入市以协议为主，市场化程度较低，主要原因在于存量建设用地入市前实际上已经存在经营主体，入市也主要是赋予经营主体更加稳定的权利体系。具体信息如表2－12 所示。

表 2－12　　武进区入市方式汇总

方式	途径	宗数（宗）	比例（%）	面积（亩）	比例（%）	总价款（万元）	比例（%）
协议	出让	1156	75.80	10020.73	72.73	233322.14	76.22
	租赁	362	23.74	3276.27	23.78	33523.14	10.95
	作价出资	7	0.46	481.51	3.49	39265.22	12.83
	总计	1525	91.76	13778.51	85.49	306110.50	74.37
挂牌	出让	132	96.35	2308.58	98.69	105142.74	99.68
	租赁	5	3.65	30.72	1.31	337.94	0.32
	总计	137	8.24	2339.30	14.51	105480.68	25.63
总计		1662		16117.73		411591.18	

注：根据在江苏土地市场网获取数据和调研获得数据并进行整理得到。

3. 入市主体、范围及途径

从交易平台上看，武进区依托江苏省农村集体经营性建设用地网上交易系统进行入市交易，并且在常州市公共资源交易中心发布相关信息。入市主体主要为乡镇集体或农村集体经济合作社委托代理。从入市范围来看，武进区涉及工矿仓储、商服、公共管理等用途。从入市途径上看，存在直接入市、调整入市、整治入市等三种入市途径。武进区入市主体、范围及途径如表 2－13 所示。

表 2－13　　武进区入市主体、范围及途径汇总

地区	常州市武进区
交易平台	江苏省农村集体经营性建设用地网上交易系统
委托主体	乡镇集体、农村集体经济合作社

续表

地区	常州市武进区
入市范围	工矿仓储、商服、公共管理等用途的农村集体建设用地
入市途径	直接入市、调整入市、整治入市

注：根据在常州市公共资源交易中心和江苏省农村集体经营性建设用地网上交易系统等获得的数据进行整理得到。

三、贵州省湄潭县集体经营性建设用地入市现状

（一）湄潭县简介

湄潭县位于贵州省遵义市，以其在中国农村土地制度改革中的先锋角色而闻名。早在1984年，湄潭便进行了“增人不增地、减人不减地”的土地承包原则，随后被纳入国家土地制度改革设计中。湄潭县占地面积1845平方公里，由12个镇和3个街道办事处组成。湄潭县是以农业为主的大县，第一产业增加值占总产值比重近50%。茶叶产业是湄潭的重点产业，连续多年被评为全国茶叶百强县第一名。通过茶产业的延伸和三产融合，湄潭县大力推进乡村振兴战略，展现了其在农业发展和土地改革方面的成就和潜力。

（二）湄潭县农村集体经营性建设用地入市现状

表2－14汇总了湄潭县农村集体经营性建设用地入市的土地面积、用途、成交单位及成交价款等信息。共获取到湄潭县196宗集体经营性建设用地使用权交易案例。由表2－14可以看出，湄潭县已成交的196宗入市案例总面积790.12亩，总价款1.75亿元。按照入市模式分，就地入市19宗，调整入市171宗，整治入市1宗，分割入市5宗。分割入市是从农民的农村宅基地分割较小一块面积用于商住，因此入市方式也均为协议出让。

以下针对湄潭县196宗案例，从入市用途、入市方式、入市主体范围及途径和入市企业四个方面对其入市状况进行具体分析。

表 2-14　　湄潭县各乡镇入市现状

乡镇	宗数	面积（亩）	总价款（万元）	就地入市	调整入市	整治入市	分割
湄江街道	52	195.66	4260.60	5	47	0	0
黄家坝街道	4	41.44	744.00	1	2	1	0
鱼泉街道	37	128.34	3743.10	1	36	0	0
永兴镇	13	72.48	1918.00	0	13	0	0
复兴镇	2	8.44	151.80	0	2	0	0
马山镇	29	75.99	1400.00	1	28	0	0
高台镇	5	12.78	197.30	1	4	0	0
茅坪镇	1	5.00	80.00	1	0	0	0
兴隆镇	19	175.55	3546.86	4	14	0	1
新南镇	1	6.12	140.00	0	1	0	0
石莲镇	2	4.13	82.00	1	1	0	0
西河镇	3	4.61	74.50	1	2	0	0
洗马镇	12	19.07	471.39	3	5	0	4
抄乐镇	7	20.85	343.15	0	7	0	0
天城镇	9	19.66	335.00	0	9	0	0
总计	196	790.12	17487.70	19	171	1	5

注：数据来源于湄潭县自然资源局。

1. 入市用途

湄潭县有多种入市用途，为了方便统计分别计为工矿仓储、商业用地与其他。在 78 宗工矿仓储用地中，77 宗为工业用地，1 宗为仓储用地。其他用途中的三宗土地的用途分别为教育、医疗卫生以及一宗宅基地分割出的非商用住宅。从入市宗数、面积及入市成交价款上看，商业用地居多，占比分别为 58.67%、61.52%、72.08%。具体信息如表 2-15所示。

表 2-15　　湄潭县入市用途汇总

用途	内容	数值	占比（%）
工矿仓储	入市宗数（宗）	78	39.80
	入市面积（亩）	296.60	37.54
	成交价款（万元）	4760.65	27.22

续表

用途	内容	数值	占比（%）
商业用地	入市宗数（宗）	115	58.67
	入市面积（亩）	486.07	61.52
	成交价款（万元）	12605.81	72.08
其他	入市宗数（宗）	3	1.53
	入市面积（亩）	7.45	0.94
	成交价款（万元）	121.24	1
总计	入市宗数（宗）	196	100
	入市面积（亩）	790.12	100
	成交价款（万元）	17487.70	100

注：数据来源于湄潭县自然资源局。

2. 入市方式

从入市方式看，湄潭县集体经营性建设用地入市方式有挂牌、拍卖和协议三种出让方式。其中挂牌出让最多，共 186 宗，合计面积为 783.2 亩。以协议方式出让 6 宗，合计 0.83 亩，其中 5 宗是集体经济组织对原用途为宅基地的土地通过分割的方式转为住宅和商业用地。拍卖方式 4 宗，合计 6.09 亩，主要是农村集体经济组织对闲置以及未利用建设用地向村民拍卖以壮大集体经济。由此可见，湄潭县集体经营性建设用地入市市场化程度较高，主要原因是该地新增整理的建设用地较多，乡村发展中各产业融合用地需求较强，土地市场的需求旺盛。具体信息如表 2－16 所示。

表 2－16　　湄潭县入市方式汇总

方式	宗数（宗）	比例（%）	面积（亩）	比例（%）	总价款（万元）	比例（%）
挂牌出让	186	94.90	783.20	99.12	17321.8	99.05
协议出让	6	3.06	0.83	0.11	17.50	0.10
拍卖出让	4	2.04	6.09	0.77	148.40	0.85
总计	196	100	790.12	100	17487.70	100

注：数据来源于湄潭县自然资源局。

3. 入市主体、范围及途径

入市主体主要为乡集体经济组织、村委会委托代理。从入市范围看，湄潭县涉及工矿仓储、商服等入市用途。从入市途径看，湄潭县存在四种入市途径，分别为直接入市、调整入市、整治入市和分割入市。分割入市是湄潭县宅基地与集体经营性建设用地入市统筹改革的产物，是该地的特色，允许农民以部分宅基地作为乡村旅游业配套用地，可以有效盘活农村闲置宅基地。湄潭县入市主体、范围及途径如表 2－17 所示。

表 2－17　　湄潭县入市主体、范围及途径汇总

地区	贵州省湄潭县
交易平台	湄潭县自然资源局
委托主体	集体经济组织、村委会
入市范围	工矿仓储、商服、旅游等用途的农村集体建设用地
入市途径	直接入市、调整入市、整治入市、分割入市

注：根据湄潭县农村集体经营性建设用地入市统计表进行整理得到。

4. 用地主体

湄潭县集体经营性建设用地的用地主体十分丰富，包括企业、公共事业单位、个体工商户以及个人。各主体占比依次为 44.90%、4.59%、3.06%、47.45%，用地主体中的企业又以旅游和农业公司为主，主要用于支撑农业产业发展和乡村产业融合发展。

四、江苏省连云港市赣榆区集体经营性建设用地入市现状

（一）赣榆区简介

赣榆区位于江苏省连云港市，地处苏鲁交界。连云港是江苏省重要的沿海城市之一，也是国家重点的港口城市。赣榆区是江苏省集体经营性建设用地入市改革省级试点地区，于 2020 年 7 月在全省率先完成首宗入市交易，并做了“交地即发证、发证即开工”等多方面创新。目前为止，赣榆区集体经营性建设用地入市改革仍在稳步推进，有力地推动了乡村振兴与经济发展。此外，连云港市经济发展在江苏省较为落

后，以赣榆区为例可为全国大部分地区提供借鉴。

（二）赣榆区集体经营性建设用地入市现状

本书实地调研得到赣榆区集体经营性建设用地入市土地共计55宗，涉及11个乡镇，总成交价款达4.8亿元，如表2-18所示。

表2-18　　赣榆区各乡镇入市现状

乡镇	宗数（宗）	面积（亩）	总价款（万元）
柘汪镇	4	413.12	7096
石桥镇	11	335.46	6033
塔山镇	9	186.17	3287
海头镇	10	877.52	17778
班庄镇	4	225.34	3051
赣马镇	4	58.41	1062
厉庄镇	4	122.90	2525
城西镇	5	153.90	2827
金山镇	4	269.29	5139
总计	55	2642.11	48798

注：根据在赣榆区自然资源规划局和乡镇政府实地调研整理得到。

1. 入市用途

赣榆区集体经营性建设用地共有4种主要入市用途，分别为工矿仓储、商服用地、住宅用地和公共管理用地。从入市宗数、面积及成交价款看，工业用地居多，占比分别为90.91%、94.17%、90.98%。其他用地类型入市宗数仅为个位数。赣榆区以住宅用地入市主要用于保障性住房建设。

表2-19　　赣榆区入市用途汇总

用途	内容	连云港市赣榆区	占比（%）
工矿仓储	入市宗数（宗）	50	90.91
	入市面积（亩）	2488.11	94.17
	成交价款（万元）	44397	90.98

续表

用途	内容	连云港市赣榆区	占比（%）
商服用地	入市宗数（宗）	3	5.45
	入市面积（亩）	94.22	3.57
	成交价款（万元）	2950	6.05
住宅用地	入市宗数（宗）	1	1.82
	入市面积（亩）	32.53	1.23
	成交价款（万元）	951.00	1.95
公共管理用地	入市宗数（宗）	1	1.82
	入市面积（亩）	27.25	1.03
	成交价款（万元）	500.00	1.02
总计	入市宗数（宗）	55	100.00
	入市面积（亩）	2642.11	100.00
	成交价款（万元）	48798.00	100.00

注：根据在赣榆区自然资源规划局和乡镇政府实地调研整理得到。

2. 入市主体、范围及途径

如表2-20所示，从交易平台来看，赣榆区依托江苏省农村集体经营性建设用地网上交易系统进行入市交易。入市主体主要为乡镇人民政府、村委会主体。从入市范围来看，赣榆区涉及工矿仓储、商服等用途。从入市途径上看，赣榆区以调整入市为主，有少量直接入市地块。

表2-20　　赣榆区入市主体、范围及途径汇总

地区	连云港市赣榆区
交易平台	江苏省农村集体经营性建设用地网上交易系统
委托主体	乡镇人民政府、村委会
入市范围	工矿仓储、商服、公共管理等用途的农村集体建设用地
入市途径	直接入市、调整入市

注：根据在赣榆区自然资源规划局和乡镇政府实地调研整理得到。

五、研究区域集体经营性建设用地入市现状总结

集体经营性建设用地入市作为2015年以来新一轮国家层面的农村土地产权制度改革试点，试点地区多数具有一定的条件基础和现实需

求，在试点过程中也逐步探索出有效的入市模式，完善了相关政策。本书以河南省长垣市、江苏省常州市武进区、贵州省湄潭县和江苏省连云港市赣榆区等国家级和省级集体经营性建设用地入市试点地区为例，通过实地调研与数据收集，对各地区入市的现状、模式、类型、主体等进行了详细分析，总体而言有以下发现：

第一，有着较强的入市现实需求。东部或中部产业发展需求强烈的代表是武进区和长垣市，两地有着较早的乡镇企业发展历程，拥有较多的存量建设用地资源，很早就存在集体建设用地流转现象。国家改革试点给予两地入市合法化契机，通过入市，获取合法土地规划、审批和产权手续，获得了较为长期稳定的出让权利，从而有利于企业发展。同时，入市过程中通过调整入市解决部分企业用地规模小、地块零散等问题。西部贵州省湄潭县长期作为国家乡村振兴试验点，以农业发展为主，乡村各产业融合发展有着较强的现实需求，需要以农村集体建设用地为依托提供产业融合发展用地。

第二，入市以政府主导为主。长垣市、武进区、湄潭县和赣榆区等四地入市过程中政府扮演着统筹规划、政策供给、监督管理等重要职能。作为试点地区，国家对建设用地的指导意见非常重要，各地在制订入市方案时紧密结合国家大政方针，与自然资源部下属职能部门保持密切联系，制定了符合本地特征的入市政策。入市前，地方政府顶层设计，制定了入市流程、入市审批、合同管理、收益分配、登记备案等完备的管理办法，入市过程中出现的许多新问题也积极协商解决。武进区、赣榆区由乡镇集体统筹入市，在整合不同集体之间的入市力度上较大，多数地区由村集体组织入市。同时应该看到，作为入市主体的村集体在此过程中配合政府做好组织宣传工作，共同推进入市改革，最大限度地保障了农民利益。

第三，整体市场化程度较低。试点地区农村集体经营性建设用地入市过程中，武进区和长垣市多数入市地块采取协议或挂牌出让方式，主要原因是两地以直接入市为主，原有地块多数都是“有主”地，原先就以租赁方式流转，后续入市也主要由经营主体继续获得，所以不存在更换入市主体。湄潭县入市改革过程中以调整入市为主，为吸引价值更高的企业参与乡村振兴，提高土地价值，多数采取了挂牌出让的入市方式。然而，相对于国有土地拍卖为主的入市方式，集体经营性建设用地入市整体而言市场化程度仍较低。

本章小结

本章在回顾集体经营性建设用地入市政策历程的基础上，首先从入市条件、入市原则、入市主体、入市途径、交易方式、入市流程等方面对集体经营性建设用地入市特征进行了总结。其次，对国家集体经营性建设用地试点地区入市现状进行了分析，总结了入市宗数、面积和成交价的区域差异。最后，通过实地调研和资料收集，详细介绍了河南省长垣市、江苏省武进区、贵州省湄潭县和江苏省赣榆区等国家级和省级集体经营性建设用地入市试点地区集体经营性建设用地入市现状，从入市宗数、面积、价款、用途、参与主体等方面进行了总结，并从现实需求、入市模式和市场化程度对试点地区的入市现状进行了对比分析。

第三章

农村集体经营性建设用地入市增值收益分配理论

尽管当前学术界对于农村集体经营性建设用地入市增值收益分配的现状进行了大量探讨，然而，较少有研究关注集体经营性建设用地入市增值收益分配优化的理论方法。本章在阐述集体经营性建设用地入市价值形成原因和增值收益来源的基础上，基于发展权理论、合作博弈理论、制度经济学理论阐述了入市过程中土地增值收益的形成以及增值收益分配优化理论。

第一节　集体经营性建设用地入市价值形成与增值来源

农村集体经营性建设用地入市价值的形成是在国家赋予集体土地所有权价值实现的基础上，通过建立土地产权交易体系、完善地价管理体系等方面实现土地价值的过程。集体经营性建设用地入市增值收益主要来源于投资增值、供求性增值和用途转变增值。

一、集体经营性建设用地入市价值形成原因

（一）国家赋权是集体土地所有权价值实现的前提

完整的产权是商品交易和价值实现的前提，包含占有、使用、收

益、抵押和处分等相关权能。土地所有权是土地产权体系的核心，统领土地使用权、收益权和抵押权等相关权利。入市前虽然集体拥有集体建设用地的所有权，但受到政府严格规制，必须通过国有土地征收方式进入市场，产权的实现受到制约。尽管隐形流转现象普遍存在，但土地所有权的权能是残缺的，土地价值很难实现。

入市改革赋予集体经营性建设用地“保权”基础上的直接入市权利，是完善集体关于经营性建设用地所有权产权权能实现的过程。入市改革后，部分集体经营性建设用地可以直接进入市场，集体作为土地权利人与土地使用者交易，集体土地不仅能够实现占有权、使用权和收益权，也能够获得银行抵押贷款，在二级市场上流转交易，获取与国有建设用地同等地位的抵押权。土地价值的形成本质上也是集体经营性建设用地产权相关权能实现的过程，并且随着使用权、收益权、抵押权和处分权的分离与再配置，土地价值实现程度更加充分。

国家“赋权”过程还包含了对集体经营性建设用地入市的一系列制度供给，如入市流程管理、增值收益分配等，制度供给有助于解决入市难题、规范交易流程、形成正常的土地价格，但也要看到过多的政府规制也不利于入市推进和价值实现。零散、地块小的现状制约了集体土地的开发利用，因此，允许地块合并与整理的异地调整入市和整治入市改革很好地解决了现有地块无法入市的难题，有利于集体土地规模经济效益的形成。然而，对入市用途的过度管制不利于入市价值实现，如只允许作为工业用地入市，而严格限制商业服务和住宅用地的入市。

（二）健全市场化交易体系是土地价值实现的关键

完整的产权是集体经营性建设用地入市的前提，但并非拥有了产权就能够进入市场交易。集体土地价值实现的关键是有效的市场交易体系。长期以来，我国农村集体建设用地无法交易，有效的市场并未建立，集体建设用地仅在使用者之间流转交易，交易不规范、价值无法准确实现。

只有建立有效的市场机制引导集体土地交易，才能够发挥土地市场的供需关系，调节合理的入市价格。一方面，地方政府通过建立农村集体产权交易平台、第三方机构建立土地市场交易平台、法律政策咨询和估价机构，有助于完善农村土地市场交易体系，增加土地市场需求。地方政府或村集体主动对接工业企业项目落地，参与土地市场交易，也会创造有效的市场需求。另一方面，市场需要有效的土地供给。集体经营性建设用地确权登记、明晰产权归属，通过土地整理、复垦、开发经营等形成可以直接利用的地块，均是创造有效供给的过程。土地市场供需关系的平衡最终形成均衡的市场交易价格，实现土地价值。

（三）完善的地价管理体系是保障土地价值实现的核心

集体经营性建设用地入市要防止市场垄断和人格化交易。农村集体内部按照亲密度构建和维护着一张人际网络，交易活动容易陷入这样一个较为私密的圈子，即少数人垄断市场或从事人格化的交易。这样的交易方式不仅不利于健康的土地市场关系的形成，还可能以腐败、寻租取代公平的竞价机制，影响土地资源配置和经济效率。

入市过程中应构建集体土地与国有建设用地“同权同价”的管理体系，而这里的同价过程中需要参考国有建设用地管理办法制定农村集体建设用地的基准地价体系，以规定入市交易的最低限价，防止内部交易定价太低导致的对农民集体利益的侵蚀。鼓励集体经营性建设用地以公开竞价方式入市，提高拍卖和挂牌比例，实现土地资源在更大范围的配置，以保证土地价值的实现。

二、集体经营性建设用地入市增值收益来源

土地增值是现实经济生活中土地价格的增加值（朱道林，1992；周诚，2006）。土地增值来源一般可分为投资性增值、供求性增值和用途转变增值（周诚，2006；赵振宇等，2017；徐进才等，2017）。农村集体经营性建设用地入市增值收益是指由于市场供需变化、土地稀缺等因素导致土地价格上涨，从而使农村集体获得的价值增加的收益。入市增值收益是指其入市总收益扣除用地所有成本后的净收益，用地成本一般包括土地取得成本和开发成本。按照入市土地增值来源，可分为用途性增值、投资性增值和供求性增值。

（一）用途性增值

土地用途的变更可以实现用途性增值。入市改革前，根据 2004 年修订的《土地管理法》，集体经营性建设用地通常只能通过征地方式进入市场或用于兴办乡镇企业、乡（镇）村公共设施、公益事业，由村集体和村民自行组织使用的集体建设用地用途受到很大限制，可流转的主体和范围也被严格限定，这影响了集体建设用地流转的增值收益。

入市过程中，集体建设用地用途性增值体现在两个方面：一是建设用地用途转变后的价值增值。如由村庄公共用地转变为工商业用地，由工业用地转变为商业用地。国家入市改革试点区域中，广西壮族自治区北流市允许集体经营性建设用地入市用于商品住宅（余述琼等，2020），当然，多数地区严格限制商住用地的入市用途。通常情况下，商住用地的入市用途要高于工商业用地的增值收益，商业用地的入市用途要高于工业用地的增值收益。二是农用地转变为建设用地的增值。试点地区调整入市普遍与城乡增减挂钩和耕地指标交易相结合，允许在规划范围内建设占用耕地，同时补充相同面积的耕地指标。由于补充耕地指标的地区多数为区位条件差的地区，调整入市过程中因区位条件改善集体土地产生增值收益。

（二）投资性增值

农村集体经营性建设用地入市后还可以实现投资性增值。投资性增值又可分为直接和外部投资性增值，直接投资性增值是由开发者增加宗地的资本、技术、劳动力投入而带来的土地增值，而外部投资性增值是由地块周边基础设施条件改善带来的（周诚，2006）。

农村集体建设用地达到可供开发利用的状态，即“三通一平”“五通一平”等生产经营条件一般需要前期投资开发，而在入市过程中，直接入市的建设用地来源于经过开发建设的存量用地，本身凝结了前人的劳动和资本投入，产生了一定价值。在后期的开发利用中，政府、集体或开发者将零散的建设用地整理后集中入市，实现土地价值提升，则带来较大的土地增值。试点地区入市过程中，对于存量建设用地入市，已经由企业开发利用，无须进行土地整理开发就可以满足部分生产经营需求，因而产生较少的投资性增值。对于调整入市和整治入市的地块，农转用过程中要进行平整土地和开发建设，会产生较大的投资性增值。

入市过程中还伴随外部性增值，尤其对于区位条件好的建设用地。外部性增值是地区投资开发、周边基础设施完善带来的，也称为辐射性增值。在我国快速城镇化过程中，城镇道路开发、铁路运输等延伸到农村地区，电、网、气等原本市政工程专属的项目如今也覆盖到许多农村地区，显著改善了农村建设用地开发利用条件，成为吸引企业参与农村建设用地开发经营的重要原因。此外，为促进入市进程，政府会对入市地块所在区域进行前期的基础设施建设，而由于规划要求，政府还会对其周围的公益事业建设进行投资，对该区域的区位条件进行改善，形成外部性增值。

（三）供求性增值

供求性增值是指由于土地位置的固定性，某一区域土地总是供不应求，从而在需求方的市场竞争机制下形成土地价格的上涨，本质是由土地物质资源的稀缺所引起。供求性增值是指土地市场供求关系的变化所带来的土地价值提升。

对集体经营性建设用地的市场需求增加是其供求性增值的原因。集体经营性建设用地具有规模小、价格低、入市审批快等优点，成为许多小微企业、个体工商户、乡村产业融合用地的首选，一些急于获得土地使用权的大型企业也已入市获取土地使用权。相对于国有建设用地，集体经营性建设用地入市的审批权在市级层面，而国有建设用地审批需要集中报批，时间较长。如江苏雷利电机股份有限公司为上市以出让方式获得常州市武进区一宗 20 亩的集体经营性建设用地使用权。贵州省湄潭县通过集体经营性建设用地入市解决乡村产业融合发展用地难题。近年来，国家鼓励乡村振兴与产业发展的系列举措产生了对集体经营性建设用地的需求，成为推动入市供求性增值的重要原因。

许多集体经营性建设用地地处城市边缘区，城市化进程的推进、人口增长和城市规划等因素带来集体建设用地供求性增值。当城市化进程加速，人口增长迅速，城市化规划不断完善时，城市周边的土地需求将会持续增加，有限的土地资源无法满足人们的需求。在这种情况下，农村集体经营性建设用地入市后，随着市场需求的增加，土地供求关系发生变化，从而导致土地价格的上涨，实现供求性增值。

当然，相对于国有建设用地，集体经营性建设用地入市主要以协议和挂牌为主，多数入市案例的竞争程度并不高。以工业项目为主的入市多以协议入市为主，先定项目再定地块，类似于国有工业用地。商业用地和商住用地的供求性增值要高于工业用地，土地入市价格也较高。

第二节　基于发展权的集体经营性建设用地入市增值收益的形成与分配

征地制度语境下，农村集体土地发展权受到限制，损害了集体土地所有者的利益（刘永湘、杨明洪，2003）。允许集体经营性建设用地入市，打破了国家对土地发展权的垄断，赋予集体土地发展权，成为保护农民土地权益、提高农村建设用地利用效率的重要土地制度改革。土地发展权的内涵较农地发展权①广，是指土地变更用途使用和对土地原有集约度的改变之权（臧俊梅、王万茂，2008）。农民集体土地不仅包括农用地，还包括集体建设用地，同样存在变更用途和集约利用的权利，因此，有学者提出“集体土地发展权”的概念，实质上包括了农用地发展权和集体建设用地发展权（刘永湘和杨明洪，2003）。本书研究集体建设用地发展权，是指农村集体建设用地在法律政策允许范围内改变土地用途、提高土地利用强度的权利。在征地入市语境下，集体建设用地发展权属于国家所有，要转变为国有建设用地才能实现发展权相关权利。而在集体经营性建设用地入市语境下，集体建设用地发展权属于村集体，入市后不改变集体土地所有权性质。本节从发展权的角度提出集

① 农地发展权一般指农用地转变为建设用地的权利。

体经营性建设用地入市增值收益的形成机理，并分析不同发展权对应的入市增值收益和分配思路。

一、集体经营性建设用地入市过程与发展权实现

按照入市流程，集体经营性建设用地入市可分为入市审批、土地整治、异地调整入市、土地流转、土地开发等环节（张建等，2022），根据土地发展权的内涵，土地发展权应当包括用途转变权和强度提高权，土地发展权配置过程中还会存在流转交易权（臧俊梅、王万茂，2008；张安录、毛泓，2000）。不同环节集体经营性建设用地分别对应着用途变更权、强度提高权、流转交易权等不同的发展权实现过程，从而对其增值收益产生影响。

（一）入市审批：实现用途变更权

集体经营性建设用地入市过程中的用途变更权主要表现为低效建设用地转变为高效建设用地，如工业用地转变为商业用地和住宅用地，闲置宅基地和公益性建设用地转变为工商业用地。集体经营性建设用地直接入市需符合土地利用总体规划、城乡规划，并在满足用途管制的情况下作为工、商业经营性用地入市，纳入土地利用年度计划供地安排。市、县人民政府自然资源主管部门是集体经营性建设用地入市的审查责任主体，入市地块在依法办理土地所有权登记的基础上要进行审批，符合规划的集体经营性建设用可获得入市流转权能。目前，法律层面的集体经营性建设用地主要是指土地分类中的商服用地和工矿仓储用地，不包括农民宅基地、公益性建设用地，从而缩小了可供入市的建设用地范围。值得注意的是，2019 年中共中央、国务院《关于建立健全城乡融合发展体制机制和政策体系的意见》规定，“允许村集体在农民自愿前提下，依法把有偿收回的闲置宅基地、废弃的集体公益性建设用地转变为集体经营性建设用地入市”，进一步扩大了可供入市的集体经营性建设用地范围。入市审批过程中，符合经营性用途的工矿仓储用地转变为商业用地，闲置宅基地和公益性建设用地转变为工商业用地等都是用途变更权的实现。

（二）土地整治与开发：实现强度提高权

强度提高权是指政府赋予集体经营性建设用地开发利用过程中提高开发程度、投资强度、容积率的权利。许多地区集体经营性建设用地是由废弃厂房用地、闲置用地等转变而来，地块分散、规模小、开发程度低，往往达不到入市要求。因此，需要经过土地整治，提升集体经营性建设用地规模和开发水平。由于规模效益、集聚经济的存在，集中连片的集体经营性建设用地更能满足大中型企业的发展需求，有利于增加土地投资强度，从而提升土地价值。此外，为提高集体经营性建设用地利用效率，获得土地发展权的区域必然带来政府在基础设施上的投入倾斜，如公共交通、道路等配套设施建设。

土地资源的开发利用是实现发展权价值的关键（臧俊梅、王万茂，2008）。经过规划审批的集体经营性建设用地发展权最终实现依赖土地的开发利用，通过集体经营性建设用地用途变更权的实现，增加对土地的投资强度，从而实现土地价值增值。

（三）直接入市与异地调整入市：实现流转交易权

入市过程中的发展权流转是指集体经营性建设用地开发利用权由村集体或乡镇企业流转给其他市场主体的权利，也包括异地调整入市[①]过程中土地发展权的转移。集体经营性建设用地直接入市是在保留土地发展权集体所有的基础上，将一定期限的建设用地使用权流转给其他主体，使用主体支付一定的流转费用，从而取得一定期限的经营收益。流转交易权是实现集体建设用地资源优化配置的市场化方式，通过“价高者得”的方式将发展权流转给经济效益好的经营主体，从而最大化发展权增值收益。

区位条件差、落后地区的集体经营性建设用地缺乏市场需求，即使

---

① 异地调整入市是集体经营性建设用地的特殊入市方式，主要针对农村零星、分散、区位条件不好的集体经营性建设用地，先复垦后形成建设用地指标再异地入市。区位条件差或落后地区将土地发展权指标卖给区位条件好或经济发达地区，指标卖出区需将本地的集体建设用地复垦为耕地，而指标购买区获得一定量耕地转变为建设用地的权利。

拥有发展权，也面临着发展权无法实现的障碍。为此，2019 年中共中央、国务院《关于建立健全城乡融合发展体制机制和政策体系的意见》允许集体经营性建设用地异地调整入市，通过将落后地区集体建设用地复垦为耕地，转变为建设用地指标，然后以一定的价格将建设用地指标卖到区位条件好、需求旺盛的区域，从而实现发达地区耕地占补平衡，缓解建设用地供求紧张局面。异地调整入市过程中，落后地区的土地发展权转移到发达地区，从而实现更大的价值增值。

二、发展权与集体经营性建设用地入市增值收益形成

土地增值是现实经济生活中土地价格的增加值（朱道林，1992），土地增值来源一般可分为投资性增值、供求性增值和用途性增值（周诚，2006；赵振宇等，2017）。从发展权的视角来看，集体经营性建设用地入市增值收益来源于集体土地发展权的实现程度，入市过程包含了用途变更权、强度提高权和流转交易权等发展权的实现。发展权实现过程中，土地用途、土地投资、土地供求关系等影响土地增值的一般因素也发生变化，从而最终实现集体经营性建设用地价值增值。发展权类型在不同的集体经营性建设用地入市阶段对应的增值成因如图 3－1 所示。

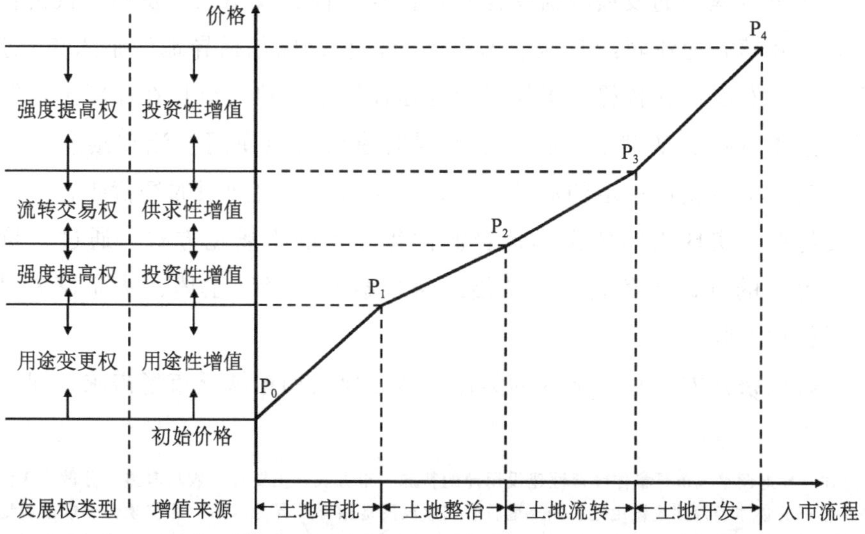

图 3－1　基于发展权的集体经营性建设用地入市增值收益形成机理

（一）用途变更权与集体经营性建设用地用途性增值

由于规划用途的不同，集体经营性建设用地带来的增值收益存在很大差异。一般情况下，规划为商服用地的集体经营性建设用地增值要高于工业用地。如 2015 年浙江省德清县入市的 41 宗集体经营性建设用地中，8 宗商业用地的平均地价为 31 万元/亩，33 宗工业用地平均地价为 25 万元/亩（房骏，2016）。此外，少部分改革试验区放松了集体经营性建设用地入市后用作住宅用地的管制，如广西壮族自治区北流市探索集体经营性建设用地以住宅用地为主体的供地机制，允许部分入市地块作为住宅用地或商住用地，从而很好地实现了土地价值增值（黄贤金、戴垠澍，2018）。

（二）强度提高权与集体经营性建设用地投资性增值

强度提高权在集体经营性建设用地入市前期土地整治开发阶段实现，主要影响土地增值因素中的直接性投资，通过增加宗地上的资本、技术、劳动力投入而带来土地价值增加。一般而言，土地前期开发程度越深，相应的投入成本越大，入市宗地所能带来的预期收益和价格就越高。政府基础设施建设投资产生区域经济价值的差异，并直接投射到获得发展权的集体经营性建设用地价值上，形成外部投资辐射性增值（张承、彭新万，2020）。

（三）流转交易权与集体经营性建设用地供求性增值

流转交易权改变了集体经营性建设用地供求关系，降低了建设用地需求方信息获取成本。当然，流转交易权是否能够最大化土地增值收益，还取决于区域内集体经营性建设用地供给量和需求量。此外，流转交易权的价值增值还与入市方式有关，以招标、拍卖、挂牌等市场化程度较高的方式入市可以充分实现竞争机制，带来集体经营性建设用地较大增值，而以协议方式入市的集体经营性建设用地供求关系不充分，入市价格较低。

三、基于发展权的增值收益分配思路

土地发展权源于国家的土地用途管制，是由土地利用规划和城乡规划等公共管制机制配给的一种权利。通过这种配置机制，获得发展权的集体经营性建设用地拥有转变用途及投资开发的优先权，享受“超额”的土地收益（张承、彭新万，2020）。集体经营性建设用地入市过程中，政府要提供所有权审批、规划管理、用途审核等公共服务，因此，集体经营性建设用地用途变更权主要由政府规划赋予，应当由政府分享大部分因用途变更权实现而带来的增值收益；在集体经营性建设用地入市前期土地整治、投资开发过程中，随着单位土地上资本、劳动力投入增加，集体建设用地强度提高权实现，主要影响土地增值中的直接性投资增值，按照“谁投资，谁受益”的原则，强度提高权实现获得的增值收益，应归投资人享有，主要包括农民集体和政府，具体投资人还应根据实际情况做出判断；集体经营性建设用地在流转过程中实现发展权价值增值，本质是集体建设用地所有权垄断和资源稀缺带来的，集体经营性建设用地直接入市过程中，所有者让渡一定年限的土地使用权，土地流转价值必然包含了所有权在经济上的实现，产生的价值增值理应归农民集体和集体成员（农民）共同所有。

第三节　基于合作博弈的集体经营性建设用地入市增值收益的形成与分配

集体经营性建设用地入市主体的互动及其博弈关系分析是理解增值收益形成的关键，本节在分析集体经营性建设用地入市利益主体类型及其利益诉求的基础上，构建博弈模型分析各主体在入市中的行为逻辑，包括合作与竞争、谈判与决策、权益分配与冲突解决等。

一、集体经营性建设用地入市利益主体

集体经营性建设用地入市的利益主体主要有：中央政府、地方政

府、村集体、农民等。其利益诉求各不相同，具体利益诉求如下：

（一）中央政府的利益诉求

中央政府作为宏观调控者，代表国家利益，入市改革的目的是为实现乡村振兴与农民共同富裕。中央政府积极倡导集体经营性建设用地入市，减少征地制度范围，统筹农村土地制度改革全局过程和顶层制度设计，推动集体建设用地与国有建设用地“同权、同价、同市”，从而建立城乡统筹的建设用地市场，提高土地资源配置效率。同时，将集体土地增值收益更多留给村集体和农民，从而实现推动乡村经济发展、增加农民收入的目的。

同时，中央政府在入市过程中有两条约束线：一是确保国家粮食安全、严格保护耕地的“红线”；二是保障农民利益的“底线”。集体经营性建设用地入市过程中存在因建设用地价值远高于耕地从而导致“非农化”的风险，为保障国家粮食安全，坚持耕地总量管理目标，防止耕地“非农化”，中央政府需要对集体经营性建设用地入市规范流程、严格监管，从而规避入市的负外部性。同时，中央政府强调在土地市场运作中保障农民利益，并保障村集体在入市中的话语权，防止地方政府以入市名义对集体土地的实际控制，确保入市不会导致地方政府滥用权力，侵害农民权益。

（二）地方政府的利益诉求

国家入市改革中地方政府是政策制定者与供给者，既要贯彻落实中央的政策，积极推动集体经营性建设用地入市改革，科学管理入市流程，对农村入市改革承担指导、监督和管理责任，又要在保证粮食安全的前提下，促进入市对企业发展的支撑作用，发展乡镇村庄地方经济，提高农民收入。

然而，集体经营性建设用地入市必然对地方政府利益有所冲击。首先，入市打破了建设用地使用权市场的政府垄断地位，给予用地企业更多的选择，国有建设用地的需求减少，地方政府土地供应受到影响，必然影响国有建设用地出让收入。入市的大部分收益由村集体获取，影响了地方“土地财政”收入。其次，集体经营性建设用地入市带来“非农化”风险，地方政府若无法妥善处理这类风险，将面临中央政府的耕地保护督察与“处罚”，对政府主要领导产生不利影响。

地方政府希望推进农村集体经营性建设用地入市，发展农村经济，提高农民收入，促进城乡统筹协调发展。地方政府通过打造亮点模式，树立农村土地制度改革的标杆，从而获取政治资源和政策优惠。与此同时，地方政府会将入市改革政策牢牢掌握在自己手里，既保证入市过程中分享部分土地增值收益①，规避入市对国有建设用地出让带来的冲击，还会在政策制定上主动寻求上级政府的认可，规避“非农化”带来的政策风险。

（三）村集体的利益诉求

村集体作为集体经营性建设用地的所有者，天然享有土地的开发利用、增值收益获取权，在土地入市的过程中在土地收益、集体经济发展和基础环境等三个方面有着自身的利益诉求。

集体经营性建设用地入市本质上是“还权让利”的过程，因此，入市改革中，村集体希望获取最大的入市主导权利和收益分配权，希望通过土地入市能够获取合理的土地使用权出让收益。村集体前期开发建设中也对集体经营性建设用地价值增值创造了贡献，应当分享投资性增值收益。村集体追求的收益不仅体现在金钱上，还包括通过土地增值获得的长期稳定收入，例如租金、分红等，以确保集体经济的可持续性和农民的富裕。

村集体希望通过土地入市实现集体经济的发展。通过盘活存量建设用地，吸引企业投资落户，为村民解决就业问题，村集体则通过土地作价入股、建设标准厂房出租等获取持续稳定的租金收入，发展壮大集体经济。村集体期望通过土地入市能够改善基础设施的建设，包括交通、

---

① 现行集体经营性建设用地入市增值收益分配体制下，尽管省、市级政府不直接参与入市的增值收益分配，但集体土地市场交易需要纳入商品流通范畴，缴纳增值税和契税，从而市级以上政府也能够通过税收获取入市增值收益的间接分配。直接参与分配的主要是县（区）、乡（镇）政府，主要通过征收土地增值收益调节金的形式实现。

公共设施、水电供应等，这些都将直接提升村民的生活质量和吸引外来投资。除了硬件设施的改进，村集体也关注村庄生态环境的改善、历史文化传承的发扬和公共服务体系的完善等，以期打造宜居宜业的良好村庄环境。

当然，村集体入市改革中也存在一定的成本与风险，如入市前地块整理与开发的成本，集体土地权属纠纷带来的社会风险，入市流程不合法、违规出租出让等政策风险，以及地方政府收取过高的土地调节金，造成村集体的利益受损等风险。村集体在入市过程中会通过寻求政府支持、加强村民自治、优化入市流程等规避入市成本和风险。

（四）农民的利益诉求

农民是集体土地的共有产权人，在土地上的劳动和生产活动直接或间接影响着入市地块的增值收益，希望通过入市获取一定的土地财产权收益，获得更多的就业机会，希望生活环境能够得到改善。

国家为保障集体经营性建设用地入市过程中农民的权利，要求在入市决策、增值收益分配等大事上需由农民参与投票表决，要经三分之二以上的村民或村代表表决通过。尽管部分存量建设用地在产权配置上与农民关系不大，农民不掌握建设用地生产资料，但仍然可以通过行使表决权争取自身利益，获取部分的土地增值收益。

调整入市中需要占用农民耕地，对于需要占用自家土地的入市，农民关注的是土地“失去”后的补偿标准和劳动力就业问题。尽管从土地产权性质上集体仍然保有土地所有权，但由于农民失去耕地经营权，会参照国有建设用地征地的补偿标准，要求从入市中获取一定的经济补偿①。此外，由于很多农民的主要生活来源是土地，当土地用于发展非农产业时，他们需要其他就业渠道来维持生活。因此，他们关注的是能否通过土地入市涉及的工业、商业项目获得就业机会。此外，入市过程中农村生活环境和基础设施条件能否改善也是农民的诉求之一。

---

① 当前，许多地区入市改革中占用耕地需对农民进行经济补偿，与国有不同的是，这部分补偿不包括农民失业保险金补偿。

当然，农民在入市过程中始终是弱势群体，与政府和集体的博弈能力最弱。若村集体将大部分土地增值收益自留，农民的收益很可能得不到提高，作为入市主体中的劣势者，权益容易受到侵害。

各分配主体利益诉求及分配行为如图 3－2 所示。

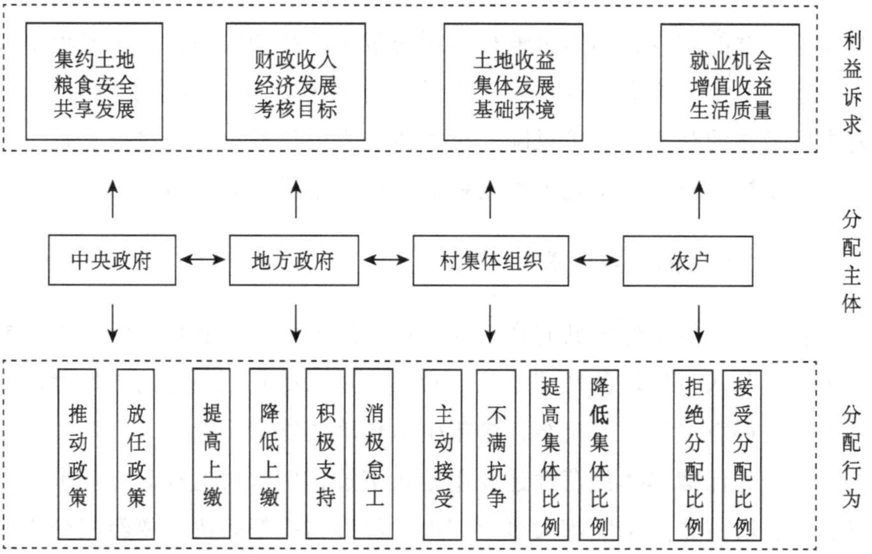

图 3－2 集体经营性建设用地入市增值收益分配主体利益诉求及分配行为

二、集体经营性建设用地入市利益冲突

（一）中央政府与地方政府的利益冲突

第一，土地管理权的冲突。中央政府致力于建立统一、高效的土地市场体系，推动全国范围内的土地资源合理流动和配置，强调通过法律法规来规范和控制建设用地市场。中央政府关注于土地管理的系统性、整体性，以及保障农民土地权益。地方政府通常希望保持对土地资源的控制权和配置权，以维持地方经济发展的自主性。集体经营性建设用地入市的实施增加了地方政府在土地管理上的复杂性，特别是在收益分配、土地利用计划与审批过程中。

第二，财政收入的冲突。中央政府倾向于改革土地市场，允许农村土地入市，减少对土地出让金依赖，实现财政收入的多元化和可持续性。土地出让金是地方政府重要的财政收入来源。集体经营性建设用地入市可能导致国有土地出让收入减少，影响地方政府的财政状况，因此地方政府在实施中可能存在抵触情绪。

第三，土地市场监管的冲突。中央政府强调土地市场的规范化和公平性，期望通过法律法规来确保农民权益，防止土地被低价征收或不正当交易，维护健康有序的土地市场环境。地方政府在推进集体经营性建设用地入市过程中，可能由于地方利益、管理能力或资源限制，难以有效实施中央政府的监管政策，有时甚至出于吸引投资和促进地方经济发展的考虑，放松对土地市场的监管。

（二）地方政府与村集体的利益冲突

在地方政府和村集体之间，虽然双方都期望通过这一政策实现经济发展和土地增值，但在具体实施过程中，利益冲突是不可避免的。

第一，收益分配冲突。地方政府可能倾向于通过更高的地价和税收来增加财政收入，以支持更广泛的社会和基础设施建设。村集体关心的是如何最大化其土地资源的经济收益，希望土地入市可以为村民带来显著的经济回报，改善他们的生活条件。

第二，土地使用规划和控制权冲突。地方政府在土地入市的过程中，往往希望控制土地的规划和使用，以保证土地使用符合城市发展规划和战略需求。村集体可能更加关注于保持对其土地的控制权，以便能够自主决定土地的最终使用方式，从而最大化土地价值和集体利益。

（三）村集体与农民的利益冲突

村集体与农民都希望通过集体经营性建设用地入市促进集体经济发展、增加农民收入，改善农村人居环境。然而，村集体与农民在入市过程中也存在着利益冲突。第一，收益分配的冲突。村集体希望通过土地入市获取的收益能够用于投资增值，或支持村庄的公共设施建设、公共服务改善以及其他集体福利项目，从而提升整个村庄的发展水平和居民的生活质量。农民个体更关注从土地入市中直接获得的经济补偿与分红，希望自己能够获得更多的个人收益，以改善家庭经济状况。

第二，土地使用权的冲突。村集体在土地入市过程中可能会优先考虑土地的整体规划与长远利益，有时这可能要求调整或集中土地使用权，以更好地发挥土地经济效益。农民可能担忧失去对自己耕种土地的使用权或控制权，尤其是在土地集中、调整过程中，有些农民可能会因失去对传统耕作土地的情感依恋以及生活方式的改变感到不安。

第三，农民参与决策的冲突。村集体在推进土地入市的决策过程中，为减少沟通成本希望农民服从集体决策，而农民寻求更多参与决策的机会，希望自己的声音和利益能够被充分听取和考虑，特别是在涉及土地使用、收益分配及其他直接关系到个人利益的事项上。

三、不同利益主体博弈分析

本研究中的博弈分析要满足两个假设：一是参与主体都满足“理性经济人”的要求，谋求自身利益的最大化；二是在博弈过程中，主体拥有完全信息，能够正确认识所有参与主体行为、策略空间和效用函数。

（一）中央政府与地方政府博弈分析

中央政府允许集体经营性建设用地入市的最大目标是为了推进乡村振兴，保障农民权益、发展社会经济，而地方政府贯彻中央政策的目的是发展地方经济，并且提高自身收益。在入市过程中，中央政府很难亲自操作，一般由地方政府进行直接管理，这便产生了两者之间的监督博弈。是否实施监督检查会产生两种状态：中央政府实施监督检查，地方政府会积极推进入市；但是在中央政府没有监督检查时，地方政府会对入市持消极态度。目标的差异使两者出现策略博弈。

参与主体：定义中央政府为 A，地方政府为 B，则集合 $i=\{A,B\}$。

策略空间：中央政府的策略空间为 $S_A=\{监督,不监督\}$；地方政府的策略空间 $S_B=\{推进入市,不推进入市\}$。

效用函数：

①$S=\{A_1,B_1\}$，中央政府进行监督检查，地方政府推进入市。此

时中央财政所需要支付的成本为 AC：包括监督检查地方政府的直接成本 C_1 和鼓励地方政府推进入市的奖励成本 C_2，即 $AC = C_1 + C_2$。中央政府的收益为 AR：包括入市后带来的社会经济发展 R_1、社会稳定 R_2、农民权益保障 R_3，即 $AR = R_1 + R_2 + R_3$。地方政府推进入市所需要支付的成本为 BC：包括入市导致的征收土地出让收益损失 C_3、入市过程的直接成本 C_4，即 $BC = C_3 + C_4$。地方政府的收益 BR：包括入市后的收益调节金或税收收益 R_4、中央政府给予的鼓励入市奖励 C_2、地方乡村经济发展带来的税收增加 R_5，即 $BR = R_4 + C_2 + R_5$。

②$S = \{A_2, B_1\}$，中央政府不进行监督检查，地方政府推进入市。此时中央政府的成本为 0，收益为 AR。地方政府推进入市的成本为 BC，收益为 $BR = R_4 + R_5$。

③$S = \{A_1, B_2\}$，中央政府进行监督检查，地方政府不推进入市。此时中央政府的成本为 C_1，假设对地方政府消极入市的罚款为 L。地方政府的成本为 BC_2：包括未推进入市而受到的罚款 L、不落实中央政策的政治风险 C_5，即 $BC_2 = L + C_5$。地方政府的收益等于 0。

④$S = \{A_2, B_2\}$，中央政府不进行监督检查，地方政府不推进入市。此时中央政府的成本为 0，收益为 0。地方政府的成本与收益也均为 0。

可根据策略空间建立中央与地方政府的博弈模型，当地方政府推进入市的概率为 P_1 时，中央政府选择监督的期望收益 $E = P_1 \cdot (AR - AC) + (1 - P_1) \cdot (L - C_1)$；中央政府选择不监督检查的期望收益 $E = P_1 \cdot (AR)$。

当中央政府选择监督检查的概率为 P_2 时，地方政府推进入市的期望收益为 $E = P_2 \cdot (BR - BC) + (1 - P_2) \cdot (R_4 + R_5 - BC)$；不推进入市的期望收益为 $E = P_2 \cdot (-BC_2)$。

地方政府的策略应满足无论选择监督或不监督，中央政府期望收益相同。即：

$$P_1 \cdot (AR - AC) + (1 - P_1) \cdot (L - C_1) = P_1 \cdot (AR) \quad (3-1)$$

$$P_1 = (L - C_1)/(L + C_2) \quad (3-2)$$

同样，中央政府的策略选择要满足，无论地方政府选择推进与否，地方政府的期望收益相同：

$$P_2 \cdot (BR - BC) + (1 - P_2)(R_4 + R_5 - BC) = P_2 \cdot (-BC_2) \quad (3-3)$$

$$P_2 = (C_3 + C_4 - R_4 - R_5)/(C_2 + L + C_5) \quad (3-4)$$

从均衡概率可得结论：

（1）中央政府实施监督的成本不变时，中央政府对地方政府消极对待入市的行为，制定严格的惩罚机制（提高罚款 L），地方政府积极推进入市的概率就高（P_1 提高）；

（2）中央政府对地方政府消极对待入市的行为罚款不变时，实施监督的成本越低（C_1 越少），鼓励地方政府推进入市所需要的奖励越少（较低的 C_2），地方政府积极推进入市的概率越高（P_1 提高）；

（3）入市导致的地方政府财政收入减少越多（R_4 和 R_5 减小），入市导致的征收土地出让收益损失和直接成本越大（C_3 和 C_4 增加），中央政府监督的概率也会越大（P_2 提高）。

（二）地方政府与村集体博弈分析

地方政府是集体经营性建设用地入市的直接管理者，入市有利于乡村发展、保障农民权益。土地入市后地方政府征收的收益调节金是地方财政的主要来源，集体经营性建设用地入市也对地方政府的利益产生了一些威胁，如减少了国有建设用地出让收益，因此对于入市，地方政府会要求参与收益分配或者不参与分配的选择。对于村集体，其目标是争取获得更高的土地入市收益，发展乡村经济、投资基础设施建设、改善农民生活条件，若入市过程中地方政府征收的调节金过多会影响村集体的入市积极性。因此，村集体面临地方政府的要求有入市流转与不入市流转两种选择。

参与主体：定义地方政府为 B，村集体为 D，集合 j = {B,D}。

策略空间：地方政府的策略空间为 S_B = {要求收益分配,不要求收益分配}；村集体的策略空间为 S_D = {同意入市流转,不同意入市}。

效用函数：

假设集体经营性建设用地入市总收益为 P_1，政府要求得到收益分配的比例为 R，集体经营性建设用地由村集体利用产生的土地收益为 P_2，村集体实施入市的成本为 C_1，政府实施入市的成本为 C_2。

（1）$S = \{B_1, D_1\}$，地方政府要求入市收益分配，村集体选择入市。此时地方政府的收益为 $E_B = R \cdot P_1 - C_2$；村集体的收益为 $E_D = (1 - R) \cdot P_1 - C_1$。

（2）$S = \{B_2, D_1\}$，地方政府不参与收益分配，村集体参与入市流转。此时地方政府的收益为 $E_B = -C_2$；村集体的收益为 $E_D = P_1 - C_1$。

（3）$S = \{B_1, D_2\}$，地方政府参与收益分配，村集体不同意入市。此时地方政府的收益为 $E_B = 0$；村集体的收益为 $E_D = P_2$。

（4）$S = \{B_2, D_2\}$，地方政府不参与收益分配，村集体不同意入市。此时地方政府的收益为 $E_B = 0$；村集体的收益为 $E_D = P_2$。如表 3－1 所示。

表 3－1　　地方政府/村集体博弈分析

地方政府/村集体	同意入市	不同意入市
参与收益分配	$E_B = R \cdot P_1 - C_2$ $E_D = (1 - R) \cdot P_1 - C_1$	$E_B = 0$ $E_D = P_2$
不参与收益分配	$E_B = -C_2$ $E_D = P_1 - C_1$	$E_B = 0$ $E_D = P_2$

通过以上博弈分析可得出以下结论：

在“理性经济人”的前提条件下，各方的策略空间要满足收益最大化。村集体是否选择集体经营性建设用地入市，主要受到土地入市收益、土地自用收益、入市成本及政府要求的收益比例影响。当政府要求参与收益分配时，当 $(1 - R) \cdot P_1 - C_1 > P_2$ 时，村集体会同意入市；当政府不要求参与收益分配时，当 $P_1 - C_1 > P_2$，村集体会同意入市。可以看到，入市收益相对于集体土地自用越高，集体承担的入市成本越低，地方政府分享的收益比例越低，村集体选择入市的积极性越大。

地方政府只要入市分配的收益大于入市成本，即 $R \cdot P_1 - C_2 > 0$，就会选择参与收益分配。而如果地方政府不参与收益分配，其收益为 $-C_2$，因此，地方政府作为理性经济人会参与收益分配。而如果地方政府在入市过程中需要承担较高的成本，如管理成本、政治风险等，即使政府可以参与收益分配，也会选择不推进入市。

（三）村集体与农民博弈分析

村集体与村民博弈的关键点是土地入市收益在村集体内部的分配比例。地方政府收取土地调节金后的剩余土地收益，一部分留存在集体手中，余下部分在村民之间分配。这里假设村集体留存部分主要用于行政开支，而不用于改善农民福利的乡村建设支出。此时，村集体有两种选择：提高或降低自留的土地收益比例。若降低自留部分，农民可分配的土地收益增加，其收入水平提高，农民将同意集体经济组织的决策；若村集体为了扩大自身利益，提高自留部分，则会选择侵害农民权益，农民反对村集体提高自留部分会进行谈判协商。因此，村集体面临着提高和降低自留部分两种选择。

参与主体：定义村集体经济组织为 D，农民为 F，集合 $j=\{D,F\}$。

策略空间：村集体的行动策略 D = {提高自留部分,降低自留部分}；村民的行动策略 F = {支持,妥协,反对}。

效用函数：

假设集体经营性建设用地入市的收益为 R_1，地方政府的增值收益分配比例为 a，村集体经济组织自留比例分别为 b_1、b_2（$b_1 < b_2$，即 b_1 代表村集体降低自留部分，b_2 代表村集体提高自留部分），村民反对村集体进行谈判的成本为 W_1，村集体因谈判需付出的成本为 W_2，不考虑入市的其他成本。

（1）$S=\{D_1,F_2\}$，村集体选择提高自留部分，村民选择妥协。此时村集体的收益为 $E_D=(1-a)R_1b_2$；农民的收益为 $E_F=(1-a)(1-b_2)R_1$。

（2）$S=\{D_1,F_3\}$，村集体选择提高自留部分，村民反对。此时村集体的收益为 $E_D=(1-a)R_1b_2-W_2$；农民的收益为 $E_F=(1-a)(1-b_2)R_1-W_1$。

（3）$S=\{D_2,D_1\}$，村集体选择降低自留部分，村民支持。此时村集体的收益为 $E_D=(1-a)R_1b_1$；农民的收益为 $E_F=(1-a)(1-b_1)R_1$。

当村民较为顺从，始终听从村集体安排而不会选择反对时，村集体提高自留部分的收益大于降低自留部分的收益，即 $(1-a)R_1b_2>$

$(1-a)R_1b_1$，村集体最优策略是提高自留部分。处于弱势地位的村民选择妥协，权益受到侵害。

村集体要求较高的自留部分，村民选择反对并且要求协商谈判，村集体需要付出一定的谈判成本，村集体需要比较提高与不提高自留部分的收益，即比较$(1-a)R_1b_2-W_2$和$(1-a)R_1b_1$的大小，当集体付出的谈判成本较高时，村集体妥协，降低增值收益自留部分。

通过以上博弈分析，如何在土地入市后保障村民的权益也是当下应该解决的问题。赋予村民投票权，村集体决策接受村民的监督，该策略有效地制约了村集体的行为，一定程度上维护了村民自身的权益。村集体充分为村民利益考虑，选择降低自留部分，增加村民收入，让村民更好地享受入市政策带来的红利，为该博弈模型的最优策略。在村集体制定内部收益分配比例时，提高村民的话语权，提高其参与度，充分尊重村民意见。建立相应的监督保护机制，赋予村民监督村集体使用土地收益的权利，保障村民权益不受侵害。村集体经济组织与农民博弈分析如图3-3所示。

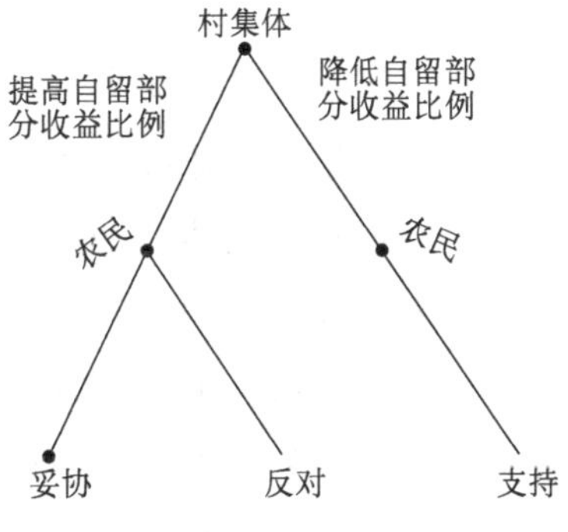

图3-3　村集体经济组织与农民博弈分析

（四）政府、村集体、农民博弈分析

政府、村集体、农民三者之间的博弈中会得到四种博弈结果。政府认可村集体的决策，村集体与农民协商成功与不成功，会产生直接入市与不入市两种情况。政府不认可村集体的决策，村集体与农民协商成功与不成功，会产生隐形入市与不入市两种情况。如图3-4所示。

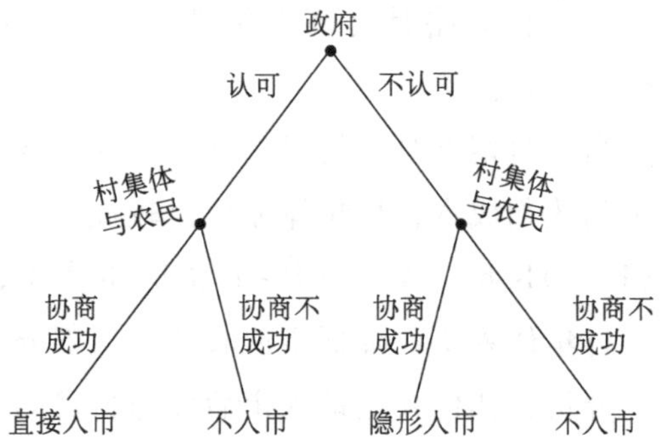

图 3-4　政府、村集体与农民博弈分析

四、不同主体间的博弈与增值收益分配逻辑

政府、村集体和农民之间的增值收益分配本质上是不同主体之间在国家制度安排与法律框架下为实现集体土地资源配置的效率和公平，协调利益关系和矛盾冲突，围绕增值收益相互博弈的过程。

（一）政府与村集体之间的分配——制度安排与集体产权的博弈

集体经营性建设用地入市试点作为国家层面自上而下的制度安排，国家对入市增值收益分配的原则是建立兼顾国家、集体和农民个人的入市土地增值收益调节机制，保护农民集体和个人权益，增值收益适当向集体和农民倾斜。地方政府入市改革过程中，也建立了相应的增值收益分配机制，完善了相关收益分配办法，形成了国家与政府的制度安排。

国家和政府有关增值收益分配的制度安排表现为收益调节金和相关税费，现阶段主要是契税，县级和乡镇政府以收益调节金的形式与集体和农民分享土地增值收益，契税一般按照3%的交易价款征收，上缴国库后由中央政府与地方政府分成。收益调节金是按照土地增值额或入市总价款①确定一定比例的政府与集体的分成，要根据土地入市价款或土地等级进行差别化确定，以体现出调节收益分配的作用。如对于商业用

① 由于存量建设用地入市成本核算的困难，各地普遍以入市总价作为收益调节金的征收标准。

途、高入市价格征收较高的收益调节金，对于土地等级低、入市价格低的地块入市征收较低的收益调节金。

自上而下的入市制度安排决定了收益调节金是地方政府为落实国家关于入市收益分配原则而制定的政府与集体的收益分配比例，这一比例的确定具有政府主导、集体协商参与的特点，征收比例也要参照国有土地出让、地方财政收入、集体妥协度等多方面因素。值得关注的是，由于村集体具有一定的“准政府”性质，政府往往在收益分配调节金比例的确定上具有较大的权威和话语权，集体容易沦为服从的角色。此外，政府审查入市地块合法性和有效性是入市的前提，实践中也充当了招商引资和项目落地的角色，政府主导的色彩下集体似乎并没有多少讨价还价的能力。尽管如此，入市对于集体可持续收益仍然优于征地制度。

（二）不同农村集体间的分配——合作与分成的博弈

农村集体土地实行的是“三级所有”的土地所有制，即村小组、村集体和乡镇集体三级所有，历史上由于存在着“三级”主体使用集体建设用地的情况，地方集体经营性建设用地入市主体也存在于村小组、村集体和乡镇集体之间。土地成片开发的集聚性和价值最大化强化了不同集体主体入市过程中的合作，决定了不同集体之间土地所有权的交叉性、投资与努力等贡献度的难以分割。

理论上不同集体主体可以通过两种方式确定增值收益分配比例：一是按照土地权属分配。这种方式是根据各个村集体在土地所有权、使用权等方面的占有情况来确定分配比例，即增值收益按照各村集体在土地权属方面所占比例进行分配。如果某块土地原属于两个村集体所有，那么增值收益也应按照两个村集体拥有土地的面积所占比例分配。二是按照投入贡献度确定分配比例。这种方式是根据各个村集体在土地开发、经营、入市中实际投入的资本、劳动力、努力程度来确定分配比例，如果某个集体主体在入市中投入了较多的资金和劳力，那么在增值收益分配中也应获得相应的分配比例。

理论上可以按照以上两种方式由多个集体主体共享增值收益，但实践中不同集体往往希望有利于各方利益的分配方式，这就带来了合作过程中的分成博弈。若事先无法达成同意一致性的收益分配方案，则合作很难继续。若后期关于收益分配的比例各方产生分歧，则由不同集体内部权威性的“领导者”出面协商，充分考虑彼此的利益和贡献，尽量达成公平合理的分配方案。

（三）集体和农民个体之间的分配——产权配置效率与公平的博弈

政府与集体的收益分配制度安排一般只涉及村集体组织，而集体与农民个体的收益分配比例是集体内部的事务①。集体内部收益分配的确定是效率与公平的博弈。农民分享土地增值收益是理所应当的，但关于哪些集体成员应当分享、分享比例是多少、分享方式有哪些？这些问题却没有标准。原则上，应当按照集体成员对入市价值增值的贡献度分享收益分配，但集体成员贡献度无法量化，即使可以量化而不给其他集体成员分配收益又与产权的共享性存在冲突。按照集体成员对于增值贡献的分配固然可以提高产权配置效率，但不利于公平收益分配。

集体所有的增值收益是直接以现金方式分配还是留存村集体经济发展基金用于投资，抑或是用于公共设施建设、农村基础设施建设、村民生活保障等支出，也是对效率与公平的考量。直接以现金方式分配给所有集体成员固然有利于公平，但一分了之却不是最有效率的。根据帕累托最优理论，若资源配置存在不牺牲某些人的利益而使另一部分人的福利得到改善，则存在帕累托改善空间。按照这一理论，村集体若能够将收益分配再投资发展壮大集体经济，农民也能够更大程度分享入市红利，从而实现帕累托改善。此外，收益分配金平均分配到个人后平均每人的分配额很小，对个人的福利改善空间有限，而如果将收益分配金用于村庄公共基础设施投资、解决公共产品供给不足的问题，或者将收益重点分配给贫困户、老年人等弱势群体，可以很大程度上改善他们的福利，也意味着增值收益分配中效率的改善。

---

① 尽管地方政府对集体内部收益分配有着较强的管制，但本质上集体获取的收益有自主支配权。

第四节 基于制度经济学的集体经营性建设用地入市增值收益的形成与分配

一、制度环境对集体经营性建设用地入市增值收益形成与分配的影响

制度环境是经济活动发生环境的游戏规则，政治、社会和法律的基本规则为生产、交换和分配奠定了基础（Williamson，1973）。集体经营性建设用地入市增值收益分配的制度环境是影响分配原则、分配方式、收益金管理的政策变量，包括国家的顶层设计和省市地方政府的政策规定、农村土地产权制度改革、农村集体资产股份制改革等（见图3－5）。

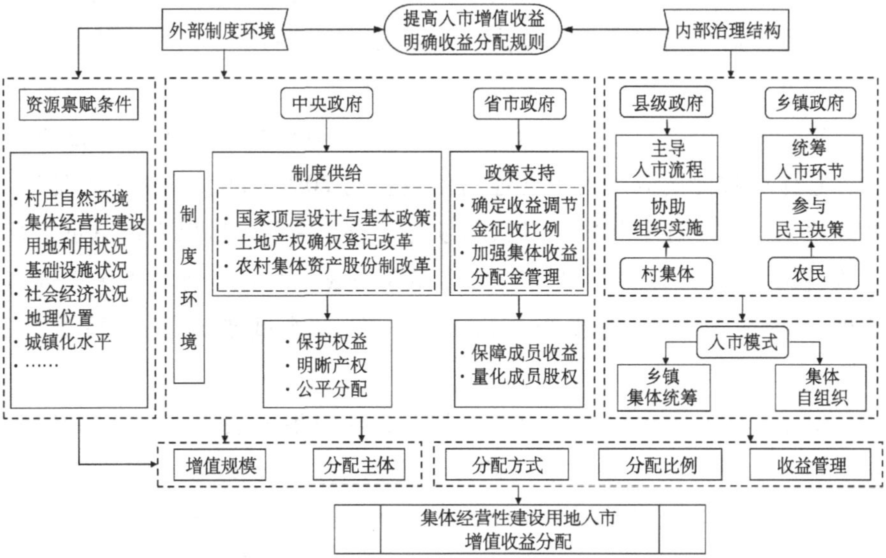

图3－5 制度环境、治理结构与集体经营性建设用地入市增值收益分配

（一）国家的顶层设计和地方政府关于增值收益分配的政策规定

中央政府对于集体经营性建设用地入市的增值收益分配主要是原则

性的，用以指导和规范地方政府行为，平衡入市中国家与集体的收益分配关系，更好保障集体和农民利益。早在 2015 年入市试点改革前，中共中央办公厅和国务院办公厅联合印发了《关于农村土地征收、集体经营性建设用地入市、宅基地制度改革试点工作的意见》，提出入市要“建立兼顾国家、集体、个人的土地增值收益分配机制，合理提高个人收益”，从而为入市增值收益分配提供了改革方向。2016 年，财政部和原国土资源部印发了《农村集体经营性建设用地土地增值收益调节金征收使用管理暂行办法》，明确了政府收取的调节金纳入县级财政管理，市级以上政府不直接参与土地增值收益分配，而是通过类似契税的方式由土地受让方按照成交价款缴纳 3%—5% 的调节金。随着入市改革过程中出现的利益冲突问题，2022 年召开的中央全面深化改革委员会第二十七次会议审议通过了《关于深化农村集体经营性建设用地入市试点工作的指导意见》，再次强调入市过程中要“兼顾国家、集体和农民个人的入市土地增值收益调节机制，保护农民集体和个人权益”。

地方政府根据国家入市增值收益分配原则，制定本区域内的增值收益分配办法。省、市政府在增值收益分配调节金的征收上仍然是原则性的规定，具体由入市试点县（市、区）制定具体的收益调节金征收比例，总体征收比例应当处于土地增值收益的 20%—50%。由于各地区、各地块入市成本各不相同，且核算较为复杂，一些地区以入市总价款征收收益调节金，如江苏、北京、浙江等部分试点地区；有些地区以入市增值收益征收收益调节金，如重庆、海南等试点地区（马翠萍，2022）。

对于集体与农民内部的收益分配，为加强集体收益分配金的管理，更多地区是由县级（区、市）政府制定的土地增值收益分配管理办法进行规范。县级政府规范参与增值收益分配的主体，明确收益分配金的管理，以及集体与农民内部收益分配比例和方式。多数地区在集体内部收益分配上并没有一刀切强制性规定，多是给出一般性的建议，如湄潭县对集体内部增值收益规定为“集体提取公积金不得少于 20%，公益金不得高于 10%，公积金和公益金总额度不得超过 50%。集体经济组织成员分配比例不得少于净收益的 50%”。武进区规定，村集体获得的土地增值收益“纳入公积金、公益金管理，可以折股量化到本集体经济组织成员，但不得直接分配”。德清县规定，村集体获得的土地增值收益“作为集体积累，统一列入集体公积公益金进行管理，……以股权增值方式追加量化成员股权”。

（二）农村土地确权登记改革对增值收益分配的影响

集体经营性建设用地所有权主体关系到入市的治理结构、利益分配关系。由于历史上乡村企业用地权属管理混乱，存量建设用地权属较为模糊，可能带来入市后收益分配矛盾。因此，理顺集体经营性建设用地乡镇、村和小组三级所有权关系，开展农村集体土地确权登记，是明确土地所有权归属、合理分配增值收益的前提条件。

2010 年，“中央一号文件”首次明确提出，加快农村集体土地所有权、宅基地使用权、集体建设用地使用权等确权登记颁证工作。集体经营性建设用地作为集体建设用地的一部分，历史上农村工业活动遗留的产权归属问题也较为复杂。既有产权归属于乡镇集体的，多为乡镇企业转型及腾退后的闲置建设用地；也有属于村集体和小组所有的，如村委会的旧办公地、停办的小学等教育用地。部分集体经营性建设用地产权归属于集体，但实际的经营者可能为个人。集体建设用地确权过程中通过梳理土地初始来源与使用历史，民主商议建设用地产权归属，为后续建设用地处置、入市与收益分配奠定基础。

（三）农村集体资产股份制改革对增值收益分配的影响

农村集体资产股份制是农民参与集体资产分配的重要形式。早在 20 世纪 90 年代至 21 世纪初，东部沿海经济发达地区如广东省佛山市南海、江苏省苏州市等地就开始自发探索集体资产股份制改革，将集体资产股权量化后按股分配与分红。2015 年，全国 29 个县（市、区）作为试点农村集体经营性资产股份合作制改革，在摸清集体资产家底的基础上，将集体经营性资产折股量化到人、确权到户。

一部分集体经营性建设用地承载着乡村工业发展和经济活动，持续经营产生收益；另一部分集体建设用地以公益性、闲置为主，尚未产生收益。集体经营性建设用地入市过程中，许多地区为保证集体资产的保值增值、公平分配，并未将入市收益直接分配，而是将收益折股量化追加到股权，集体成员的分配最终体现在股权分红上。

二、治理结构对集体经营性建设用地入市增值收益分配的影响

治理结构是“用来决定如何实现整个交易的制度矩阵”（Cory，2004），是指一系列的组织性框架和规则体系，这些框架与规则决定了契约关系的完整性与可靠性，规范不同利益主体之间权责利关系（吴一恒，2024；陈昌玲等，2023）。集体经营性建设用地入市增值收益分配中，县级、乡镇、乡（村）集体和农民是直接的利益主体，县级政府拥有制定土地增值收益分配规则的权利，负责入市地块的规划审查、监督管理和产权登记；乡镇政府是县级政府入市政策执行者，统筹入市的民主决策、材料报批、项目落地等各环节，也是上级政府增值收益分配政策的执行者。县、乡政府主要以收益分配调节金分享增值收益。乡（村）集体拥有集体土地所有权是否入市的决策权利，需要配合乡镇政府做好入市工作，是入市增值收益直接的分配主体，一定程度上拥有收益内部分配方式的投票权。

制度经济学的交易成本理论将不同的治理结构视为一系列连续的谱系，其一端是纯粹的市场机制，另一端则是彻底的政府干预（亦即完全的官僚体系），而介于两者之间的则是各种混合形态的治理模式。交易成本最小化决定了组织治理结构的模式，可以实现最优的资源配置效率。集体经营性建设用地入市实践中出现两种统筹入市模式，分别是乡镇集体统筹的模式和村集体自组织模式（胡如梅、谭荣，2021）。乡镇集体统筹的模式是指由乡镇集体（或由乡镇政府）代理村集体统一进行入市前准备、招商引资、入市交易等过程，推进集体经营性建设用地入市。集体自组织模式是以村集体土地为入市主体，由村集体成立集体经济组织或村股份经济合作社，充分发挥村干部领导才能和村民自治作用，自主操作入市交易。

不同的入市模式在集体经营性建设用地入市增值收益参与分配主体、分配程序、收益分配管理权等方面都会存在较大差异。乡镇集体统

筹入市模式中，参与收益分配的主体有乡镇集体、村集体和农户，乡镇集体需要平衡各村集体入市增值收益核算标准和分配额度，对村集体如何使用增值收益也会有较强的规定。集体自组织模式中按照土地所有权归属分别由镇集体、村集体和村小组等土地所有权主体自组织入市，农村大多数土地产权归属于村集体，所以主要由村集体组织入市，参与收益分配的主体有对应所有权主体的集体和农民，集体拥有较强的增值收益分配支配权。

本章小结

本章首先分析了集体经营性建设用地入市价值的形成原因和增值收益来源，然后分别从土地发展权、合作博弈和制度经济学的治理结构三个理论视角分析了集体经营性建设用地入市增值收益的形成与分配机理。从发展权的理论视角阐述了入市流程与用途变更权、强度提高权、流转交易权等发展权的实现，及其对应的集体经营性建设用地入市增值收益；从合作博弈的理论视角分析了入市过程中的利益主体、利益诉求及其博弈过程，解析了博弈过程中的中央政府、地方政府、集体和农民的博弈策略与增值收益；从制度经济学的理论视角考察了制度环境、治理结构对集体经营性建设用地入市增值收益形成与分配的影响。

第四章

集体经营性建设用地入市增值收益分配实践与现状

自2015年国家33个试点县（市、区）开展集体经营性建设用地入市改革以来，围绕着土地增值收益分配产生了一系列的问题，如政府、集体和农民之间如何分享土地增值收益，地区差异是什么，入市成本与收益构成是什么，入市地块的增值收益分配现状是什么？本章首先介绍首轮入市地区政府收益调节金征收依据和标准，集体之间、集体与农民之间的增值收益分配方式，然后基于对河南省长垣市、贵州省湄潭县、江苏省武进区、江苏省赣榆区的入市案例的详细调查，分析入市收益、成本和增值额，以及政府、集体和农民之间的收益分配现状，并总结提炼入市过程中的亮点模式及其经验启示。最后，指出当前我国入市增值收益分配改革中存在的主要问题。

第一节　集体经营性建设用地入市改革增值收益分配实践

集体经营性建设用地入市试点期间，省、市政府不参与调节金分成，集体经营性建设用地入市增值收益在县、乡政府与集体之间是以收益调节金的形式分配，乡镇集体、村集体、村小组等不同层级的主体之间也涉及增值收益分配，多数地区村集体并不直接将入市收益分配给农民，而是提取公益金和公积金，用于村民社会保障支出、村庄生态环境整治等公益事业，或量化为股权进行管理，用于村集体经济再投资。

一、政府收益调节金征收依据和标准

由于集体经营性建设用地入市成本核算的困难，各地普遍按照入市总价款的方式征收收益调节金，如江苏省武进区、山西省泽州县等（见表4－1）；也有少部分地区按照净收益征收调节金，如辽宁省海城市、山东省禹城市、安徽省金寨县等。多数地区根据入市土地的用途制定调节金征收比例，一般来说商业用地要高于工业用地的收取比例。也有少数地区根据区域情况出发设置了全用途统一的收取比例，例如新疆伊宁市与宁夏平罗县。此外，还有部分区域在按照土地用途征收的基础上，设置了按照入市成交价款超额累进的收取规则，例如江苏省武进区、江西省余江县。湖南省浏阳市也采取了“混合”的收取规则，对工业用途的入市以土地成交价款为基准征收，其他则以增值收益进行征收。综合来看，试点各地区根据区域内经济社会发展情况对土地增值收益调节金进行了合理的规定，其征收比例均符合国家20%—50%的顶层设计要求。

表4－1　　试点地区收益分配调节金征收方式与比例

试点地区	征收比例（基数：土地总价款）	试点地区	征收比例（基数：增值收益）
江苏省常州市武进区	20%—40%	辽宁省鞍山市海城市	30%—40%
山西省晋城市泽州县	20%—50%	山东省德州市禹城市	20%—50%
浙江省金华市义乌市	20%—50%	安徽省六安市金寨县	20%—30%
浙江省湖州市德清县	16%—48%	四川省成都市郫县	20%—50%
福建省泉州市晋江市	15%—50%	甘肃省定西市陇西县	20%—50%
河南省新乡市长垣市	5%—45%	宁夏回族自治区石嘴山市平罗县	20%
江西省鹰潭市余江县	5%—10%	天津市蓟县	20%—50%
新疆维吾尔自治区伊犁州伊宁市	20%	四川省泸州市泸县	20%—50%
湖南省长沙市浏阳市（工业用地）	10%	湖南省长沙市浏阳市（商业用地）	20%—40%
广东省佛山市南海区	5%—15%	贵州省遵义市湄潭县	20%—25%

数据来源：根据各试点地区调研与相关政策文件整理。

二、集体内部的收益分配

根据国家相关政策，试点地区应通过“减税降费、补助奖励、扶持资金”等方式来鼓励和支持农村集体经营性建设用地入市。同时，试点地区还应当制订相应的内部收益分配方案，其中包括入市增值收益在集体内部的分配方式等内容。目前全国共33个试点地区制订的集体内部收益分配方案存在一定的差异，具体分配方法如表4－2所示。由表可知，多数地区对集体内部增值收益分配制定了原则性的规定，如对分配比例、用途、管理等做出一定的规定，将具体的分配权利赋予村集体经济组织。一般而言，各地要求村集体提取一定比例的公积金、公益金用于集体经济发展和村庄基础设施建设支出，要求入市收益专款专户管理，限制村庄事务性支出的比例。政府鼓励村集体将入市收益量化为股权，用于发展集体经济和稳健性的投资。

表4－2　　各试点地区集体内部收益分配比例

试点地区	收益分配比例
天津市蓟县	集体最多可以提取40%
山西省晋城市泽州县	70%给集体成员，其余30%留给村集体经济组织
辽宁省鞍山市海城市	20%归集体所有、80%归村民
江苏省常州市武进区	镇集体60%或70%、村集体40%或30%，原则上不直接分配给农民，量化为农民股权进行分红
浙江省金华市义乌市	政府调节金返还给镇级集体，由镇集体统筹安排
浙江省湖州市德清县	不直接分配，收益量化成股权后进行分红，集体收益用于投资、公益事业支出
安徽省六安市金寨县	土地所有权人和承包人按照投入比例分配，农民按照入股比例分配
福建省泉州市晋江市	内部分配不做具体规定，收益按农村集体资产管理
江西省鹰潭市余江县	农户最多分配30%的净收益
山东省德州市禹城市	集体至少保留20%的收益
河南省长垣市	农户根据征地区片地价获得收益，余下收益归集体

续表

试点地区	收益分配比例
湖南省长沙市浏阳市	30%归村集体、70%归村民
四川省成都市郫县、泸州市泸县	村集体按10%收取调剂金，农户不直接分配
甘肃省定西市陇西县	集体至少保留60%的增值收益
宁夏回族自治区石嘴山市平罗县	村集体留取土地增值收益不低于60%
新疆维吾尔自治区伊犁州伊宁市	无具体要求，收益按农村集体资产管理
广东省佛山市南海区	集体至少保留60%的增值收益

数据来源：根据各试点地区调研与相关政策文件整理。

第二节　典型试点地区集体经营性建设用地入市增值收益分配现状

本节分别选择河南省长垣市、江苏省武进区和赣榆区、贵州省湄潭县等为研究区域，总结这些改革试点地区的入市收益、成本和增值收益分配状况。

一、长垣市集体经营性建设用地入市增值收益分配现状

长垣市集体经营性建设用地入市收益分配的对象主要有县、乡政府和村集体。政府主要是以收益调节金的形式分享增值收益，收益调节金收取的基数是入市总价款。村集体分享扣除收益调节金以外的剩余收益。关于村集体和农户之间的收益分成主要由乡镇和集体经济组织协商、村集体内部民主决策确定。为加强对村集体入市收益的监督管理，长垣市实行村账镇管，村集体获取的收益主要由乡镇政府专项管理，村集体公共账务支出向乡镇申请使用。本节将分析长垣市集体经营性建设用地入市的收益、成本和政府征收调节金的标准。

（一）入市收益

长垣市集体经营性建设用地入市收益主要是入市地块的价款，与地

块面积和单位面积地价相关。长垣入市的422宗土地，面积共计7186.98亩，总收益为74723.61万元，平均每亩土地获得10.40万元收益。具体如表4-3所示。

表4-3　长垣市入市收益情况

乡镇/街道	面积（亩）	收益（万元）	单位面积收益（万元/亩）
蒲西街道	87.89	1095.53	12.46
蒲东街道	290.69	3384.72	11.64
南蒲街道	493.61	6751.73	13.68
蒲北街道	52.00	259.99	5.00
魏庄街道	874.13	6046.56	6.92
丁栾镇	550.55	5388.89	9.79
满村镇	514.67	10878.55	21.14
恼里镇	887.58	4220.22	4.75
方里镇	73.59	694.27	9.43
常村镇	755.93	9296.20	12.30
樊相镇	684.15	6588.83	9.63
孟岗镇	610.61	6398.74	10.48
张三寨镇	396.09	4774.57	12.05
赵堤镇	341.40	4779.16	14.00
佘家镇	192.32	1404.41	7.30
芦岗乡	273.32	2535.79	9.28
武邱乡	107.34	225.45	2.10
总计	7186.98	74723.61	10.40

（二）入市成本

长垣市农村集体经营性建设用地入市的用地成本包括取得成本和开发成本。直接入市的取得成本核算的是历史成本，开发成本为长期生产经营中投入的劳动力和资本投入机会成本。调整入市中，需要占用农民的土地，农地转为建设用地的成本与国有土地征收成本相似，所不同的是不包含被征地农民的社会保障费用。开发成本即土地开发成为“三通一平”或“五通一平”的成本。这里为简化分析过程，以征地区片价为单元测算土地增值收益①，根据《河南省人民政府关于征收农用地区片综合地价有关问题的通知》（豫政〔2020〕16号）的规定，征地区片价包括土地补偿费和安置补助费，其中土地补偿费占40%，安置补偿费60%，不包括地上附着物、青苗补偿费和被征地农民的社会保障费用。集体用地征用土地时，还需要对其青苗及地上附着物进行补偿，不需要支付失地农民社会保障费用。

土地开发费用为区域内土地平均达到“三通一平”或“五通一平”开发程度下投入的各项客观费用之和。根据长垣市市政部门的测算，就地入市土地开发费一般为45—80元/平方米，中心城区配套相对齐全，土地开发费较高，而乡镇及村庄的开发费相对较低。具体如表4-4所示。

表4-4　长垣市入市成本情况

乡镇/街道	成本（万元）	成本占比（%）	取得成本（万元）	开发成本（万元）
蒲西街道	813.13	1.21	461.40	351.72
蒲东街道	2689.46	3.99	1526.12	1163.34
南蒲街道	4566.88	6.77	2591.45	1975.43
蒲北街道	481.10	0.71	273.00	208.10
魏庄街道	8087.45	11.99	4589.18	3498.27
丁栾镇	5093.69	7.55	2890.39	2203.30
满村镇	4761.73	7.06	2702.02	2059.71
恼里镇	8211.89	12.18	4659.80	3552.10
方里镇	680.81	1.01	386.32	294.49
常村镇	6993.86	10.37	3968.63	3025.23
苗寨镇	10.36	0.02	5.88	4.48
樊相镇	6329.72	9.39	3591.77	2737.95

① 这方面统计分析，并未对长垣市直接入市和调整入市进行区分。事实上，直接入市是存量建设用地，不需要“农转用”手续，土地取得成本核算的是历史成本，入市前一般已经达到开发利用水平，不需要再追加投资。调整入市需要“农转用”，对占用农民耕地进行补偿，并购买建设用地指标，指标费用于补充耕地的开垦费。开发环节投资一般要高于直接入市。这里在统计入市成本时做了简化，统一将两种入市模式的成本划分为取得成本和开发成本。取得成本按照征地区片价统计，开发成本按照“三通一平”和“五通一平”的开发成本计算。

续表

乡镇/街道	成本（万元）	成本占比（%）	取得成本（万元）	开发成本（万元）
孟岗镇	5649.36	8.38	3205.70	2443.66
张三寨镇	3664.62	5.43	2079.47	1585.15
赵堤镇	4097.47	6.08	2325.09	1772.38
佘家镇	1779.34	2.64	1009.68	769.66
芦岗乡	2528.76	3.75	1434.93	1093.83
武邱乡	993.11	1.47	563.54	429.57
总计	67432.77	100.00	38264.38	29168.39

注：取得成本为集体经营性建设用地来源的成本，对于直接入市即历史上农用地转为建设用地的成本，调整入市为农用地转为建设用地的成本。开发成本为集体经营性建设用地入市达到“三通一平”或“五通一平”入市条件的投入。

（三）调节金征收标准

长垣市以出让方式入市的，要根据不同基准地价等级、不同入市用途为基数征收调节金。具体如表4－5所示。商服用地、住宅用地和公共管理用地均按照地价等级征收调节金，优质等级入市地块征收的调节金比例较高。商服用地征收调节金的比例为15%—30%，住宅用地一般为10%—20%，公共管理又分为Ⅰ类用地和Ⅱ类用地，收益调节金征收比例为5%—15%。长垣市对工业用地征收统一的收益调节金，原因是工业用地入市价格一般受区位影响较小，统一收取5%的收益调节金便于管理。长垣市通过入市，政府获得收益调节金，这些资金可以用于城市基础设施建设和公共服务的改善，进一步促进了就业和经济增长，不仅增加了农民收入，还有力推动了村集体经济发展壮大。

表4－5　　长垣市调节金征收标准

土地用途	不同基准地价等级						
	1级	2级	3级	4级	5级	6级	7级
商服用地	30%	30%	20%	20%	15%	15%	15%
住宅用地	20%	20%	15%	15%	10%	10%	10%
公共管理Ⅰ用地	15%	15%	10%	10%	10%	—	—

续表

土地用途	不同基准地价等级						
	1 级	2 级	3 级	4 级	5 级	6 级	7 级
公共管理Ⅱ用地	10%	10%	5%	5%	5%	—	—
工业用地	5%						

注：长垣市统一制定了乡镇范围内的集体建设用地基准地价，作为入市收取增值收益的参考。

（四）不同入市主体获得的收益分配比例

长垣市已成交422宗地块，总价款7.47亿元。其中，政府获得0.5亿元调节金，村集体和农民获得6.97亿元收益。由于历史成本核算较难，入市过程中缺少相关数据资料整理，这里仅汇报按照入市总收益的政府与集体之间的收益分成（关于入市增值收益分配的介绍请参见第七章），根据部分入市案例的调研对入市增值收益进行了核算，并测算了不同入市主体的增值收益分配情况。

对于增值收益的内部分配，长垣市鼓励村集体收益在留存公益金的基础上，将收益纳入农村集体资产量化确权，各村集体内部收益分配情况存在较大差异，这里只对政府与集体和农民之间的收益分成情况进行统计，结果如表4－6所示。从政府征收比例来看，蒲东街道政府提取调节金最高，占蒲东街道总成交额的14.25%，主要原因是该地商业用地入市地块较多。芦岗乡调节金提取比例最低，仅占3.5%。从村集体和农民收益上看，武邱乡分配给村集体和农民的最高，占96.50%。

表4－6　长垣市各乡镇政府和农民集体经营性建设用地入市收益表

乡镇/街道	总价款（万元）	政府（万元）	占比（%）	集体和农民（万元）	占比（%）
蒲西街道	1095.53	86.42	7.89	1009.11	92.11
蒲东街道	3384.72	482.36	14.25	2902.36	85.75
南蒲街道	6751.73	576.27	8.54	6175.46	91.46
蒲北街道	259.99	11.64	4.48	248.35	95.52
魏庄街道	6046.56	236.47	3.91	5810.09	96.09
丁栾镇	5388.89	265.52	4.93	5123.37	95.07
满村镇	10878.55	1253.24	11.52	9625.31	88.48

续表

乡镇/街道	总价款（万元）	政府（万元）	占比（%）	集体和农民（万元）	占比（%）
恼里镇	4220.22	186.46	4.42	4033.76	95.58
方里镇	694.27	47.42	6.83	646.85	93.17
常村镇	9296.20	510.13	5.49	8786.07	94.51
苗寨镇	8.53	0.46915	5.50	8.06085	94.50
樊相镇	6588.83	362.62	5.50	6226.21	94.50
孟岗镇	6398.74	305.56	4.78	6093.18	95.22
张三寨镇	4774.57	277.4	5.81	4497.17	94.19
赵堤镇	4779.16	257.13	5.38	4522.03	94.62
佘家镇	1404.41	67.89	4.83	1336.52	95.17
芦岗乡	2535.79	106.7	4.21	2429.09	95.79
武邱乡	225.45	7.9	3.50	217.55	96.50
总计	74732.14	5041.14	6.75	69691	93.25

长垣市入市涉及三种不同的入市模式。其中，就地入市、调整入市、整治入市宗数分别为158宗、258宗、1宗；入市面积分别为2203.64亩、4958.67亩、24.73亩。长垣市各入市模式下政府、村集体和农民收益如表4－7所示。从政府征收的收益调节金来看，整治入市政府分享的入市收益最高，占总成交额的21%。整体而言，长垣市征收收益调节金的比例并不高，多数收益归集体和农民所有。

表4－7　长垣市各入市模式下政府、村集体、农民收益

入市模式	总价款（万元）	政府（万元）	占比（%）	村集体（万元）	占比（%）
就地入市	19904.38	1331.67	6.69	18572.71	93.31
调整入市	53845.77	3502.19	6.50	50343.58	93.50
整治入市	989.2	207.73	21.00	781.47	79.00
总计	74732.14	5041.14	6.75	69689.69	93.25

注：这里只是按照政府征收调节金以及农民内部收益分配做的划分，暂时没有考虑到调整入手过程中政府对建设占用耕地收取的指标费。指标费是由市级政府统筹，不纳入县级政府管理使用。

（五）集体内部收益分配

按照入市主体，长垣市集体经营性建设用地入市集体内部增值收益分配的对象主要是村组集体和农民。入市收益原则上由村集体统筹使用，具体分配前，涉及土地平整、地上附着物拆除、耕地开垦等支出的，优先用于这些支出。需要注意的是，这些支出并不对应到具体的项目，而是由村集体统筹支付。属于村民小组所有的土地入市收益，扣除以上支出后，村集体对村民小组所有的集体经营性建设用地入市收益提取不高于30%的公益金，用于全村修路、用电、用水、医疗保险等公益事业支出，剩余入市收益原则上全部留归村组集体，实行专账管理和“村财乡管”。属于村集体所有的土地入市收益，全部留存村集体，剩余收益主要用于村组生产、生活设施改造和公共基础事业支出。

二、武进区集体经营性建设用地入市增值收益分配现状

武进区集体经营性建设用地入市收益由政府与集体共享。收益调节金的征收主体是区政府，委托自然资源部门与财政部门在入市交易环节进行代扣，按照政府非税收入管理，资金全额上缴地方国库，纳入地方一般公共预算管理。武进区入市管理办法规定，农村集体经济组织获得的集体经营性建设用地入市增值收益，归农村集体经济组织所有，在集体经济组织内部合理分配，主要用于社会保障、完善基础设施和提升农村公共服务等公益事项。镇级集体入市增值收益由镇（街道）集体经济组织（资产办）统一管理，未建立或不健全的由镇（街道）财政代管，实行专账核算管理。村级获得的集体经营性建设用地入市增值收益作为集体资产积累，纳入村（社区）集体财务核算范围。下面是具体的入市收益、成本以及调节金标准。

（一）入市收益

武进区集体经营性建设用地入市收益主要是入市地块的价款，与入市地块面积和单位面积地价相关。如表4－8统计了武进区入市的662宗土地，面积共计17083.32亩，总收益为457570.32万元，平均每亩土地获得26.78万元收益。具体如表4－8所示。

表 4 - 8　　武进区入市收益情况

乡镇/街道	面积（亩）	收益（万元）	单位面积收益（万元/亩）
横林镇	33.35	222.34	6.67
遥观镇	20.09	1005.52	50.05
嘉泽镇	722.80	22523.17	31.16
礼嘉镇	3561.05	88410.90	24.83
前黄镇	1564.20	35750.50	22.86
牛塘镇	116.05	1927.60	16.61
湖塘镇	161.79	37327.93	230.72
雪堰镇	2836.33	79136.74	27.90
湟里镇	1022.27	22664.42	22.17
洛阳镇	4420.18	75477.77	17.08
经开区	254.19	6077.20	23.91
高新区	2282.27	83496.27	36.58
产业园	88.73	3549.96	40.01
总计	17083.32	457570.32	26.78

（二）调节金征收标准

武进区对不同入市方式下的收益在其分配和使用前做了相关的规定。以出让方式入市的，按成交价格分级累进缴纳调节金。出让价格在每亩100万元（含100万元）以内部分工业用地按10%缴纳，其他用途按20%缴纳；出让价格在每亩100万—200万元（含200万元）部分按30%缴纳；出让价格在200万元以上部分按40%缴纳。以租赁和作价出资（入股）方式入市的，在取得租金、股息、红利收入时，按照收入的20%缴纳。具体如表4 - 9所示。

表 4 - 9　　武进区调节金征收标准

入市方式	征收标准		
出让	成交价款不足100万元的部分	成交价款100万—200万元的部分	成交价款200万元以上的部分
	工业用地10%，其他用途20%	30%	40%

续表

入市方式	征收标准
出租	取得租金、股息、红利收入时，按照收入的20%缴纳
作价入股	取得租金、股息、红利收入时，按照收入的20%缴纳

武进区通过入市，政府获得收益调节金，这些资金可以用于城市基础设施建设和公共服务的改善，进一步促进了就业和经济增长。调节金按照区政府与镇各50%安排使用，实行财政专户管理，其中镇分成部分的20%由区统筹用于扩充设立农村“三权”抵押贷款风险补偿资金。

（三）集体内部的增值收益分配

武进区由镇集体统筹实施入市，相应的集体内部收益分配主体有镇集体、村集体和农民。镇集体和村集体内部收益分配的比例大体为40%∶60%或30%∶70%，具体分配比例是由镇集体内部统筹考虑镇村在基础设施投入、生态补偿和农民生活保障等承担责任的实际情况，协商确定。镇级入市分享的增值收益应由镇（街道）集体经济组织（资产办）统一管理，用于本镇（街道）农村基础设施建设、农村居民民生项目和农村公共服务运行维护等支出。村集体获得的增值收益一般也不在集体成员间直接分配，而是需要纳入公益金管理，也可以折股量化到本集体经济组织成员，用于发展壮大村集体经济等有稳定收入来源的项目，改善本集体组织成员的生产和生活配套设施等农村公共服务，以及教育奖励、贫困户和老年人补贴等民生项目的支出。

三、湄潭县集体经营性建设用地入市增值收益分配现状

湄潭县根据入市土地不同用途制定了“按类别、有级差”的调节金收取办法，对工业用地收取比例为20%，综合用地收取比例为22%，商服用地收取比例为25%。集体与个人层面，明确集体提取公积金不得少于20%，公益金不得高于10%，公积金和公益金总额度不得超过50%，规定集体经济组织成员分配比例不得少于净收益的50%，集体经济组织成员分配比例不得少于净收益的50%，具体由集体经济组织召开成员会议商定。

（一）入市收益

湄潭县入市收益主要是入市地块的价款，与入市地块面积和单位面积地价相关。湄潭入市的196宗土地，面积共计790.12亩，总收益为17487.70万元，平均每亩土地获得22.13万元收益。具体如表4－10所示。

表4－10 湄潭县入市收益情况

乡镇/街道	面积（亩）	收益（万元）	单位面积收益（万元/亩）
湄江街道	225.16	4953.6	22.00
黄家坝街道	41.44	744	17.95
鱼泉街道	128.34	3743.1	29.17
永兴镇	72.48	1918	26.46
复兴镇	8.44	151.8	17.99
马山镇	75.99	1400	18.42
高台镇	12.78	197.3	15.44
茅坪镇	5.00	80.00	16.00
兴隆镇	146.05	2853.86	19.54
新南镇	6.12	140.00	22.88
石莲镇	4.13	82.00	19.85
西河镇	4.61	74.50	16.16
洗马镇	19.07	471.39	24.72
抄乐镇	20.85	343.15	16.46
天城镇	19.66	335.00	17.04
总计	790.12	17487.70	22.13

（二）入市成本

湄潭县农村集体经营性建设用地入市成本包括取得成本和开发成本。考虑到交易过程中涉及的业务费以及其他成本也发生在土地取得阶段，为方便计算可以将其纳入到取得成本。由于直接入市、调整入市等不同入市模式的成本存在较大差异，这里统计的是不同乡镇、街道入市总成本，并未对具体入市模式进行细分。具体如表4－11所示。

表 4-11　　湄潭县入市成本情况

乡镇/街道	成本（万元）	成本占比（%）	取得成本（万元）	开发成本（万元）
湄江街道	3435.14	26.58	3190.58	244.56
黄家坝街道	627.54	4.86	424.02	203.52
鱼泉街道	2990.67	23.14	1681.24	1309.43
永兴镇	1324.67	10.25	950.49	374.18
复兴镇	123.98	0.96	120.94	3.04
马山镇	1066.26	8.25	1009.67	56.59
高台镇	110.93	0.86	108.38	2.55
茅坪镇	41.61	0.32	30.61	11.00
兴隆镇	2100.98	16.26	2014.16	86.82
新南镇	75.74	0.59	72.94	2.80
石莲镇	69.83	0.54	62.86	6.97
西河镇	66.22	0.51	60.43	5.79
洗马镇	373.26	2.89	349.98	23.28
抄乐镇	241.47	1.87	236.07	5.40
天城镇	274.02	2.12	267.50	6.52
总计	12922.32	100.00	10579.87	2342.45

注：统计结果根据湄潭县自然资源局提供的数据整理。

（三）调节金征收标准

湄潭县征收的入市收益调节金按照土地增值收益进行征收，而非成交价款，更加科学合理。商业服务用地的征收比例为25%，综合用地入市的收取比例是22%，工业用地的收取比例是20%。总体而言，湄潭县对收益高的入市地块收取较高的增值收益，具体如表4-12所示。

表 4-12　　湄潭县入市土地增值收益调节金征收标准

土地用途	不同用地收益调节金征收比例（%）
商服用地	25
综合用地	22
工业用地	20

（四）不同入市主体获得的收益分配比例

湄潭县已入市196宗土地，获得收益17487.7万元，入市总成本为12922.32万元宗，因此增值收益为4565.38万元。其中湄江街道政府层面获得的增值收益最多，为1518.86万元，占比33.26%。乡镇政府、村集体和农民获取的收益分配比例情况如表4－13所示。需要注意的是，表格最后一行为平均占比，即整体来看政府获得23.28%增值收益，集体获得32.08%增值收益，个人获得最多为44.64%，做到了合理增加个人收益。总体而言，湄潭县政府获取的增值收益占比在0.27%—33.26%，村集体获取的增值收益占比在22.85%—38.86%，农民获取的增值收益占比在39.37%—53.35%。

表4－13　　湄潭县各乡镇政府、村集体和农民入市收益表

乡镇/街道	增值收益（万元）	占比（%）	政府（万元）	占比（%）	村集体（万元）	占比（%）	农民（万元）	占比（%）
湄江街道	1518.46	33.26	359.78	23.69	494.46	32.56	664.22	43.74
黄家坝街道	116.46	2.55	24.85	21.33	45.25	38.86	46.36	39.81
鱼泉街道	752.43	16.48	188.40	25.04	199.75	26.55	364.28	48.41
永兴镇	593.33	13.00	141.23	23.80	135.58	22.85	316.52	53.35
复兴镇	27.82	0.61	6.21	22.32	8.46	30.41	13.15	47.27
马山镇	333.74	7.31	75.16	22.52	109.95	32.95	148.62	44.53
高台镇	86.37	1.89	17.57	20.34	32.43	37.55	36.37	42.11
茅坪镇	38.39	0.84	9.60	25.01	11.52	30.01	17.27	44.99
兴隆镇	752.88	16.49	181.12	24.06	247.44	32.87	324.32	43.08
新南镇	64.26	1.41	16.07	25.01	24.10	37.50	24.09	37.49
石莲镇	12.17	0.27	2.94	24.16	3.33	27.36	5.90	48.48
西河镇	8.28	0.18	1.95	23.55	2.88	34.78	3.45	41.67
洗马镇	98.13	2.15	24.54	25.01	34.96	35.63	38.63	39.37
抄乐镇	101.68	2.23	20.60	20.26	27.70	27.24	53.38	52.50
天城镇	60.98	1.34	14.09	23.11	20.82	34.14	26.07	42.75
总计	4565.38	100.00	1084.11	23.28	1398.64	32.08	2082.63	44.64

注：统计结果根据湄潭县自然资源局提供的数据整理。

考虑到入市模式不同，不同参与主体的增值收益不同，下面对其进行细分，调整入市获得增值收益最多，这与调整入市的宗地数量有关。政府在整治入市中获得收益占比最高，农民在分割入市中获得收益最高，如表4－14所示。这符合收益与贡献相适应的原则，在整治入市中政府进行了更多的统筹和规划工作。表中的最后一行是各主体增值收益的平均占比，湄潭增值收益的分配比例大略为政府∶集体∶个人＝1∶1∶2。

表4－14　湄潭县各入市模式下政府、村集体、农民收益

入市模式	增值（万元）	占比（%）	政府（万元）	占比（%）	村集体（万元）	占比（%）	农民（万元）	占比（%）
就地入市	372.16	8.15	82.05	22.05	128.44	34.51	161.67	43.44
调整入市	4187.63	91.73	1000.68	23.90	1268.91	30.30	1918.03	45.80
整治入市	3.67	0.08	0.92	25.07	0.83	22.62	1.92	52.32
分割入市	1.92	0.04	0.46	23.96	0.45	23.44	1.01	52.60
总计	4565.38	100.00	1084.11	23.74	1398.64	27.72	2082.63	48.54

四、赣榆区集体经营性建设用地入市增值收益分配现状

赣榆区的入市模式分为直接入市和调整入市，并且以调整入市为主。根据《赣榆区集体经营性建设用地入市增值收益分配管理暂行办法》和《赣榆区集体经营性建设用地入市增值收益调节金征收和使用、管理暂行办法》，赣榆区集体经营性建设用地入市主体为土地所有权人，即农民集体。入市流程主要分为以下4个步骤：（1）民主决策，由代表农民集体行使所有权的集体经济组织或村委员进行民主决策，用来确定入市方案、入市决议等事项，且必须经三分之二以上村民会议成员或者三分之二以上村民代表同意；（2）完成入市前期工作，勘测定界、依法申请取得规划条件、确定入市价格等；（3）形成入市方案和入市决议，编制入市方案，明确土地用途、规划条件、土地经济关系调整等内容；（4）依法审核，入市主体逐级提出入市申请，提供申请材料，区自然资源主管部门会同有关部门审核，入市申请经审核通过的，

经区人民政府批准后依法进行交易。

（一）入市收益

赣榆区入市收益主要是入市地块的总价款，与入市地块面积和单位面积地价相关。赣榆区共入市 55 宗土地，面积共计 2642.11 亩，总收益为 48798 万元，平均每亩土地入市后获得 18.47 万元的收益。具体如表 4－15 所示。

表 4－15　　赣榆区入市收益情况

乡镇/街道	面积（亩）	收益（万元）	单位面积收益（万元/亩）
柘汪镇	413.12	7096	17.18
石桥镇	335.46	6033	17.98
塔山镇	186.17	3287	17.66
海头镇	877.52	17778	20.26
班庄镇	225.34	3051	13.54
赣马镇	58.41	1062	18.18
厉庄镇	122.9	2525	20.55
城西镇	153.9	2827	18.37
金山镇	269.29	5139	19.08
总计	2642.11	48798	18.47

（二）入市成本

赣榆区农村集体经营性建设用地入市的成本包括土地取得成本和开发成本。在成本的核算与扣除上，全区具有统一的标准。其中土地取得成本项目包括耕地占用税、占补平衡费（指标费），以及按照出让金额 2% 收取的业务费以及万分之五的印花税。土地开发成本由农业土地开发资金、耕地开垦费与新增建设用地有偿使用费组成。

其中，耕地占用税的收费标准为占用耕地 20 元/平方米，占用其他农用地 10 元/平方米，占补平衡费为 5 万元/亩，农业土地开发资金为 2.4 元/平方米，耕地开垦费为 30 元/平方米，有偿使用费为 20 元/平方米。由此可以核算出赣榆区各乡镇的入市成本情况，具体如表 4－16

所示。

表 4 - 16　　赣榆区入市成本情况

乡镇/街道	成本（万元）	成本占比（%）	取得成本（万元）	开发成本（万元）
柘汪镇	4205.09	17.37	2761.90	1443.19
石桥镇	3420.14	14.13	2248.26	1171.88
塔山镇	1896.81	7.83	1246.46	650.35
海头镇	8987.55	37.12	5922.08	3065.47
班庄镇	2276.87	9.40	1489.69	787.17
赣马镇	595.70	2.46	391.69	204.01
厉庄镇	1259.47	5.20	830.13	429.34
城西镇	1570.28	6.49	1032.66	537.63
总计	24211.91	100.00	15922.87	8289.04

（三）调节金征收标准

赣榆区集体经营性建设用地入市土地增值收益调节金根据成交价款超额累进收取。具体如表 4 - 17 所示。赣榆区对不同模式下的入市收益在其分配和使用前做了相关的规定。以出让方式入市的，按照总价款分级累进缴纳调节金。出让总价款在 100 万元（含 100 万元）以内的按 5% 缴纳；出让总价款在 100 万—200 万元（含 200 万元）的按 10% 缴纳；出让总价款在 200 万元以上的按 15% 缴纳。以出租和作价出资（入股）方式入市的，在取得租金、股息、红利收入时，按照收入的 20% 缴纳。

表 4 - 17　　赣榆区调节金征收标准

入市方式	征收标准		
出让	成交价款不足 100 万元的部分	成交价款 100 万—200 万元的部分	成交价款 200 万元以上的部分
	5%	10%	15%
出租	取得租金、股息、红利收入时，按照收入的 20% 缴纳		
作价入股	取得租金、股息、红利收入时，按照收入的 20% 缴纳		

（四）不同入市主体获得的增值收益分配比例

赣榆区集体经营性建设用地入市增值收益分配的主体包括区政府、镇集体和村集体。不同入市主体获得的增值收益分配比例如表4－18所示。其中，村集体的增值收益分配比例最高，平均为48.55%；其次为镇集体，平均为30.28%；区政府获得的增值收益分配比例平均值为21.17%。

表4－18　　赣榆区增值收益分配比例

乡镇	区政府		镇集体		村集体	
	分配（万元/亩）	比例（%）	分配（万元/亩）	比例（%）	分配（万元/亩）	比例（%）
柘汪镇	2.71	20.98	4.33	33.53	5.88	45.50
石桥镇	2.79	17.66	4.66	29.51	8.35	52.83
海头镇	3.33	20.03	5.28	31.78	8.01	48.19
塔山镇	2.55	20.33	3.62	28.85	6.38	50.82
城西镇	2.76	25.17	3.14	28.67	5.06	46.17
厉庄镇	3.08	22.82	3.97	29.37	6.46	47.80
平均值	2.87	21.17	4.17	30.28	6.69	48.55

第三节　集体经营性建设用地入市增值收益分配亮点模式

集体经营性建设用地入市过程中，首轮国家试点地区积极探索增值收益分配改革，在协调国家与集体利益、促进集体经济发展、保障农民利益、助力乡村振兴等方面探索出一些有效的增值收益共享模式，本节分别介绍河南省长垣市“定等级、有级差”的收益调节金征收模式，浙江省德清县“折股量化、按股分红”的增值收益分配模式，江苏省武进区“两确保，一增强”的收益分配机制以及湄潭县“三定一议”的收益分配机制，从改革侧重点、理论依据和特色优点进行对比分析，对不同入市增值收益分配模式的公平和效率做了评价，并总结了可供借鉴的经验启示。

一、集体经营性建设用地入市增值收益主要亮点模式

（一）长垣市“定等级、有级差”的收益调节金征收模式

长垣市在征收入市增值收益调节金的过程中，考虑到不同用途和不同等级入市地块的增值收益存在差异，若“一刀切”征收调节金，不利于调节收益分配。为此，长垣市采取的是“定等级、有级差”收益调节金征收方式，先由政府部门统一制定各乡镇范围内的农村集体经营性建设用地基准地价，将不同集体经营性建设用地划分为不同等级，然后确定不同用途和不同等级的收益调节金征收额度。

1. 通过基准地价对集体经营性建设用地分等定级

长垣市早在2015年8月就启动了乡镇范围内的农村集体经营性建设用地基准地价成果编制工作。土地级别及基准地价是参照国家《城镇土地分等定级规程》（GB/T18507—2014）和《城镇土地估价规程》（GB/T18508—2014）规定，分不同用途进行划分和评估的。经外业调查、内业汇总、成果编制、多轮讨论修改、组织听证、省厅验收等程序，完成了农村集体经营性建设用地基准地价成果编制工作。

集体经营性建设用地基准地价成果将集体商服用地划分为7个等级，地价从9万元/亩到43.36万元/亩不等；将村集体工矿仓储用地划分为5个等级，地价从6万元/亩到12.67万元/亩不等；将集体住宅用地分为7个等级，地价从7.67万元/亩到36.02万元/亩不等；将农村集体公共管理与公共服务用地（旅游和娱乐用地）划分为5个等级，地价从7.34万元/亩到30.02万元/亩不等；将农村集体公共管理与公共服务用地（不含旅游和娱乐用地）划分为5个等级，地价从6.34万元/亩到18.01万元/亩不等。

基准地价设定土地开发程度：县城区“五通一平”（宗地外通路、通电、通信、通上水、通下水及宗地内场地平整）；其他区域为“三通一平”（宗地外通路、通电、通上水及宗地内土地平整）。

与多数试点地区采用城镇基准地价作为集体经营性建设用地入市价格参考的做法不同，长垣市根据集体土地区位和价格实际制定了集体建设用地基准地价，如表4-19所示，集体建设用地4个等级的基准地价一般要低于国有建设用地，占到国有建设用地基准地价的60%—80%，客观上反映了集体建设用地价格一般低于国有建设用地的事实。

表4-19 集体（2021年）与国有（2018年）建设用地基准地价对比

单位：万元/亩

类别		一级地	二级地	三级地	四级地
商业用地	集体	54	39.33	30	24
	国有	60.00—90.00	49.33	38.67	30.67—34.00
	集体/国有	60.00%—81.82%	79.73%	77.59%	70.59%—78.26%
住宅用地	集体	34.67	27.33	21.33	18.67
	国有	54.00—71.33	42	34.67	26.00—29.33
	集体/国有	48.6%—64.2%	65.08%	61.54%	63.64%—71.79%
工业用地	集体	16	14	12.33	—
	国有	20	15.67	13	—
	集体/国有	80.00%	89.35%	94.87%	—
公共管理用地	集体	21.33	18	14.67	—
	国有	29.33	21.33	16.67	—
	集体/国有	72.73%	84.38%	88.00%	—

2. 按照土地用途和基准地价等级收取差额增值收益

基准地价不仅应用在指导出让地价上，还用于指导收益调节金。农村集体经营性建设用地出让时，根据不同用途、不同基准地价等级，分别按出让金总价款的一定比例从出让金中提取和征收调节金，对于商服用地、公共管理这类地价受区位条件影响较大的地类，等级越高征收的调节金比例越高，对于工业用地征收固定的收益调节金，征收标准为，商服用地：1—2级按30%，3—4级按20%，5—7级按15%收取；住宅用地：1—2级按20%，3—4级按15%，5—7级按10%收取；公共管理Ⅰ类用地：1—2级按15%，3—5级按10%收取；公共管理Ⅱ类用地：1—2级按10%，3—5级按5%收取；工业用地统一征收5%的收益调节金。

集体经济组织将农村集体经营性建设用地以出租、作价出资（入股）等方式入市的，在取得租金、股息、红利收入时，按照入市总收入的3%从租金、股息、红利中提取和征收调节金，并按交易总年限一次性征收到位；交易双方未规定使用年限的，按对应用途土地的最高出让年限计算。

（二）德清县“折股量化、按股分红”的增值收益分配模式

德清县位于浙江省北部，县境山地丘陵面积广泛，西部山区有700米以上的五指山、黄回山、塔山（莫干山主峰）、天山、倍顶山等五座山峰，拥有名山、湿地、古镇三大得天独厚的山水资源。德清县依托莫干山风景名胜区打造特色乡村休闲旅游业，发展民宿产业，2023年德清民宿总量已达800多家。因此，德清县集体经营性建设用地入市以支撑产业融合用地为主，用于特色农产品加工、酒店民宿、休闲旅游等产业用地。

德清县于2015年入市改革前通过遥感影像图、无人机航拍和实地勘测等手段，查清了1881宗10691亩的集体建设用地的存量，并对入市条件进行了归类，梳理出符合直接就地入市的地块1036宗共5819余亩（邱芳荣、赵旭，2018），地块零星、分散，需要易地调整入市的地块845宗4872.85亩。截至2023年12月，德清县已实现集体经营性建设用地入市319宗，面积2434.36亩，入市成交总额9.54亿元，集体收益7.36亿元。

集体经营性建设用地入市主体如何明确，入市收益如何保值增值，如何在集体成员间合理分配，可分享入市收益的成员资格如何界定，是集体内部收益分配面临的难题。德清县在股权制度改革基础上，明确了三级入市主体，将入市的增值收益纳入到集体资产股权化管理，实现集体资产再投资、抵押担保等保值增值过程，合理界定了集体成员土地使用权、股权和收益分配权等相关权利，规范了入市的增值收益分配。德清县的增值收益分配经验可总结为“折股量化、按股分红”模式。

1. 股份合作制改革明晰了入市主体资格

集体经营性建设用地入市是市场经济行为，理应由具备市场法人资

格的集体经济组织负责。然而，现实中集体经济组织普遍缺失，从而导致地方入市中一般由乡镇政府或村委会代为行使权利。这种方式容易导致“政经不分”，可能会引起行政权力越界问题。因此，确定合理的集体经营性建设用地入市主体资格是入市改革的关键。

作为浙江省第一批入市改革试点县，德清县在全国农民集体资产股份权能改革中取得了显著成就。早在2013年5月，德清县就已经全面实施了村集体资产股份制改革，县内的160个村集体经济组织均完成了股份制改革，并统一更名为“村股份经济合作社”。村股份经济合作社具备市场主体资格，成为合法的入市主体。德清县在股权量化前已对全县农村集体资源资产的产权进行了调查与确权，摸清了资源家底。

对于集体经营性建设用地所有权归属，也对分属于乡镇、村集体和村民小组三级所有的土地进行了确权登记，德清县实施了“自主入市、委托入市、合作入市”3种不同的集体经营性建设用地入市方案。对于归属于乡镇的土地，由乡镇资产经营公司及其全资子公司进行入市操作，归属于村集体所有的土地，由村股份经济合作社负责入市。由于村民小组一级不具备市场法人主体地位，归属于村民小组的土地可以委托给村股份经济合作社等代理人实施入市。村股份经济合作社管理有较为完整的理事会和监事会章程，管理者不能与村“两委”成员交叉，以实现“政经分离”。

2. 农村集体资产全面推行股权量化

德清县在村级经济合作社股份制改革过程中，对土地承包经营权、宅基地、集体建设用地和集体林权进行了确权登记，保持承包经营关系不变。量化对象原则上为村级经营性资产，不包括公益性资产，且村级集体资源性资产暂不量化。通过集体资产清查量化，共核实资产价值18.32亿元，其中村级集体经营性资产达1.98亿元（林航、李震华，2017）。集体经营性资产按人头分配，股权证书直接发放到每户家庭，并采取了“生不增，死不减”的静态管理政策，即股权固化，后期对于新生儿不再进行股权分配，股权可以继承。通过一系列措施，德清县共确认了30.01万名股东，并发放了9.07万份股权证书（傅白水，2016）。通过股权制改革，德清县基本实现了集体资产“量化到人、确权到户、权随人走”的改革目标。社员根据其获得的股权份额分享村集体股份分红收益。

股权量化分配过程中要解决好集体成员权和股权两者之间的关系。德清县在集体资产股份合作制改革过程中划分了持股成员、非持股成员以及外部持股人员三种不同类型的群体，其中，持股成员、非持股成员都是集体经济组织成员，同样享有土地类资源的占有使用权，外部持股人员仅享有收益分配权，而不拥有土地相关权利。

3. 制定了三级所有的增值收益差异化分配方式

政府收益调节金方面，德清县按土地成交价款的16%—48%确定了“按类别、有级差”的调节金收取方式，调节金缴纳比例分别为：入市土地位于县城规划区的，商服类用地按48%缴纳，工矿仓储类用地按24%缴纳；入市土地位于乡镇规划区的，商服类用地按40%缴纳，工矿仓储类用地按20%缴纳；其他地块商服类用地按32%缴纳，工矿仓储类用地按16%缴纳。使用权出让、租赁的，受让（承租）人应按成交地价总额的3%缴纳调节金。政府征收的调节金主要统筹用于城镇和农村基础设施建设、农村环境整治、土地前期开发等支出。

村集体内部收益分配中，按照土地所有权三级所有，乡镇、村和村小组等入市主体采取差别化的增值收益分配政策。对于乡镇集体经济组织所有入市土地，其入市收益归乡镇集体所有，纳入乡镇财政统一管理，主要用于辖区内农村基础设施建设、民生项目等支出。对于小组所有入市的土地收益，村小组除提取10%的公益基金，其余分配给小组成员。对于村集体所有的土地，获得的集体经营性建设用地入市收益归村股份经济合作社所有。

4. 村集体经营性建设用地入市增值收益分配转化为股权分红

德清县入市过程中，村集体分到的入市增值收益并不直接分配到农民个人，而是根据需要优先用于乡村振兴过程中的公共设施建设支出①，

① 《德清县农村集体经营性建设用地入市收益分配管理规定（试行）》规定，如确需用于村级公益事业支出的，需乡镇人民政府审核同意，但支出总额不得超过出让收益的50%。

或将这部分收益以股权增值方式追加量化成员股权[①]，在年底按照资产经营情况进行股份分红。村股份经济合作社的资产性收益可通过对外投资、购买物业、股份合作、购买政府性债券等用于发展壮大集体经济。集体经营性建设用地入市是村集体股权价值增加的重要来源，如洛社镇东衡村在2014年组建土地股份经济合作社，村里的3000名村民都成为股东。最初，每股的价值仅为680元。随着集体经营性建设用地入市后增加股份，现在每股的价值已经上升到2000多元[②]。

（三）武进区“两确保，一增强”的收益分配机制

集体经营性建设用地入市推进的焦点在于收益分配，利益分配不均衡或矛盾突出直接影响了入市进程。为缓解入市矛盾，平衡国家、集体和个人利益，武进区建立了“两确保，一增强”的收益分配机制。“两确保”是指确保政府征收的土地收益调节金与土地征收过程中的税收收入保持基本一致，确保入市过程中农民获得的直接补偿收益不低于土地征收，以增强镇、村集体经济为目的，镇集体获得大部分增值收益，村集体通过股份分红实现二次分配。

1. 镇集体经济组织是一级收益分配主体

武进区采取的是镇集体经济组织（称为镇集体）统筹入市的方式，镇集体经济组织由各乡（镇）成立。镇集体统筹入市有以下好处：一是弥补入市过程中的产权虚置问题。历史上，武进区集体建设用地的产权归属镇集体、村集体和村小组三级，入市过程中村集体和小组集体组织无论从形式上还是动员能力上已经非常弱，存在产权虚置现象。当前，乡村社会普遍面临的问题是村集体自治无人参与、动员能力弱以及容易陷入少数人牟利的困境。武进区也一样，村集体事实上由村委会代理，村民参与公共事务并不积极，要以“经济报酬”引导村民参与。因此，武进区组建镇集体一级入市主体，有利于避免村集体土地所有权主体虚置难题。二是减少不同所有权主体的入市纠纷。土地集中入市、

---

① 2016年将这一做法写入到《浙江省农村集体资产管理条例》。

② 数据来源于课题组实地调研。

调整入市都涉及土地所有权的合并与调整，村集体和小组集体因为土地入市的不同意见或收益分配问题存在较大矛盾，难以推进整体入市。而镇集体代理各个村集体和小组行使入市权利，可以规避土地所有权不一致的交易成本。三是加强入市统筹，发挥集聚经济效益。入市土地开发具有"1+1>2"的规模效益，而武进区存量建设用地普遍较为零散，以5亩以下的地块为主，想发展规模以上企业和集聚经济面临着地块整合问题。而镇集体作为政府和村集体双重委托代理人，拥有政策和民主的双重优势，履行合同可靠性最高，有能力开展顶层设计、承接大企业和大项目，建立入市标准、统筹推进入市，从而产生集聚经济和规模效益。

2. 确保政府取得收益调节金与征收中的税收收入保持基本一致

地方政府从土地征收向集体经营性建设用地入市改革，存在着"放权让利"行为。然而，地方政府在这一制度改革中若丧失大部分收益，无法获取改革的外部利润，则会失去积极性，消极参与，不利于推进入市进程。为实现土地征收转用与集体经营性建设用地入市取得的土地增值收益在国家和集体之间分享比例的大体平衡，武进区在核算全区集体建设用地采取入市或国有土地征收两种方式中政府收益的基础上，制定了按照一、二级市场和入市用途征收差异化调节金的方式。如一级市场上，以出让方式入市的，工业用地由出让方按10%缴纳，商业用地由出让方按20%缴纳；以租赁方式入市的，出租方在收取租金时，按照租金收入的20%缴纳。二级市场上，以出让方式入市后再转让的，工业用地按再转让时工业用地出让指导价的10%由转让方缴纳；商业用地按再转让时评估价的10%由转让方缴纳。以出租方式入市后再转让的，工业用地按再转让时武进区集体土地拆迁补偿标准的10%由转让方缴纳；商业用地按再转让时评估价的10%由转让方缴纳。

相对于入市，国有建设用地征收中农民集体获取的收益要少得多，这就造成同一块地是采取入市还是征收的矛盾冲突。为此，武进区对国有建设用地出让收益分配进行改革，从出让金中提取一定的金额返还给乡镇集体。如工业用地出让，按最高年限50年出让的，从土地出让金中提取5万元/亩返给镇集体；按弹性年限30年出让的，从土地出让金中提取3万元/亩返给镇集体；按弹性年限20年出让的，从土地出让金中提取2万元/亩返给镇集体。商业用地出让的，从土地出让金中提取5万元/亩返还给镇集体。商品住宅用地出让，从土地出让金中提取5万元/亩返给镇集体。通过集体经营性建设用地入市和国有土地征收收益分配的双向改革，实现了土地增值收益在国家和集体之间分享比例的大体平衡。

3. 确保入市过程中农民获得的直接补偿收益与土地征收基本一致

无论是存量还是增量建设用地，在成本的核算上都要考虑到农民的耕地补偿费用。武进区存量用地历史情况较复杂，核算农民补偿费用较难，且部分“以租代征”的集体建设用地以年租形式对农民进行补偿。新增建设用地涉及占用农民耕地，对农民的补偿费用核算参照国家征地，以降低入市与征地过程中耕地占用补偿矛盾①。因此，入市过程中为简化程序并减少阻力，无论对于存量还是增量建设用地入市，与国有土地出让一致，武进区按照区片价补偿给村民，农民直接分享“征地三项费”中的青苗及地上附属设施补偿费，而土地补偿费和安置补助费则不直接分给个人，而是用来为失地农民群体提供保障，并用于缴纳养老保险，以确保这些费用最终能惠及每一位农民。

4. 以增强镇、村集体经济为目的

集体经济组织发展壮大是惠及民生、助力乡村振兴的重要力量，也是实现共同富裕的关键。武进区以镇集体为收益分配主体的制度安排以增加镇、村集体经济为目的，入市总收益扣除的项目有：政府征收的收益调节金、按照征地区片价对农民的补偿、参照国有征地的有偿使用费、耕地占用费等，镇集体与村集体分享入市净收益②。武进区对于不同入市年限的工业用地入市镇、村分成的净收益额度并不一致，其中，

---

① 历史上存量集体建设用地已经审批过的，且已经按照国有征收标准给予了农民合理的补偿，双方协商一致可以不用再给农民补充耕地相关费用，如土地补偿费和青苗补助费。

② 当地政府总结出了入市收益“6789”的分配模式，以每亩地30万元的入市收益计算，“6”代表政府征收的收益调节金，“7”代表按照征地区片价对农民和集体的土地补偿费和青苗补助费。“8”是参照国有土地缴纳的有偿使用费、耕地占用费，“9”是镇村集体可以分享的净收益。

按 50 年出让的工业用地，分配给村集体的入市净收益不少于 5 万元/亩，按 30 年出让的工业用地，分配给村集体的入市净收益不少于 3 万元/亩；出让的商业用地，分配给村集体的入市净收益不少于 10 万元/亩；按租赁方式入市的，分配给村集体的入市净收益不少于 4 元/平方米·年。扣除与村集体的分成，其余留镇（街道）集体统筹使用。总体而言，入市净收益由镇村两级集体经济组织按传统协商分成比例，大体按镇村 40%∶60% 或 30%∶70% 比例分配。

对于村集体的收益分配，除了用于农民的社保缴费和村庄环境治理，其余的并不对农民直接分红。入市收益作为村集体经济积累，纳入村级集体财务核算范围，列入村集体公积公益金管理。

为鼓励集体经济组织利用资产保值增值，武进区积极推进由镇集体联合村集体组建强村公司，在自家集体经营性建设用地上建设标准厂房然后出租，可以吸纳农民入股，年底根据盈余收益对农民分红。标准厂房建好后由国有企业和政府负责运营招商，保障集体获得保底收益，从而促进集体经济可持续发展。

如武进区雪堰镇雅浦村于 2023 年以来进行集体经营性建设用地入市助力乡村旅游产业发展的实践。雅浦村全域属于环太湖生态管控区，为保护生态环境，临近太湖的工业企业需要逐步腾退集体建设用地。为此，雪堰镇确定了以发展壮大文旅产业为主的转型方向，将村集体经营性建设用地建设民宿，转变为文旅项目用地，吸纳外来资本投入和管理运营，镇村集体以集体建设用地作价出资入股，从而共享增值收益。

雪堰镇的具体做法是：先期，雅浦村以村集体村部、学校和一户居民宅基地的建设用地按照每亩 150 万元作价出资，折算成 1100 万元，吸纳太湖湾旅游公司出资 3900 万元，总共投资 5000 万元左右作为建设资金。建设完成后由上海乡伴文旅集团运营，以经营民宿、文旅产业为主，带动周边农民种植销售水蜜桃，村集体、太湖湾旅游公司与上海乡伴签订保底协议，按流水分成，获得的收益计划与农民二次分红。发展乡村产业能够解决一部分农民的就业问题，还能够带动周围水蜜桃、柑橘、黄酒等产业的发展，增加农民收入。

（四）湄潭县“三定一议”的收益分配机制

湄潭县集体经营性建设用地入市是由村民委员会主导，联合村级股份经济合作社、村党支部委员会、村务监督委员会等“四大班子”，共同推进入市（龙小敏等，2020）。湄潭县入市增值收益分配中探索出“三定一议”的收益分配机制，在“四大班子”的领导参与下由集体经济组织召开成员会议，以公平、公开、公正的方式制定了以下增值收益分配比例和分配规则：第一，明确国家征收的调节金比例为总价款的12%。后期则根据国家按照级差收益征收入市调节金的办法，湄潭县调整了增值收益调节金的征收规则，根据入市用途规定了差异化的征收比例，如工业用地为20%、综合用地为22%、商服用地为25%。第二，规定集体提取的公积金不得少于20%，公益金不得高于10%，且公积金和公益金的总额度不得超过50%。最后，规定集体经济组织成员的分配比例不得低于净收益的50%。湄潭县“三定一议”的收益分配机制具体做法为：

1. 建立了充分保障集体农民利益的民主协商议事规则

政府主导下的入市改革进程中，如何保障农民集体的利益和参事议事的权利是均衡各方利益关系的核心。在当前村集体经济组织主体虚置、村民会议形式化的背景下，首先需要重塑村集体经济组织实体，提高组织博弈能力。湄潭县从制度上将农户集体经济组织作为入市主体，但入市主体也面临主体不明确、博弈能力弱的问题。为此，湄潭县入市仍然由村民委员会主导，与村级股份经济合作社、村党支部委员会、村务监督委员会等成员共同组成联合议事主体，最大限度地保证参与入市过程的群众代表广泛性和村庄精英阶层的参事性，以提高在入市过程中的组织能力和增值收益分配中与政府的博弈能力。议事主体负责协调各方利益需求，满足大多数农民的利益，通过召开集体成员会议公开入市信息和收益分配相关资料，以确保公开、公正与民主的议事过程。

2. 保障了村庄发展建设的资金来源

入市过程中，湄潭县“三定”方案制定“集体提取的公积金不得少于20%，公益金不得高于10%”的增值收益分配原则，从而既保证了村集体提取一定的增值收益分配公积金用于村庄经济发展的再投资，也保障了村庄公共基础设施建设和合理的社会保障金支出，从而有利于村集体经济发展和村庄公益性事业建设。例如，兴隆镇红坪村将入市地块所得的39.23万元净收益用于投资建设农村综合贸易市场和茶叶检测中心等公益设施，集体资产在市场运营中得到了增值，发展壮大了集体经济，实现了集体经济发展的可持续性。

3. 最大程度提高个人增值收益分配比例

区别于许多地区不直接给农民分红的做法，湄潭县规定了村集体经济组织提取公积金和公益金的上限比例，即不超过入市总额度的50%，其余要向农民分红。显然，湄潭县的目的是直接增加农民土地财产性收入。为了合理界定具备分红资格权的农民群体、保障收益分配的公平合理、避免矛盾冲突，湄潭县制定了《界定农村集体经济组织成员资格指导意见》，明确了成员资格划定、取得、保留、丧失的界定标准和操作流程，厘清集体资产享有和分配的对象①。在此过程中，充分保障了拥有集体建设用地资产所有权和收益分配权的农民分享土地增值收益。农民通过集体经营性建设用地获得实实在在的收益，如在湄江镇回龙村和抄乐镇的调整入市中，回龙村向抄乐镇购买了19.78亩的集体经营性建设用地指标，入市后为村集体带来56.84万元收益，其中村集体17.04万元，群众个人39.80万元。抄乐镇落花屯村和群星村作为建设用地指标调出方，获得指标流转费169.48万元，60%作为集体经济组织收入，成员个人收益占40%，获得67.792万元②。

二、入市增值收益分配模式比较

针对长垣市、武进区、德清县和湄潭县的入市增值收益分配模式，以下分别从收益分配改革侧重点、理论依据和特色优点进行总结分析，

---

① 资料来源：贵州省湄潭县："五明五定"探入市"同权同价"促发展，中华人民共和国农业农村部网站，http://www.zcggs.moa.gov.cn/ncggysyqjs/201904/t20190423_6212476.htm，2018-05-15。

② 资料来源：唐健等：从贵州省湄潭县试点看集体经营性建设用地调整入市优选方案，中国乡村发现，https://www.zgxcfx.com/zhubiantuijian/97321.html，2017-03-20。

如表4－20所示。

表4－20　集体经营性建设用地入市增值收益分配模式比较

	侧重点	理论依据	特色优势
长垣市“定等级、有级差”征收收益调节金	政府与集体之间收益分配	级差地租理论、区位理论	制定了适合乡镇层面的基准地价体系
德清县“折股量化、按股分红”增值收益分配	集体内部收益分配	产权理论、治理理论	完善并强化了集体产权主体地位
武进区“两确保，一增强”的收益分配机制	政府与集体之间收益分配	均衡理论、治理理论	均衡了入市和征收中政府与农民集体利益
湄潭县“三定一议”的收益分配机制	集体内部收益分配	治理理论、博弈理论	提高了村集体民主议事能力

（一）案例地区入市增值收益分配的侧重点

长垣市“定等级、有级差”的增值收益分配模式和武进区“两确保，一增强”的收益分配机制都是注重政府与集体之间的收益分配，通过完善收益分配规则，合理制定收益分配比例，从而恰当处理增值收益分配中政府与集体的利益关系。

德清县“折股量化、按股分红”增值收益分配和湄潭县“三定一议”的收益分配机制侧重于优化集体内部收益分配，通过完善集体产权治理结构，健全分配规则，恰当处理政府、集体与农民的利益关系。

（二）入市增值收益分配的理论依据

长垣市“定等级、有级差”增值收益分配模式的建立主要依据级差地租理论和区位理论。乡镇集体土地的区位条件与城镇开发程度不同，长垣市制定了乡镇建设用地基准地价体系，根据区位、交通、设施配套条件将不同用地类型划分为不同等级，制定了相应的基准地价。并对不同等级的入市征收差异化的收益调节金，体现在区位条件好、入市收益高则政府调节金征收比例高，区位条件差、入市收益低则调节金收取比例低，这种收益调节金收取方式既可以减少不同入市用途中不同集体获取的增值收益差异，也可以有效实现政府公共基础设施投资产生的入市价值增值带来的回报。

德清县“折股量化、按股分红”增值收益分配模式的建立主要依据的是产权理论和治理理论。德清县通过组建村股份经济合作社落实集体土地所有权主体地位，健全合作社组织架构和治理体系，将入市收益纳入股权化管理并量化到个人，从而有效地规避了集体所有制下公共资源的“租值耗散”问题，既可以实现集体经济发展和资产保值增值，也加强了农民参与收益分配的民主治理能力，提高了农民监督集体的积极性，避免了信息不对称带来的寻租行为。

武进区“两确保，一增强”的收益分配机制的建立强化了集体入市与国有征收过程中政府、集体和农民之间的收益分配均衡，避免了因两种方式推进过程中农民利益不均衡带来的阻力。这种模式还强化了乡镇政府作为入市主体的治理能力，镇集体统筹推进集体经营性建设用地入市、分享增值收益。

湄潭县“三定一议”的收益分配机制的建立通过将村委会、村民委员会、村股份合作社、村务监督委员会等利益主体团结起来，共建议事机构，从而加强了入市过程中的民主议事能力以及各方利益代表能力，保障了村集体内部增值收益分配的合理性。

（三）入市增值收益分配的特色优势

长垣市“定等级、有级差”增值收益分配模式的特色是制定了适合乡镇层面的基准地价体系，为集体经营性建设用地入市价格和不同入市用途收取级差收益奠定了基础。德清县“折股量化、按股分红”增值收益分配模式完善并强化了集体产权主体地位，有利于更好地发挥农民集体主导作用。武进区“两确保，一增强”的收益分配机制则提高了政府调控力度，均衡了入市过程中国家与集体的利益，降低了入市与国有土地征收的矛盾冲突。湄潭县“三定一议”的收益分配机制则提高了村集体民主议事能力，保障了农民集体在增值收益分配中的利益。

三、不同入市增值收益分配模式效率与公平比较

（一）不同入市增值收益分配模式的效率

不同入市增值收益分配模式的效率分析视角集中在入市过程中政府与农民集体关系的协调、优化资源配置、集体收益的增加等方面，这些方面的改善有助于降低入市交易费用，推动入市助力乡村振兴和共同富裕。

1. 政府与农民集体关系的协调方面

总体而言，案例研究地区入市增值收益分配中按照“建立兼顾国家、集体、个人的土地增值收益分配机制，合理提高个人收益”的精神，制定了合理的增值收益调节金征收比例，创新完善集体内部增值收益分配机制。

武进区“两确保，一增强”的增值收益分配制度在平衡入市过程中国家与集体利益关系、统筹协调入市与征地过程中政府与农民的矛盾冲突效果最为明显。武进区集体经营性建设用地入市改革中注重平衡地方政府与集体利益，允许地方政府征收一定比例的收益调节金。此外，国有土地征收环节地方政府主动将部分收益返还给镇村集体，从而实现与入市环节政府收益的大致平衡。镇集体的治理结构安排加强了集体与政府的合作关系，有利于统筹协调入市环节，如工业项目招商引资与入市地块的衔接，入市抵押贷款的政府授信，从而减少了入市改革的阻碍。以镇集体为治理主体承担信用保证，用地主体和抵押贷款的合约履行也较为顺畅，可以减少后续的矛盾纠纷。与此同时，武进区统筹入市和征地过程中政府与集体共享收益的均衡性，参照统一的区片价对国有和集体土地的农民集体进行补偿，可以避免两种制度下政府与农民的矛盾冲突，维持社会和谐稳定。

长垣市分等定级确定调节金征收比例的方式成为对于优势区位和地块制定较高的基准地价入市的参考标准，以协议出让方式确定出让价格的，当协议出让价格低于基准地价时，计算应缴纳的调节金以基准地价作为出让价格，这就避免了村集体为减少政府收取的调节金比例而降低

入市价格的行为。此外，对不同级差地区征收不同比例的收益调节金，对于等级较好的地区入市征收较高的收益调节金比例，客观上有利于公平土地增值收益分配。

2. 优化资源配置方面

试点地区集体经营性建设用地入市有效地盘活了土地资产价值，促进了土地与资本、技术等要素的融合，提高了资源配置效率。其中，案例地区均采取了按土地等级与区位条件收取差别化增值收益分配的方式。例如，长垣市通过制定乡镇范围内的农村集体建设用地分等定级基准地价作为指导，防止入市过程中价格过低导致的土地资源粗放利用和浪费问题。由于长垣市许多集体经营性建设用地入市前已经存在企业经营行为，入市过程多以协议方式进行，竞争程度并不激烈，双方协商的价格因交易的人格化特征容易偏离真实价格，因此，基准地价为交易价格提供了参考，限定了价格下限，有利于防止入市价格过低，避免协议入市过程中的“寻租”行为，保障入市交易的秩序，提高土地资源配置效率。

3. 集体资产的保值增值方面

合理的增值收益分配方式不仅能直接提高农民福利，还能在发展集体经济、促进农民共同富裕上具有可持续性。入市地区并非简单将入市收益分配给农民，而是先提取一定比例公积金用于村集体经济资金积累，用于村集体投资，将资本量化为股权，农民年底获得分红，从而既保证了收益的保值增值，又确保了收益由农民共享。如德清县除了少部分村小组将所有的入市收益进行了分红外，村集体对入市的集体土地增值收益多数量化为股权，用于村集体股权投资，实现村股份经济合作社的原始资本积累。德清县通过金融创新赋予股权抵押权能，进一步激发集体经济组织的股权投资功能，并充分利用其作为金融资产的属性，有效地扩展了集体经济组织成员生产经营中的融资选择，缓解了农民投资的流动性压力。

武进区村集体并不以现金形式直接分配给农民，而是作为村集体经济积累，投资厂房、产业等，以实现集体资产的保值增值。通过对集体资产股权量化，农民持有股份，年底享受盈余分红收益。后期，武进区鼓励镇村集体成立强村公司，建设标准厂房后出租，从而获取稳定的现金流，避免因一次性出让集体土地带来的短期利益。湄潭县要求村集体提取一定比例的公积金和公益金用于村集体经济组织投资，并主要以当地的特色茶产业为主，从而很好地发挥了集体经济的投资盈利能力，促进了村庄经济发展。

（二）不同入市增值收益分配模式的公平性

集体经营性建设用地入市过程中会产生巨大的价值增值，因收益分配不同可能引发农村内部收入差距，不利于和谐稳定。为此，保障收益分配的公平性，防止因收益分配引发收入差距，是当前入市增值收益分配过程中需要关注的问题。

1. 保障增值收益分配方式的公平性方面

集体经营性建设用地入市在惠及民生的同时，也由增值收益分配问题引起了不少的矛盾纠纷。具体增值收益分给谁，怎么分，分多少，这些都没有参照标准。尽管名义上可以由村集体民主决策自主决定，但在当前弱化了的集体经济组织现状下，民主决策过程很难实施。将增值收益股权量化后纳入到股份合作社，以股权形式进行收益分配，可以避免直接分配增值收益带来的矛盾。如德清县以股份合作制形式将入市增值收益纳入到股权分红体系，通过村经济股份合作社实体进行收益分配，不仅有着完善的决策程序，在集体成员权的界定、股权价值、股份分红等方面也有着村民普遍认可的一套制度规范，可以让每个集体经济组织成员分享增值收益，避免分散分配方式中可能存在的分配不公的问题，确保每个集体组织成员的权益得到保障。湄潭县通过“三定一议”规则的制定，强化了村集体经济组织民主议事能力，明确了土地增值收益中集体和农民之间的分配比例，从而保障了收益分配的公平性。

2. 调节收入差距方面

各地普遍遵循“定等级、有级差”收益调节金征收方式。土地质量好、区位条件好的土地资源增值幅度大，而这部分增值与城镇开发边界扩展有关，因此地价上升幅度大，应当缴纳较高的收益调节金，享受城市发展红利的同时承担了相应的义务，有效平衡了各地区集体的土地增值收益分配比例。试点地区政府收取的收益调节金一般上缴地方国库，纳入地方一般公共财政预算，用于地区经济社会发展和基础设施建设支出，从而在更大范围内共享入市的增值收益，有利于社会公平。

此外，集体之间通过创新增值收益分配方式以避免收入差距，如德清县采取“股权量化、按股分红”方式将股权量化后以股份分红的形式间接分配给农民，从而避免了少数人直接分享增值收益引发的收入差距问题。湄潭县通过界定资产分配的主体资格，明确了增值收益分配主体，有助于提高长期居住在村内农民的收入。

四、入市增值收益分配模式的经验启示

（一）统筹政府与农民集体利益关系，更多向农民集体让利

集体经营性建设用地入市改革的阻碍是政府是否愿意“放权让利”，将征地制度中的部分红利交给农民和集体。入市改革是循序渐进的过程，需要地方政府的支持与帮助，因此，若地方政府入市中毫无收益，面对着预算约束，地方政府参与入市是没有积极性的。正因为如此，各地在入市过程中注重平衡地方政府与集体利益，允许地方政府征收一定比例的收益调节金。地方政府通过测算入市过程中的收益、成本，对比土地征收过程中政府获得的土地增值收益，与集体协商确定一定的收益分配比例。实践中，由于成本核算困难，多数地区按照入市总收益收取调节金。与此同时，入市更多考虑了集体利益，收益分配向农民倾斜。因此，入市过程中地方政府获得的收益分成总体上要少于农民集体。尽管地方政府征收土地收益调节金，但各地征收用途主要是用于公共基础设施建设、农村环境整治、土地前期开发等支出。

（二）集体内部收益分配兼顾集体经济发展与农民利益

有关集体内部土地增值收益分配并没有统一的地方标准，但各地政府为壮大集体经济，防止村集体简单将入市增值收益一分了之，均要求村集体留存一定比例的公积金、公益金，用于村庄环境整治、基础设施建设、失地农民保障等公益项目，或通过对外投资、购买物业、股份合

作、购买政府性债券等用于发展壮大集体经济。对农民的收益分配更多通过村集体股权分红、经营获利等方式，让农民分享集体经济发展的红利。与此同时，健全村集体内部收益分配的民主决策机制，通过村民大会或村民代表会议对入市和收益分配方式进行表决，避免入市成为少数人谋利的手段，可以最大程度保障农民利益。

（三）平衡区域、乡村之间的利益关系

集体经营性建设用地入市和宅基地、征地制度改革是农村“三块地”改革的重要内容，制度改革必然涉及利益的重新分配。因此，为最小化利益冲突、稳步推进入市改革，在利益分配上需要妥善处理区域、乡村和农民之间的关系。各地入市过程中注重各种关系的协调处理，如调整入市过程中需要购买“农转用”指标，而这一指标价格一般要高于耕地复垦费用，以适当考虑入市对土地复垦区的补偿。在村集体内部收益分配规则上，既要体现出本村农民的决策自治权，又要在乡镇范围内采取相似的政策，以避免乡村之间不一致导致的矛盾。再如，武进区在核算入市成本时，考虑到直接入市过程中存量建设用地取得难以核算，为与调整入市农转用成本相协调，统一按照相关规费与土地补偿安置费用核算取得成本，保证了不同地区入市土地成本费用的一致性，有效协调了不同村庄因入市条件不同带来的增值收益分配差距。

第四节　集体经营性建设用地入市增值收益分配问题与悖论

一、集体经营性建设用地入市增值收益分配存在的问题

（一）收益分配法规不健全

当前，虽然我国已出台了一些关于集体经营性建设用地入市相关的管理办法，并将集体经营性建设用地入市写入《土地管理法》，但已有

涉及土地管理制度的法律法规中对于相关土地入市收益分配规定还不够完善，相关的实施条例也缺少可操作的细则。如在现有的法律中，尚缺乏对土地收益分配调节金的性质和支出范围的界定，地方政府管理上存在较大差异。农民作为集体成员，有权参与收益分配的决策，现有法律没有明确给定集体成员权利的具体内涵，在实践过程中，农民的合法权利容易受到侵犯。法律法规的滞后，会严重影响各地入市试点工作的开展，不能从源头上解决土地入市中遇到的各种收益分配问题及其他问题。在没有完善的集体经营性建设用地入市法律法规下，许多改革试点工作无法做到有法可依，有规可循。

（二）收益分配比例不均衡

由于农村集体经营性建设用地入市还处于试点阶段，对于其入市收益分配的比例、收益分配方式、收益分配机制等还存在许多不足之处。集体经济组织收益内部分配缺乏规范文件，对于集体经济组织内部收益如何分、分多少，哪些主体可以分享收益，以及收益分配流程缺乏统一的标准，收益分配比例往往是通过各利益主体博弈后主观判断决定的。实践中，各村镇对于收益分配的目的不同，导致各地区收益分配比例存在很大的差异，部分地区存在收益分配比例不均衡的现象。集体内部存在缺乏完善的分配方案、监督管理不到位等问题，直接影响着收益分配的均衡性。农民作为收益分配中的弱势群体自身权利意识不强，村干部之间贪污腐败的现象还是存在，农民利益很可能受到侵害，导致农民对于入市收益分配存在意见，从而引起内部收益分配的矛盾冲突。

（三）收益分配机制不完善

目前农村经济结构还不完善，其收益分配比例、分配方式均由地方政府单方面制定，因此农民和农民集体的收益还不能得到合理的保障。由于收益分配缺乏相关的理论依据和实践经验，收益分配的配套机制还未完全建立起来。尽管各地将集体内部分配权下放到集体内部，由集体召开村民大会或村代表会议表决确定，但在当前集体民主决策机制不健全的情况下，分配方案的民主决策容易流于形式。因此，如何保障能与国有建设用地拥有同等的各项权利、如何均衡各方利益关系、如何做到有效的监督管控，这些都是开展农村集体经营性建设用地入市流转工作的重点和难点问题。

（四）收益分配监督管理不到位

从我国当前增值收益分配现状来说，并没有一个专门性的监督机构来对集体经营性建设用地入市增值收益分配的各个环节进行监督。一方面，缺乏对政府收益调节金使用的监督。许多地方入市改革中要求政府收益金“取之于民，用之于民”，用于地方公共基础设施建设和民生项目支出，然而，在尚未明确其收益性质的基础上，这部分收益尚缺乏专门的监督管理，容易出现支出随意、审批简单的问题。另一方面，缺乏对集体内部收益分配的监督。许多地区实行“村账镇管”、由乡镇政府对村集体经济收益进行管理，一定程度上可以避免少数村干部对收益的滥用。然而，乡镇政府无法事无巨细管理，在村集体收益支取上很难详细核实。此外，由于村集体经济组织内部监管机制不健全，缺乏财务审计机制，监事会容易流于形式，从而引起收益支取的乱象。

二、集体经营性建设用地入市增值收益分配理论与实践的悖论

（一）村集体在入市中的收益分配决策权弱化

集体经营性建设用地入市本应由土地所有权主体集体来主导，然而，各试点地区普遍采取政府主导、集体协同的方式。客观上讲，政府主导有利于入市顶层设计、规范合同管理、降低交易成本、减少风险，然而，政府主导容易取代集体的主体作用，一定程度上扭曲入市收益分配关系，不利于村集体主体地位和民主管理能力的培育。实践中，政府征收土地增值收益调节金的决策过程也主要是遵循上级政府的指示，集体很难通过博弈维护自身利益（李中仁、蔡庆鸣，2024）。尽管许多地区将入市增值收益集体内部收益分配权交给村集体决策，但也都制定了条条框框，框定了增值收益的特定用途。

各地普遍采取“村账镇管”的方式，集体所得的增值收益由乡镇

政府代为管理，进一步限制了村集体财务支配权。“村账镇管”是地方政府约束村集体财务支出行为的有力工具，确实在当前政经不分的村级治理体系下，在约束村委会经济行为方面发挥了巨大作用，而长期会忽视村集体经济组织的建设和运转，不利于集体组织治理能力的提升。

（二）政府获取的是收益分配金而非收益税

村集体是入市的所有权主体，享有获取增值收益分配的权利，而对于政府而言，多数是入市管理者而非主体，理应通过税收分享增值收益。然而，实践中政府普遍采取征收收益金的方式分享增值收益，且多数地区是以入市总价款收取调节金，而非扣除入市成本后的增值收益。收益分配金和税收的主要区别在于，前者实质上收取的是入市成交价的费用，政府应当承担部分入市主体的责任，以换取部分收益。收益税的目的是调节入市增值收益，按照级差增值的方式对高价值增值按照高税率征收，对低价值增值按照低税率征收，从而调节级差地租，以公共事业支出和基础设施建设支出将增值额返还到社会大众，有强制性和义务性，政府不需要承担征税的责任。按照费和税的使用原则，费一般用于行政机构运作，支出上具有指向性，而税一般要纳入一般性财政收入，取之于民、用之于民，优先用于国防、教育、社会保障等多个方面。

收益分配金的设置有助于促进集体经营性建设用地合理有序地入市，同时确保地方政府能从土地的经济活动中获得一定的财政收入，支持地方经济社会发展。与之相比，税收作为政府的主要收入来源，对经济活动有更广泛的调节作用，包括调控经济、促进社会公平等。因此，收益分配金体现了政府在土地经营活动中与土地所有者（如村集体）之间的收益分享机制，这一机制旨在平衡经济发展与社会公益的需求，同时保障集体经营性建设用地入市过程的公平性和透明性。

（三）村集体的收益支配权较弱

对于村集体所得的收益分配比例，主要由乡镇政府实行“村账镇管”，以“家长式”的形式进行管理，根据村集体实际支出依申请进行返还。这种方式在一定程度上能够避免村集体事务中少数人决策的困境，加强对村级财务的监管。然而，另一个事实是它不利于村集体经济自组织的形成，以及发挥村集体在乡村振兴中的作用。村集体的收益分配受到政府较严格的管制，不利于村集体经济组织发挥收益支配的主观能动性，将入市收益分配到收益最大化的用途。在当前村集体经济组织与村委会职能交叉的现实情况下，多数村集体缺乏经营意识和独立的经济法人主体地位，主要会将入市收益用于村集体行政支出，从而降低了农民的分成比例。

此外，现行法律体系下，村集体的法律地位和权利在土地入市过程中可能不够明确或被边缘化。即使有相关法律法规，执行力度和保护措施也可能不足，导致村集体在维护自身权益时缺乏法律支持。信息不对称使村集体在与政府或开发商的谈判中处于劣势，难以争取到更合理的收益分配。

（四）农民分享的是本应政府或集体承担的公共服务

集体经营性建设用地入市中，多数村集体内部并不分红，而主要用于村集体再投资、基础设施建设、社会保障缴费、教育医疗支出等。农民作为集体成员，也有参与入市决策的义务，如《土地管理法》规定，集体经营性建设用地入市中需经村民代表会议或村民大会三分之二以上的同意表决通过。若农民收益权无法保障，而是将原本应当由村委会或地方政府承担的村务管理支出或基础设施建设投资由村集体收益分配部分承担，无疑弱化了地方政府责任。

当然，将收益主要用于再投资、基础设施建设、社会保障缴费、教育和医疗支出等领域，这种做法有其积极意义：再投资可以帮助村集体发展新的经济项目，增强集体经济实力，为村民创造更多就业机会和收入来源。投资基础设施建设如道路、供水、供电和网络通信，以及教育和医疗设施，能够直接提高村民的生活质量和幸福感。村集体将入市收益进行投资和建设，相比于分红给个人，可能在一定程度上能提高资金的使用效率和社会效益。

然而，我们应当看到将入市增值收益“一刀切”地用于村集体公共事务，实质上并没有考虑到不同农民群体在入市中的差别化贡献，如早期土地被占用的群体，以及参与集体土地劳动与投资的农民群体，他们应当获取更高的收益分配比例。地方政府或村集体以“均等的收益”取代了“按贡献分配”的原则，实践与理论上存在一定的差异。

本章小结

本章在梳理全国集体经营性建设用地入市试点地区收益分配现状的基础上，重点介绍了长垣市、武进区、湄潭县和赣榆区等地区集体经营性建设用地入市过程中的收益、成本和收益分配情况，并详细介绍了长垣市“定等级、有级差”收益调节金征收方式、武进区“两确保，一增强”的收益分配机制、浙江省德清县“折股量化、按股分红”的增值收益分配模式、湄潭县的“三定一议”收益分配机制等增值收益分配亮点模式。在以上现状分析的基础上，进一步指出当前集体经营性建设用地入市增值收益分配中存在的主要问题，如收益分配法规不健全、收益分配比例不均衡、收益分配机制不完善以及收益分配监督管理不到位等，并结合增值收益分配理论，分析了集体经营性建设用地入市增值收益分配中理论与实践的悖论。

第五章

农村集体经营性建设用地入市价格影响因素研究

地价作为土地市场的核心要素，是反映土地资源配置效率和社会经济发展状况的重要指标。理解集体经营性建设用地入市价格的形成及其影响因素是研究增值收益优化分配的基础。合理的入市价格形成体系是入市增值的前提和影响因素。然而，在推行集体经营性建设用地入市过程中，由于农村土地市场发育不完善、土地价格缺乏科学合理的评估体系等因素，集体经营性建设用地入市价格受到严重影响，也影响入市增值收益分配。厘清集体经营性建设用地入市价格影响因素，对科学评估土地价格、提高农民财产性收入等具有重要意义。因此，本章基于国家试点地区河南省新乡市长垣市的入市地块调查，在理论分析入市价格影响因素的基础上，通过构建地理加权回归模型（GWR），从一般因素、区域因素、市场因素和个别因素等方面选取指标探究集体经营性建设用地入市价格的影响因素，以期为科学评估集体经营性建设用地入市价格、合理高效配置土地资源提供理论参考。

第一节　集体经营性建设用地入市价格影响因素理论分析

当前，聚焦于集体经营性建设用地入市价格影响因素方面的研究相对较少，早期的相关研究大多以集体建设用地为研究对象，如刘洪彬和曲福田（2006）、吕萍和支晓娟（2008）分别从土地产权、土地市场、利益分配和政策制度等层面分析制约集体建设用地流转的因素；耿槟（2013）利用特征价格模型探究了区位特征和产权特征对集体建设用地流转价格的影响程度，此研究为以后的定量研究奠定了良好的基础。随着集体经营性建设用地入市改革的不断推进，学者们逐渐开始关注入市价格影响因素方面的研究，如王成量等（2018）和喻瑶等（2019）利用特征价格模型从社会经济、区位交通、公共设施、市场因素和个别因素等方面探究集体经营性建设用地入市价格的影响因素及其影响程度；李杰等（2021）则从供需的角度选取26个指标探究不同类型集体经营性建设用地价格的影响因素，并得出集体工业用地价格受需求端影响较大、集体商业用地价格则受区位和市场规模影响较大的结论。

总体来看，我国集体经营性建设用地入市价格影响因素方面的研究成果不多，且在研究方法上，已有研究大多采用特征价格模型，该模型虽被广泛应用于地价影响因素研究中，但其忽略了样本的空间非平稳性；在变量选取上，已有研究尚未考虑土地市场发育成熟度对集体土地价格的影响，但部分指标仍为本研究提供了良好的借鉴。基于此，本研究在已有研究的基础上，参照国家2020年4月出台实施的《农村集体土地价格评估技术指引》（以下简称《技术指引》），将集体经营性建设用地入市价格影响因素分为一般因素、区域因素、市场因素和个别因素。

（一）一般因素

一般因素主要指影响集体经营性建设用地入市价格总体水平的自然、社会和经济等因素。正常情况下地价水平会受所处区域的社会经济发展水平和资源禀赋所影响。首先，一个地区的经济越发达，其地价水平也会越高。经济发展水平是地方财政收入的重要基础，因此，地方财政收入在一定程度上能够体现经济发展水平。其次，依据供求理论，在市场经济条件下土地价格必然受到土地供求关系的影响，而由于土地面积的有限性和土地位置的固定性，集体经营性建设用地必然受到供给的制约。最后，耕地占补平衡制度下，人均耕地面积可能会在一定程度上反映出耕地与建设用地的供需矛盾（喻瑶等，2019）。

（二）区域因素

区域因素指影响地区内部之间地价水平的因素，主要包括繁荣程度、集聚程度、交通条件、公用设施及基础设施水平等。依据区位理论，集体经营性建设用地的价格会在很大程度上受到区位因素的影响，一方面，距离“中心地”越近的土地，其在商业、服务业等方面的需求就越容易得到满足，那么土地价格自然也会越高；另一方面，当一定数量的企业集聚到一起可能会形成“规模经济”，这种规模经济能够降低企业成本、提高效率，根据土地价格理论，该区域的土地价格也会随之上升。此外，区域交通条件越好、基础设施越完善，企业的运输成本越低、人们的生活越便利，那么该区域的集体经营性建设用地入市价格也会越高。

（三）市场因素

市场因素指影响集体经营性建设用地入市价格的土地市场发育成熟度、市场交易主体的风险认识与偏好等因素。土地市场成熟度是对土地市场发育程度、所处阶段和运行效率的判断。一般来说，土地资源通过市场方式配置的比例越高，则土地市场成熟度越高（李娟等，2006）。在我国，土地使用权出让方式包括协议、挂牌、招标和拍卖，其中除协议出让外，其余三种出让方式均属于公开出让，且市场化程度依次增强。因此，当协议出让面积不断减少时，表明土地市场发育成熟度不断提高。此外，用地者对收益和风险的态度也会影响集体经营性建设用地的价格。

（四）个别因素

个别因素指宗地自身的地价影响因素，主要包括宗地的自身条件和土地开发利用限制等。一方面，不同类型的企业势必存在不同的用地需求，他们对宗地的自身条件可能会有一定要求；另一方面，不同条件的集体经营性建设用地对其开发利用的限制也不同，其在一定程度上会影响用地者对土地的使用意愿，进而影响土地的价格。

第二节　集体经营性建设用地入市价格影响因素的实证模型

一、研究区域与数据来源

本研究选取河南省长垣市作为研究对象。研究中用到的入市地块基本信息从长垣市公共资源交易中心（http：//www. cyxggzy. cn/）获取，具体包括项目名称、入市时间、入市方式、所属乡镇、宗地面积、规划用途和成交总价；入市地块的空间位置信息来源于长垣市自然资源和规划局；兴趣点坐标通过百度地图开放平台（https：//lbsyun. baidu. com/）获取并进行坐标转换；入市地块与兴趣点之间的距离通过 ArcGIS 中的“Point Distance”工具获取；社会经济数据来源于长垣市统计局、各乡镇人民政府及 2021 年《中国县域统计年鉴（乡镇卷）》。剔除信息不完整或明显有误的数据后，得到 193 条有效数据，其中规划用途为工业用地的有 145 宗，商业用地 22 宗，其他用地 26 宗，时间跨度为 2018—2021 年。本研究以工业用途为例探究集体经营性建设用地入市价格影响因素，是考虑到样本容量，商业用地和其他用地样本太少，且商业用地入市情况较为特殊，一个地区往往只有几宗，从事的商业活动差异也较大，不具有可比性。因此，本研究选择工业用地入市案例，样点分布如图 5－1 所示。

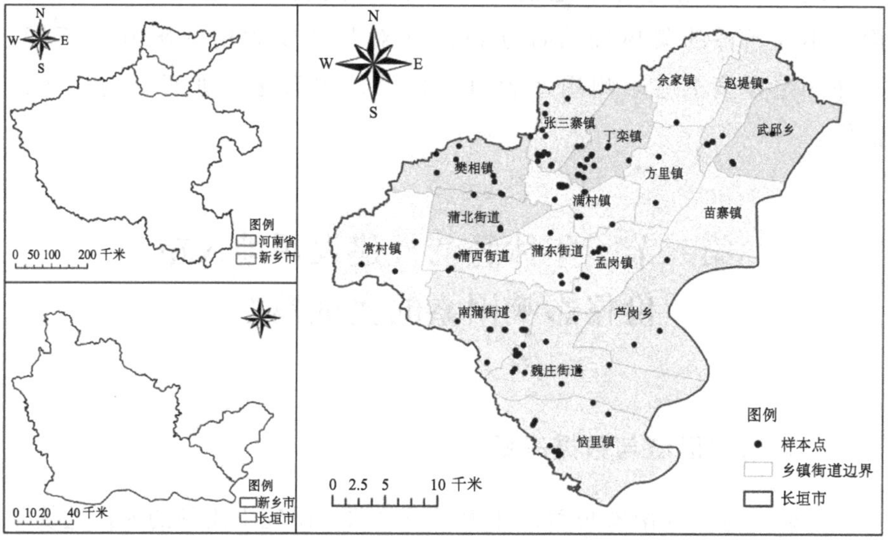

图 5－1　研究区范围与样点分布示意图

二、影响因素指标体系构建

根据上述分析并借鉴已有研究成果（王成量等，2018；喻瑶等，2019；李杰等，2021），按照科学性、全面性、可比性和可操作性等原则，结合长垣市实际情况及 GWR 模型的变量要求，构建集体经营性建设用地入市价格影响因素体系，如表 5－1 所示。其中一般因素包含乡镇财政收入和人均耕地面积 2 个指标；区域因素包含中心城镇影响度、乡镇中心影响度、工业聚集程度、交通便捷度和生活便利度 5 个指标；市场因素包括土地公开出让率 1 个指标，个别因素包括宗地面积 1 个指标。

表 5－1　　集体经营性建设用地入市价格影响因素

因素	指标	量化及说明	单位
一般因素	乡镇财政收入	样点所在乡镇 2020 年的财政收入	万元
	人均耕地面积	样点所在乡镇 2020 年的人均耕地面积	m^2

续表

因素	指标	量化及说明	单位
区域因素	中心城镇影响度	样点距长垣市人民政府的距离，GIS 测量	km
	乡镇中心影响度	样点距最近乡镇人民政府的距离，GIS 测量	km
	工业聚集程度	样点所在乡镇单位面积内的工业企业个数	个/ km^2
	交通便捷度	样点距最近国道/省道的距离，GIS 测量	km
	生活便利度	样点半径 2km 内学校、医院、超市、快递点、银行、公交车站的数量	个
市场因素	土地公开出让率	样点所在乡镇土地公开出让面积/土地有偿出让总面积	—
个别因素	宗地面积	样点宗地面积，GIS 测量	m^2

三、GWR 模型构建

（一）空间自相关分析

空间自相关分析用于检验某一变量在空间上是否相互关联以及衡量该变量在某空间单元与其周围单元间的相互关联程度。常用的空间自相关系数有 Moran's I、Geary's C、Getis、Join count 等，但各指数均有其优点与局限性（Van Wagner，2016）。本研究选取应用最为广泛的全局 Moran's I 指数来检验长垣市集体经营性建设用地入市价格间的相互关联程度，利用 GeoDa 软件计算得到 145 个样本数据的全局 Moran's I 指数为 0.65，Z 得分为 13.03，P 值为 0.001，Moran 散点大多落在第一象限与第三象限内，表明样点地价呈空间正相关，且相关性较为显著，从而也证实了长垣市集体经营性建设用地入市价格的空间非稳定性，满足使用 GWR 模型的前提条件。

（二）多重共线性诊断

在应用 GWR 模型进行回归分析时，若模型存在多重共线性则会导致参数估计的方差增大，进而使得模型估计不准确（张雷雨等，2017）。因此，在使用 GWR 模型之前有必要进行多重共线性诊断。由

表5－2可知，9个变量的VIF均小于5，表明该模型不存在多重共线性。

表5－2　　　　样本描述统计与共线性统计

变量名称（单位）	最小值	最大值	平均值	VIF
乡镇财政收入（万元）	1303	38000	13370.91	4.622
人均耕地面积（m^2）	148.12	1515.05	918.65	4.690
中心城镇影响度（km）	2.15	31.22	11.34	2.055
乡镇中心影响度（km）	0.12	5.94	2.53	1.941
工业聚集程度（个/km^2）	0.09	4.22	1.79	1.483
交通便捷度（km）	0.06	10.96	2.58	3.183
生活便利度（个）	0	126	26.10	2.600
土地公开出让率	0	1	0.47	1.430
宗地面积（m^2）	786.71	135786.79	12243.56	1.206

（三）模型构建

地理加权回归模型（GWR）是Fotheringham等学者借鉴局部光滑思想，将数据的空间异质性考虑在内，使得回归系数能够随空间位置的变化而变化的一种模型（Yang等，2022）。相较于传统的线性回归模型，GWR模型具有强大的局部分析能力，其参数中嵌入了数据的空间位置信息，能够形象地反映出因变量受自变量的影响情况，其公式为：

$$y_i = \beta_0(u_i,v_i) + \sum_{k=1}^{p}\beta_k(u_i,v_i)x_{ik} + \varepsilon_i, i = 1,2,\cdots,n \qquad (5-1)$$

式中，(u_i,v_i)为样点i的空间坐标；$\beta_k(u_i,v_i)$为样点i的第k个回归参数，与空间位置(u_i,v_i)有关；ε_i为随机误差项。

本研究利用MGWR软件构建GWR模型，其关键在于权重函数的选择和带宽的确定。实际运用中，权重函数一般选取高斯距离权重函数（单玉红、聂俊成，2014）；为最大限度地消除带宽对模型拟合精度的影响，本研究通过修正后的Akaike信息准则（AICc）来确定最佳带宽。GWR模型计算结果如表5－3所示，此时校正后的R^2为0.746，表明该模型能解释74.6%的地价变化情况，拟合效果较好。

表 5－3　GWR 模型计算结果

变量名称	均值	最小值	中位数	最大值
截距项	－0. 077	－1. 827	0. 056	0. 811
乡镇财政收入	0. 194	－1. 529	0. 12	1. 358
人均耕地面积	－0. 070	－2. 174	－0. 096	0. 695
中心城镇影响度	－0. 061	－1. 253	0. 033	1. 108
乡镇中心影响度	－0. 101	－0. 639	－0. 150	0. 554
工业聚集程度	0. 188	－0. 55	0. 210	1. 185
交通便捷度	－0. 228	－0. 940	－0. 282	0. 394
生活便利度	0. 008	－0. 629	－0. 038	0. 697
土地公开出让率	0. 170	－0. 547	0. 190	1. 095
宗地面积	0. 006	－0. 991	0. 033	0. 828

第三节　集体经营性建设用地入市价格影响因素实证结果

根据 GWR 模型回归结果（见表 5－3），各因素对集体经营性建设用地入市价格均有影响，且各因素在不同区域对地价的影响程度各不相同。具体分析如下：

一、一般因素对集体经营性建设用地入市价格的影响

乡镇财政收入总体上对集体经营性建设用地入市价格具有显著正向影响，印证了一般情况下地区经济越发达，地价水平越高，但由表 5－4 可以发现，恼里镇乡镇财政收入的增加反而会促成集体经营性建设用地入市价格的降低，可能是由于乡镇财政收入中的一部分来源于乡镇企业上缴的利润，当这些企业的利润增加时，乡镇财政收入自然增加，然而由于恼里镇位置偏远、交通不便，这时候企业可能会考虑搬迁，进而造成集体经营性建设用地入市价格的降低；人均耕地面积对集体经营性建设用地入市价格具有负向影响，影响系数整体上呈现由城市边缘

（乡镇）向城市中心（街道）递减的趋势，表明距离市中心越近的地区，其受人均耕地面积的影响程度越小。

表 5－4 GWR 模型回归系数的空间分布（一般因素）

名称	乡镇财政收入	人均耕地面积
蒲东街道	-0.44448—0.057604	-0.704018— -0.245974
蒲北街道	0.057605—0.331658	-0.245973— -0.026060
南蒲街道	0.331659—0.773177	0.239040—0.695278
蒲西街道	0.331659—0.773177	-0.026059—0.239039
魏庄街道	0.331659—0.773177	0.239040—0.695278
樊相镇	0.057605—0.331658	-0.245973— -0.026060
孟岗镇	-0.44448—0.057604	-0.704018— -0.245974
满村镇	-0.44448—0.057604	-0.245973— -0.026060
丁栾镇	0.057605—0.331658	-0.245973— -0.026060
方里镇	0.773178—1.358061	-0.704018— -0.245974
张三寨镇	0.057605—0.331658	-0.245973— -0.026060
常村镇	-1.529123— -0.444449	-2.174132— -0.704019
恼里镇	-1.529123— -0.444449	-0.026059—0.239039
赵堤镇	0.773178—1.358061	-2.174132— -0.704019
佘家镇	0.773178—1.358061	-2.174132— -0.704019
芦岗乡	-0.44448—0.057604	-0.704018— -0.245974
武邱乡	0.773178—1.358061	-2.174132— -0.704019

注：此表为空间回归系数图转化的表格形式。各乡镇的回归系数为估计出的主要系数范围，因为部分乡镇空间上可能同时存在两个以上的估计系数范围，为简化，只汇报主要的一个。

二、区域因素对集体经营性建设用地入市价格的影响

从表 5－5 可以发现，中心城镇影响度和乡镇中心影响度总体上对集体经营性建设用地价格均具有负向影响，即距离市中心、乡镇中心越远的区域，其地价水平越低。中心城镇影响度对武邱乡、赵堤镇、佘家镇的影响系数，以及乡镇中心对南蒲街道、魏庄街道、恼里镇的影响系数与正常情况下相反，表明南蒲街道、魏庄街道和恼里镇主要受市中心

影响，而武邱乡、赵堤镇和佘家镇则主要受乡镇中心影响；工业聚集程度对集体经营性建设用地价格具有显著正向影响，如表5－5所示，恼里镇和魏庄街道工业聚集程度的增加反而会带来地价的降低，可能的原因是当前恼里镇和魏庄街道的工业聚集程度已达到一定水平，如果企业继续增多可能造成该地区投资环境恶化，进而导致地价降低；交通便捷度对集体经营性建设用地价格具有显著负向影响，即距离国道/省道越远的区域，其地价水平越低，从影响系数的平均值来看，交通便捷度对地价的影响程度最大（见表5－3），体现出良好的交通条件对于工业生产具有重要作用；生活便利度总体上对集体经营性建设用地价格具有一定正向影响，但影响系数相对较低，一方面可能是因为地块周边的配套已经能够满足人们的日常生活所需，另一方面也可能是因为电动车、私家车等较为普及，人们的出行相对便利，进而导致生活便利度不会给地价带来较大变动。

表5－5　GWR模型回归系数的空间分布（区域因素）

名称	中心城镇影响度	乡镇中心影响度	工业聚集程度	交通便捷度	生活便利度
蒲东街道	－0.44448—0.057604	－0.176104—0.011874	－0.44448—0.057604	－0.190184—－0.015694	－0.133497—0.077497
蒲北街道	－0.102783—0.205149	－0.358346—－0.176105	0.057605—0.331658	－0.190184—－0.015694	0.077478—0.265631
南蒲街道	－0.535956—－0.102784	0.011875—0.299114	0.331659—0.773177	－0.015693—0.393711	－0.546893—－0.133498
蒲西街道	－0.102783—0.205149	－0.176104—0.011874	0.331659—0.773177	－0.330070—－0.190185	0.077478—0.265631
魏庄街道	－0.252710—－0.535957	0.011875—0.299114	－0.1529123—－0.44449	－0.564371—－0.330071	－0.546893—－0.133498
樊相镇	－0.102783—0.205149	－0.176104—0.011874	0.057605—0.331658	－0.015693—0.393711	0.265632—0.455793
孟岗镇	0.205150—0.521343	－0.176104—0.011874	－0.44448—0.057604	－0.330070—－0.190185	－0.133497—0.077497
满村镇	－0.102783—0.205149	－0.639360—－0.358347	－0.44448—0.057604	－0.330070—－0.190185	0.077478—0.265631

续表

名称	中心城镇影响度	乡镇中心影响度	工业聚集程度	交通便捷度	生活便利度
丁栾镇	-0.535956—-0.102784	-0.358346—-0.176105	0.057605—0.331658	-0.330070—-0.190185	0.265632—0.455793
方里镇	-0.102783—0.205149	0.011875—0.299114	0.773178—1.358061	-0.939592—-0.564372	0.455795—1.095173
张三寨镇	-0.102783—0.205149	-0.358346—-0.176105	0.057605—0.331658	-0.330070—-0.190185	0.265632—0.455793
常村镇	0.205150—0.521343	-0.639360—-0.358347	-0.1529123—-0.44449	-0.015693—0.393711	0.455795—1.095173
恼里镇	-0.252710—-0.535957	0.299115—-0.554393	-0.1529123—-0.44449	-0.939592—-0.564372	0.455795—1.095173
赵堤镇	-0.521344—1.108440	-0.639360—-0.358347	0.773178—1.358061	-0.190184—-0.015694	0.077478—0.265631
佘家镇	0.205150—0.521343	-0.358346—-0.176105	0.773178—1.358061	-0.015693—0.393711	0.265632—0.455793
芦岗乡	0.205150—0.521343	0.011875—0.299114	-0.44448—0.057604	-0.939592—-0.564372	0.455795—1.095173
武邱乡	-0.521344—1.108440	-0.639360—-0.358347	0.773178—1.358061	-0.190184—-0.015694	-0.546893—-0.133498

注：此表为空间回归系数图转化的表格形式。

三、市场因素对集体经营性建设用地入市价格的影响

土地公开出让率总体上对集体经营性建设用地价格具有正向影响（见表5-3），即土地公开出让率越高，地价水平越高。如表5-6所示，在南蒲街道和魏庄街道附近，土地公开出让率与地价呈现出负相关，与预期情况不符，这是由于该区域经济发展水平较高，地价总体上处于较高水平，但土地公开出让率相对偏低，因此影响系数显示为负。

表5-6　　GWR模型回归系数的空间分布（市场因素和个别因素）

名称	土地公开出让率	宗地面积
蒲东街道	-0.133497—0.077477	0.010977—0.190830

续表

名称	土地公开出让率	宗地面积
蒲北街道	0.077478—0.265631	0.010977—0.190830
南蒲街道	-0.546893— -0.133498	0.010977—0.190830
蒲西街道	0.077478—0.265631	0.190830—0.464324
魏庄街道	-0.546893— -0.133498	0.010977—0.190830
樊相镇	0.265632—0.265631	0.010977—0.190830
孟岗镇	-0.133497—0.077477	0.010977—0.190830
满村镇	0.077478—0.265631	-0.434875—0.010976
丁栾镇	0.265632—0.265631	-0.434875—0.010976
方里镇	0.265632—0.265631	-0.434875—0.010976
张三寨镇	0.455794—1.095173	-0.434875—0.010976
常村镇	0.455794—1.095173	0.464325—0.828312
恼里镇	0.455794—1.095173	-0.991011— -0.434876
赵堤镇	0.077478—0.265631	0.464325—0.828312
佘家镇	0.265632—0.265631	0.010977—0.190830
芦岗乡	-0.546893— -0.133498	0.010977—0.190830
武邱乡	-0.546893— -0.133498	0.190830—0.464324

注：此表为空间回归系数图转化的表格形式。

四、个别因素对集体经营性建设用地入市价格的影响

宗地面积总体上对集体经营性建设用地价格具有正向影响，但影响并不显著，平均影响系数仅为0.006（见表5-3）。如表5-6所示，不同区域宗地面积对地价的影响程度各不相同，原因可能是不同类型的企业对不同面积的宗地均有一定需求，因此尚未显著地体现出宗地面积对地价的影响，只是由于不同区域的情况各不相同，从而造成各区域在影响系数上存在一定差异。

从回归系数的平均值（见表5-3）来看，各因素对长垣市集体经营性建设用地入市价格的影响程度由大到小依次为：交通便捷度、乡镇财政收入、工业聚集程度、土地公开出让率、乡镇中心影响度、人均耕地面积、中心城镇影响度、生活便利度、宗地面积；各影响因素存在显著的空间异质性，在不同区域对地价的影响程度存在差异，其中乡镇财

政收入在不同区域对地价的影响程度差异最大，生活便利度在不同区域对地价的影响程度差异最小。

第四节 集体经营性建设用地入市价格提升的障碍

尽管入市过程中农民集体拥有直接入市权利，集体土地能够进入市场交易，对其价值显化有一定意义。然而，由于各种条件限制，集体经营性建设用地入市价格存在一定程度的扭曲，一般会低于资源的真实价格。本节从土地开发条件和区位条件、交易特征和权能实现程度等方面分析入市价格提升的主要障碍。

一、土地开发条件和区位条件较差

除少数位于城市郊区的地块，大量集体经营性建设用地位于农村偏远地区，地块分散、规模小，交通运输条件差、周围基础设施配套不足，很难直接用于企业发展。土地开发条件限制使得集体建设用地只能用于个体户或小企业从事一些低附加值的生产经营活动，如小加工作坊、农家饭店、低端制造等，很难支撑地方产业发展。区位条件更是限制了外部企业的进入，无法产生有效的市场需求。

实践中，尽管可以通过调整入市，以增减挂钩方式将区位条件差的集体建设用地复垦后形成指标到区位好的地区落地，但复垦地区更多是获取一部分的价值补偿，而非获取建设用地利用资源，反而挤压了未来的建设用地发展权。2023 年新一轮入市改革过程中，对于占用耕地的现象加强了管控，调整入市中建设用地指标的获取难度加大。

二、交易的人格化特征较强

人格化交易发生在熟人、亲戚内部，依托于个体间的相互认识和理解，交易活动大多在这样一个较为私密的圈子内发生，参与者根据亲密度构建和维护着一张人际网络，随着时间的推移，这种封闭性逐步促使市场向内部化发展，交易规则逐渐被非经济要素所改变，从而影响到经济效率的正常发挥。

农村集体内部，由地缘、血缘关系构建了强关系网络，影响着集体经营性建设用地入市，容易使得集体土地交易法则脱离“价高者得”的市场规律，而陷入优先满足“内部人”需求的境地。入市过程中，多数地区也是以协议入市为主。入市交易人格化特征限制了市场化程度较强的交易方式和规范化的入市流程，不利于入市价格显化。

三、土地权能仍受到较大限制

土地权能的完整性影响着集体经营性建设用地入市价格。当前，集体经营性建设用地在用途、抵押权等方面存在较大限制。集体经营性建设用地用途限定为工业和商业，商业也以小型商超和低端服务业为主，少部分试点地区允许建设保障性住房，而对商品住房严格限制。集体经营性建设用地产权分散、细碎，想要成片开发经营面临着较高的交易成本，较难像国有建设用地一样实行土地征收与集中开发经营。

同时，许多地区集体土地抵押权较难实现，银行对抵押物的认定和贷款额度很难与国有土地同权。尽管法律赋予集体经营性建设用地入市权利，但由于入市改革仍处于试点阶段，金融机构提供抵押产品仍存在顾虑，缺少相应的抵押品。各地入市操作流程、政策支持存在不确定性，抵押权实现风险较大。集体建设用地二级市场并不成熟，抵押物价值波动大，处置抵押物较为困难，也削弱了银行为集体经营性建设用地办理抵押贷款的意愿。

本章小结

本章在理论分析集体经营性建设用地入市价格影响因素的基础上，基于长垣市145宗集体经营性建设用地入市交易案例，利用GWR模型实证探究了入市价格的影响因素，结果表明：长垣市集体经营性建设用地入市价格呈现明显的空间正相关，其受各因素的影响程度由大到小依次为交通便捷度、乡镇财政收入、工业聚集程度、土地公开出让率、乡镇中心影响度、人均耕地面积、中心城镇影响度、生活便利度、宗地面积；各影响因素存在显著的空间异质性，在不同区域对地价的影响程度存在差异。当前，集体经营性建设用地在土地开发和区位条件方面存在劣势，交易具有较强的人格化特征，土地权能尚不完整，限制了入市价格的实现。

第六章

基于发展权的集体经营性建设用地入市增值收益分配优化

集体经营性建设用地入市赋予集体土地发展权，打破了国家对土地发展权的垄断，成为保护农民土地权益、提高农村建设用地利用效率的重要土地制度改革（唐健、谭荣，2013）。在保留集体土地所有权性质的基础上，通过赋予经营性建设用地直接进入土地市场有偿使用的权利，不仅可以盘活农村闲置、低效存量建设用地，提高农民的土地财产权收益，还增强了农民集体分享土地增值收益的博弈能力。因此，如何基于发展权贡献度对集体经营性建设用地入市增值收益分配进行优化，是本章关注的主要问题。本书第三章第二节从发展权贡献度提出集体经营性建设用地入市增值收益形成机理，将用途变更权、强度提高权、流转交易权分别对应到用途性增值、投资性增值和供求性增值，本章进一步将发展权量化，构建基于发展权实现贡献度的增值收益分配模型，对集体经营性建设用地入市增值收益分配进行了优化。

第一节　基于发展权实现贡献度的入市增值收益分配模型

土地发展权价值是土地转换前后的价值差额减去转换过程中的成本（Shi 和 Tang，2020；Yu，2012），即发展权增值 = 入市成交价格 - 初始

价格 - 入市成本。而入市增值收益 = 入市成交价款 - 入市成本 = 初始价格 + 发展权增值。在集体经营性建设用地入市增值收益分配过程中，入市土地的初始价格是指土地的历史投入成本或作为农用地的机会成本，依据产权理论，农民集体和集体成员作为入市土地的所有者和使用者，有权分享收益中的初始价格，分配比例可参照研究区土地征收中土地补偿费的分配比例；对于发展权增值部分，应当在县级政府、农民集体（镇集体和村集体）和集体成员（农民）间进行分配。土地增值收益分配过程中，许多学者提出了按“贡献度”进行分配的思路（周诚，2006；徐进才等，2017），本研究认为可以按照利益主体对集体经营性建设用地发展权实现度做出的贡献进行增值收益分配。

以下分别用 X、Y 表示集体经营性建设用地初始价格、发展权增值，用 X_i、α_i 表示收益分配主体 i 分得初始价格部分的分配额、分配比例，用 Y_i、β_i 表示收益分配主体 i 分得发展权增值部分的分配额、分配比例；当 $i=1$、2、3、4 时，分别表示县级政府、乡镇集体、村集体和集体成员（农民）。

设集体经营性建设用地入市成交价格为 a 元/m^2，初始价格为 b 元/m^2，入市成本为 c 元/m^2，村集体、集体成员（农民）分得集体经营性建设用地初始价格的比例分别为 α_3、α_4；县级政府、乡镇集体、村集体、集体成员（农民）分得发展权增值部分的比例分别为 β_1、β_2、β_3、β_4。

则 $X_i = X \cdot \alpha_i$、$Y_i = Y \cdot \beta_i$，收益分配主体 i 增值收益分配额 $\varphi_i = X_i + Y_i$，且发展权增值：

$$Y = a - b - c,\ \alpha_3 + \alpha_4 = 1,\ \beta_1 + \beta_2 + \beta_3 + \beta_4 = 1$$

将各变量代入增值收益分配模型，得到收益分配主体 i 增值收益分配额 φ 为：

县级政府：$\varphi_1 = X_1 + Y_1 = (a - b - c) \cdot \beta_1$

乡镇集体：$\varphi_2 = X_2 + Y_2 = (a - b - c) \cdot \beta_2$

村集体：$\varphi_3 = X_3 + Y_3 = b \cdot \alpha_3 + (a - b - c) \cdot \beta_3$

集体成员（农民）：$\varphi_4 = X_4 + Y_4 = b \cdot \alpha_4 + (a - b - c) \cdot \beta_4$

第二节　数据来源与研究方法

一、数据来源与研究方法

（一）研究区域

本章以江苏省连云港市赣榆区为研究区域。赣榆区作为江苏省集体经营性建设用地入市改革省级试点，于 2020 年 7 月在全省率先完成首宗入市交易，并做到“交地即发证、发证即开工”等多方面创新；另外，赣榆区位于连云港市，2021 年，连云港市 GDP 在江苏全省 13 个市中位居第 12 位，属欠发达地区，以赣榆区为例可为全国大部分中西部地区提供借鉴。

（二）数据来源

截至 2022 年 3 月底，赣榆区集体经营性建设用地入市土地共计 55 宗，涉及 11 个乡镇，总成交价款达 4.8 亿元。综合考虑各乡镇交易案例的数量、交易潜力及调研结果等，本章选取了 6 个乡镇的 42 个交易案例，研究对象分别为柘汪镇、石桥镇、海头镇、塔山镇、城西镇和厉庄镇。

本章所用数据包含入市成交价格、初始价格、入市成本、初始价格分配比例和发展权增值分配比例。其中，入市成交价格指集体经营性建设用地通过出让、出租等方式直接入市的成交价款，数据来源于江苏省农村集体经营性建设用地网上交易系统和 2022 年 5 月份的实地调研；初始价格指在允许集体经营性建设用地直接入市政策出台以前，未通过直接入市方式进行流转的价格，数据来源于实地调研；入市成本指集体经营性建设用地直接入市过程中产生的总成本，数据来源于实地调研；初始价格分配比例指集体经营性建设用地初始价格在农民集体和集体成员（农民）间的分配，数据来源参照研究区土地征收中土地补偿费在农民集体和集体成员（农民）之间的分配比例；发展权增值分配比例按照各收益分配主体对发展权增值的贡献度进行划分，本章主要利用模糊综合评价法来确定收益分配主体的贡献度，进而计算政府、集体和成员之间的分配比例。

（三）研究方法

选用模糊综合评价法来确定收益分配主体的贡献度，它是一种利用模糊关系合成原理来定量化一些边界不清、不易定量的因素的方法（虞晓芬、傅玳，2004）。主要分为以下8个步骤，依次是：确定因素集、确定各因素权重、确定评语集、进行单因素评价、构造评价矩阵、确定综合评价结果、计算贡献度、计算发展权增值分配比例。

（1）确定因素集 $U=\{u_1,u_2,\cdots,u_n\}$，本研究中根据集体经营性建设用地入市增值收益的来源将因素集 U 确定为 $U=\{$用途性增值,投资性增值,供求性增值$\}$；

（2）确定各因素权重，利用熵权法和层次分析法确定因素集 U 中各因素的权重，得到权重 $A=\{a_1,a_2,\cdots,a_n\}$；

（3）确定评语集 $V=\{v_1,v_2,\cdots,v_m\}$，由于本研究提出按照“贡献度”的增值收益分配思路，因此将评语集 V 确定为 $=\{$无,较低,低,一般,较高,高$\}$，并将其量化为 $P=\{0,0.1,0,3,0.5,0.7,0.9\}$；

（4）进行单因素评价，通过专家打分法对单因素 u_k 进行评价得到 $r_i=\{r_{k1},r_{k2},\cdots,r_{km}\}$；

（5）构造综合评价矩阵 B，$B=\begin{bmatrix} r_{11} & r_{12} & \cdots & r_{1m} \\ r_{21} & r_{22} & \cdots & r_{2m} \\ \cdots & \cdots & \cdots & \cdots \\ r_{n1} & r_{n2} & \cdots & r_{nm} \end{bmatrix}$；

（6）确定综合评价结果 R，$R=A\cdot B$

（7）计算贡献度 g，$g=R\cdot P^T$

（8）计算发展权增值分配比例 β，对分配主体的贡献度 g 进行标准化，得到 β。

第三节　集体经营性建设用地入市增值收益分配优化

一、变量测算

根据本章建立的增值收益分配模型，首先需要测算调研乡镇入市的成交价格、初始价格和入市成本，然后综合运用模糊综合评价法、熵权法和层次分析法获取各收益分配主体发展权的增值收益分配比例。

（1）通过入市土地的成交价格和面积计算各宗入市土地单位面积价格，并取各乡镇单位面积土地的平均价格作为入市成交价格 a，通过座谈访问获取到研究区内集体经营性建设用地初始价格 b 和入市成本 c，具体结果如表 6－1 所示。

表 6－1　研究区集体经营性建设用地入市变量测算结果　单位：元/m^2

乡镇	入市成交价格 a	初始价格 b	入市成本 c
柘汪镇	270.71	90.52	54.34
石桥镇	279.07	54.22	45.99
海头镇	332.68	92.35	68.81
塔山镇	254.99	44.33	74.04
城西镇	275.46	48.60	118.57
厉庄镇	308.29	60.00	109.93

注：数据来源于课题组实地调研。下同。

（2）参照《连云港市征地补偿和被征地农民社会保障办法的通知》中提出的土地征收中土地补偿费在集体和农民间的分配比例，获取初始价格分配比例：

$\alpha_3 = 20\%$，$\alpha_4 = 80\%$

（3）本章利用模糊综合评价法确定发展权增值分配比例。首先要确定各因素权重，本研究运用熵权法和层次分析法综合确定。熵权法中对用途性增值、投资性增值和供求性增值各选取了 3 个评价指标。在进行指标选取时，为避免重复，应剔除相关性较强的指标，因此还需对各增值的指标进行相关性分析，若显著性 < 0.05，则相关性显著。经检验，各增值的评价指标不具显著相关性，通过检验，可进行下一步计算。评价指标及权重计算结果如表 6－2 所示。

表 6－2　　基于熵权法的评价指标及权重计算结果

评价指标		柘汪镇	石桥镇	海头镇	塔山镇	城西镇	厉庄镇	权重 1	权重 2
用途性增值	工矿仓储用途占比（%）	1.00	0.91	0.90	1.00	1.00	1.00	0.1863	0.4049
	"农转用"占比（%）	0.00	0.00	0.40	0.33	0.80	0.50	0.0885	
	平均入市土地面积（m^2）	76364	20331	58501	13790	20520	20484	0.1300	
	平均入市成本（元/m^2）	54.34	45.99	68.81	74.04	118.57	109.93	0.0960	
投资性增值	到国道的平均距离（km）	1.41	1.52	0.63	3.54	2.08	0.59	0.0839	0.2658
	地均营业面积 50 平方米以上的综合商店或超市（个/km^2）	0.44	1.84	1.01	1.76	1.28	1.74	0.0859	
供求性增值	成交均价（元/m^2）	270.71	279.07	332.68	254.99	275.46	308.29	0.1013	0.3293
	工业企业个数（个）	186.00	218.00	468.00	51.00	136.00	54.00	0.1248	
	入市土地宗数（宗）	3.00	11.00	10.00	9.00	5.00	4.00	0.1032	

对于判断矩阵，课题组按照"独立性、代表性、权威性"的原则，邀请了赣榆区自然资源和规划局、镇自然资源所和村干部中对入市状况较熟悉的 3 名专家，以及中国矿业大学、东北大学、安徽建筑工程大学、中国地质大学（武汉）对集体经营性建设用地入市研究较深的 4 名专家学者对各增值因素的贡献度进行打分，基于打分结果计算的指标权重如表 6－3 所示。

表 6-3　　基于层次分析法的指标权重

序号	用途性增值	投资性增值	供求性增值	CR
1	0.6806	0.1179	0.2014	0.0238
2	0.5390	0.2973	0.1638	0.0089
3	0.2519	0.5889	0.1593	0.0518
4	0.2828	0.0738	0.6434	0.0630
5	0.3338	0.1416	0.5247	0.0517
6	0.0909	0.4545	0.4545	0.0000
7	0.6853	0.2213	0.0934	0.0521
均值	0.4092	0.2708	0.3201	

由表 6-3 可以看出，CR 均小于 0.1，通过一致性检验。

接着，求取熵权法和层次分析法的平均值，计算结果如表 6-4 所示。

表 6-4　　指标权重计算结果

指标	用途性增值	投资性增值	供求性增值
熵权法结果	0.4049	0.2658	0.3293
层次分析法结果	0.4092	0.2708	0.3201
平均值	0.4070	0.2683	0.3247

然后，利用专家打分法对各增值收益来源进行评价。根据 7 位专家的评分结果构造评价矩阵。先求县级政府的贡献度，根据专家的评价结果，得出评价矩阵；再由指标权重计算结果乘以评价矩阵得出综合评价结果；最后利用综合评价结果乘以评语集的转置矩阵得出县级政府的贡献度。其中，由于本研究提出按照“贡献度”的增值收益分配思路，因此将评语集确定为 $V=\{$无,较低,低,一般,较高,高$\}$，并将其量化为 $P=\{0,0.1,0.3,0.5,0.7,0.9\}$（薄乐，2018）。

同理，以此求出乡镇集体、村集体和集体成员（农民）的贡献度；最后对各分配主体的贡献度大小进行标准化，得到发展权增值分配比例，计算结果如表 6-5 所示。

表 6-5 发展权增值分配比例

分配主体	区政府	镇集体	村集体	集体成员
贡献度	0.4026	0.2387	0.3164	0.2214
分配比例（%）	34.14	20.24	26.84	18.78

二、增值收益分配比例理论值测算

由初始价格 b 和初始价格分配比例 α，可得出初始价格分配情况；由入市成交价格 a、初始价格 b、入市成本 c，可得出发展权增值；由发展权增值和发展权增值分配比例 β，可得出发展权增值分配情况；由初始价格分配额 X 和发展权增值分配额 Y，可得出研究对象增值收益分配额及其比例。从理论结果来看，区政府的分配比例区间为（19.8%，26.3%），镇集体的分配比例区间为（11.7%，15.6%），村集体的分配比例区间为（23.9%，25.3%），集体成员的分配比例区间为（33.0%，44.4%）。其中区政府、镇集体和村集体在柘汪镇的分配中均占比最低，集体成员在柘汪镇的分配中占比最高，计算结果如表 6-6 所示。

表 6-6 研究对象增值收益分配比例（理论值） 单位：元/m²

研究对象	区政府		镇集体		村集体		集体成员	
	φ_1	比例（%）	φ_2	比例（%）	φ_3	比例（%）	φ_4	比例（%）
柘汪镇	42.97	19.86	25.47	11.77	51.88	23.98	96.05	44.39
石桥镇	61.06	26.20	36.20	15.53	58.85	25.25	76.97	33.02
海头镇	58.56	22.19	34.72	13.16	64.51	24.45	106.09	40.21
塔山镇	46.64	25.77	27.65	15.28	45.54	25.17	61.13	33.78
城西镇	36.97	23.56	21.92	13.97	38.79	24.72	59.22	37.74
厉庄镇	47.24	23.81	28.00	14.12	49.14	24.77	73.98	37.30
平均值		23.57		13.97		24.72		37.74

三、增值收益分配比例实际值测算

根据赣榆区集体经营性建设用地入市增值收益分配办法，结合入市成交价，可得出研究对象增值收益分配额及其比例。从实际结果来看，区政府的分配比例区间为（17.6%，25.2%），镇集体的分配比例区间为（28.6%，33.6%），村集体的分配比例区间为（45.4%，52.9%）。其中，区政府在石桥镇的分配中占比最低，镇集体在城西镇的分配中占比最低，村集体在石桥镇的分配中均占比最高，计算结果如表6－7所示。

表6－7　研究对象增值收益分配比例（实际值）　单位：元/m^2

研究对象	区政府		镇集体		村集体	
	分配额	比例（%）	分配额	比例（%）	分配额	比例（%）
柘汪镇	40.62	20.98	64.91	33.53	88.10	45.50
石桥镇	41.86	17.66	69.92	29.51	125.20	52.83
海头镇	49.90	20.03	79.16	31.78	120.06	48.19
塔山镇	38.25	20.33	54.29	28.85	95.63	50.82
城西镇	41.32	25.17	47.07	28.67	75.80	46.17
厉庄镇	46.24	22.82	59.51	29.37	96.85	47.80
平均值		21.17		30.28		48.55

四、结果对比分析

本节基于发展权视角从理论上计算了研究区集体经营性建设用地入市各主体增值收益分配比例，并根据赣榆区增值收益分配办法求出实际中各主体的增值收益分配比例，将两者进行对比，对比结果如表6－8所示。

表6－8　赣榆区集体经营性建设用地入市增值收益分配理论值与实际值对比

<table>
<tr><th>分配比例</th><th>区政府</th><th>镇集体</th><th>村集体</th><th>集体成员（农民）</th></tr>
<tr><td rowspan="2">优化值</td><td rowspan="2">23.57%</td><td rowspan="2">13.97%</td><td colspan="2">62.46%</td></tr>
<tr><td>24.72%</td><td>37.74%</td></tr>
<tr><td>实际值</td><td>21.17%</td><td>30.28%</td><td colspan="2">48.55%</td></tr>
</table>

注：优化后村集体获得的比例24.72%加上集体成员获得的比例37.74%为两者共同获得的比例62.46%。

通过以上对比可以看出：赣榆区现行增值收益分配办法中并未明确村集体和集体成员间的分配比例，而理论上两者间的分配比例清晰可见，分别为：村集体 24.72%、集体成员 37.47%；区政府的分配比例在实际中和理论上变化不大，但镇集体实际中的分配比例高出理论值 16.31%，明显偏高，且高出的这部分仅有一小部分来源于政府应得，绝大部分来源于村集体和集体成员应得，这在较大程度上牺牲了村集体和集体成员的利益。

本章小结

本章基于土地发展权理论提出按照利益主体对发展权实现的贡献度进行入市增值收益分配的思路，构建增值收益分配模型，并以江苏省赣榆区为例，综合运用模糊综合评价法、熵权法和层次分析法对赣榆区集体经营性建设用地入市增值收益分配比例进行了优化研究。结果表明，发展权量化后可以得到县级政府、镇集体、村集体和农民对入市发展权增值收益的实现程度，计算得到赣榆区入市增值收益分配的比例为：区政府 23.57%，镇集体 13.97%，村集体 24.72%，集体成员（农民）37.74%。而现实中镇集体的分配比例达到 30.28%，镇集体收益分配比例明显偏高。

第七章

基于合作博弈的集体经营性建设用地入市增值收益分配优化

集体经营性建设用地入市在当前政府主导下，各主体的增值收益分配比例还存在较大差异。理论上，应当搭建政府、集体和农民多方博弈的平台，给予多方公平合作的机会，通过改变博弈规则从而实现入市过程中增值收益分配的均衡。然而，实践中，主要是以政府主导下的村集体和农民协商入市过程，对于土地收益分配调节金的收取政府处于强势地位。农民集体之间增值收益分配方面，集体在政府的指导下拥有内部收益分配决策权，集体相对于农民处于强势地位。因此，三方之间是不均衡的博弈过程，在博弈规则上的不合理就会引发弱势群体对分配结果的质疑。

那么，如果将集体经营性建设用地入市假设成为公平公正的政府、集体和农民三方合作过程，通过赋予不同入市主体平等的博弈能力，严格按照各方对入市增值收益贡献度进行增值收益分配，其分配结果将如何？这一问题可以表达为通过合作博弈模型对入市增值收益分配进行优化的过程。此外，入市实践中直接入市和调整入市参与的主体并不一致，直接入市是以存量建设用地入市为主，入市主体主要以政府和集体为主，而调整入市涉及农地转为建设用地，入市主体涉及政府、集体和农民。那么，不同入市方式下如何优化增值收益分配？

鉴于此，本章基于 Shapley 值法的合作博弈模型，基于我国中部地区河南省长垣市集体经营性建设用地入市调研，在构建区间 Shapley 值法测算集体经营性建设用地入市增值收益分配比例的基础上，考虑了不同主体对于用途性增值、供求性增值和投资性增值的贡献度，对长垣市集体经营性建设用地入市增值收益分配进行了优化，并对比分析了增值收益现状与优化值。研究为进一步完善集体经营性建设用地入市增值收益理论体系、平衡利益主体关系和指导增值收益分配实践提供理论基础。

第一节 “合作贡献—博弈均衡”的增值收益分配理论框架

集体经营性建设用地入市离不开地方政府、村集体和农民的相互合作。因此，参考有关土地增值收益按贡献度分配、利益均衡分配等理论（张建等，2022；高静等，2011），本书构建了“合作贡献—博弈均衡”的增值收益分配理论框架（见图 7－1），分析入市主体组成不同的联盟相互合作，对增值收益产生贡献，作为利益主体参与收益分配的过程。而在收益分配中，相关主体又凭借自身贡献和能力进行博弈争取更多的收益分配额，最终在博弈规则、各主体的谈判能力和贡献度的影响下实现动态的利益均衡。

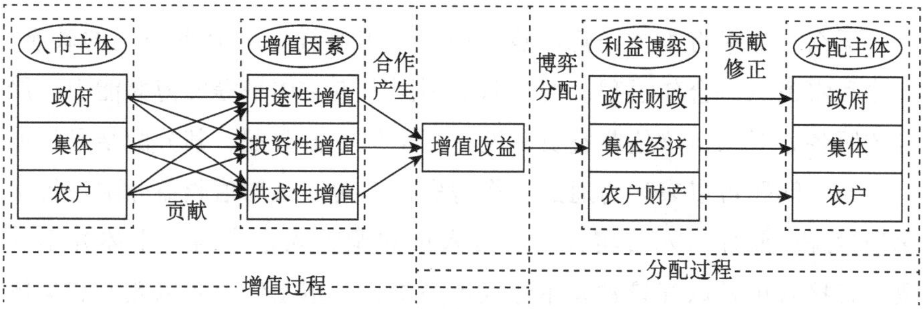

图 7－1 “合作贡献—博弈均衡”的增值收益分配理论框架

一、主体的合作与贡献

集体经营性建设用地的所有权主体是农民集体，但由于历史上形成的土地所有权归属于乡（镇）、村、组三级农民集体所有，要达成有效的集体“一致行动”面临很高的交易成本。因此，实践中多由地方政府统筹推进入市，形成政府主导①、集体协同、农民参与的入市格局（胡如梅、谭荣，2021）。入市过程中省、市政府统一制定入市实施办法，明确政府收益调节金征收比例。县（区）政府负责对入市地块是否符合规划条件、入市用途进行审批，提供合同签订和备案等公共服务（马翠萍，2022）。村集体制订入市计划，组织农民对入市的程序、收益分配办法进行民主决策。

推进入市过程中，除了遵循以上法定程序，部分地方政府还参与招商引资、协调不同土地产权主体的利益关系，甚至入股参与土地前期整治开发等过程（胡如梅、谭荣，2021）。因此，地方政府提供制度供给、规划审批、合同管理等服务带来入市用途性增值，参与土地前期开发投资对于投资性增值产生贡献。

村集体是直接的入市主体和组织者，入市过程中贡献了土地要素，牺牲了一段时间的开发收益，对于投资性增值产生贡献。对于无法直接入市的地块，村集体通过投资土地前期开发，提高入市地块价值，也会带来投资性增值。

农民长期在土地上劳作，土地价值中天然附加了人类劳动投入，因此农民贡献了投资性增值。调整入市过程中，农民的农用地转变为建设用地，农民失去了未来的农业收益和土地保障权，换来了入市土地的价值增值，对于用途性增值产生贡献。

二、博弈与收益分配的均衡

集体经营性建设用地入市中，政府、集体和农民是主要的利益主体，他们所获得的收益分配额取决于利益主体的博弈能力。现阶段，尽管村集体是法律上的入市主体，但入市地块的选择、用途和标准需要经地方政府规划审批，地方政府拥有较强的博弈能力。公共选择理论认为，政府决策为实现公共利益之外，政府官员也有“理性经济人”特

---

① 入市管理和参与收益分配的主体主要是区（县）、乡两级政府，试点期间省、市不参与调节金分成。

征，地方政府为增加财政收入，在增值收益分配上容易形成对农民集体的“挤压”态势（樊帆，2016）。当然，为防止政府与民争利，中央对地方政府增值收益调节金的征收比例限定在“20—50%”①。法律上将农民集体的同意权作为入市条件，设定了“本集体经济组织成员的村民会议三分之二以上成员或者三分之二以上村民代表的同意”作为入市前提条件②。因此，地方政府不能脱离集体开展入市，而必须要遵循村集体组织治理的法定程序，从而增强了集体入市过程中增值收益分配的博弈能力。入市增值收益分配的达成是利益主体组成的不同联盟相互博弈达成的一致均衡（曹昭煜、洪开荣，2015）。

入市增值收益的内部分配则涉及集体与农民之间的博弈。村集体希望将增值收益留存村集体经济发展基金，用于扩大生产再投资，或响应上级政府乡村振兴号召将收益金用于农村人居环境整治、民生保障支出等，以提高增值收益的配置效率。农民希望集体将增值收益直接分配到个人，以增加家庭财产性收入。

最终在合作与博弈下，各主体在增值收益分配中达到均衡，具体表现为：政府通过收益调节金增加财政收入，村集体留存大部分的增值收益金用于集体经济再投资和乡村振兴建设，在优先保障农户的土地补偿、安置补偿的基础上，村集体部分收益分配给农民。

第二节　研究数据与研究方法

一、研究区域与数据来源

本研究选择河南省长垣市为研究区域，主要原因在于：一是长垣市作为首批入市改革试点地区，有着较为活跃的集体经营性建设用地市

---

① 见2016年财政部、原国土资源部联合印发《农村集体经营性建设用地土地增值收益调节金征收使用管理暂行办法》。

② 见《中华人民共和国土地管理法》（2019年修订）第六十三条。

场。二是长垣市入市案例较多，且主要是以工业用地为主，入市案例样本选择可以一定程度上保证随机性。

研究数据来源于笔者和学生于2022—2024年对长垣市集体经营性建设用地入市进行的“追踪式”调研，获取了长垣市入市规则、入市状况、成交价款、入市成本和收益分配等相关数据资料。本章选择2018—2022年长垣市的南蒲街道办事处、丁栾镇、满村镇、恼里镇、樊相镇和赵堤镇6个乡镇出让的98宗工业用地作为研究对象。其中，直接入市61宗，调整入市37宗，以挂牌形式出让53宗，协议形式出让45宗，具体情况如表7－1所示。

表7－1　长垣市集体经营性建设用地入市案例描述性统计

乡镇	入市模式（宗）		出让方式（宗）		面积（亩）	总价款（万元）
	就地入市	调整入市	挂牌	协议		
南蒲街道	10	4	10	4	203.82	2761.09
丁栾镇	5	14	8	11	418.20	4694.74
满村镇	26	5	21	10	252.55	3665.72
恼里镇	14	3	12	5	183.52	2404.06
樊相镇	4	6	1	9	226.86	2311.75
赵堤镇	2	5	1	6	67.07	711.06
总计	61	37	53	45	1352.02	16548.42

选取长垣市6个乡镇是因为相较其他街道与乡镇，研究对象入市地块数量和成交价款占比更高，分别占长垣市入市总量的48.31%和51.67%。为保障研究的科学性与合理性，选择2018—2022年发生的入市案例，相应的成本和收益等价格量采用收益还原法统一还原到2020年时点。研究主要以长垣市工业用地入市样本为例，原因是工业用地入市案例较多，占比达到73%以上，便于提炼共性入市增值及其影响因素。入市改革试点地区公共服务用地或商业用地普遍较少，且受区位影响相对较大，案例具有特殊性，因此不在本研究的考虑范围。

二、基于贡献度修正的区间Shapley值法

集体经营性建设用地入市在不同主体参与下产生的收益并不一致，

体现出了合作收益大于“单干”收益的格局。不同入市主体参与下，产生的增值收益并不一致，从而体现出了不同主体对增值收益的贡献度，以此作为收益分配的依据。因此，研究使用 Shapley 值法对集体经营性建设用地入市增值收益分配进行优化。Shapley 值是一种基于合作博弈情境下用于确定经济活动中的收益合理分配的方法。在合作联盟中，使用集合 $I=\{i_1,i_2,i_3,\cdots,i_n\}$ 对参与入市收益分配的主体进行表述，则主体 i 的增值收益分配额为：

$$\varphi_i(v)=\sum_{S\subseteq I}W(|S|)[v(S)-v(S\backslash i)] \tag{7-1}$$

$$W(|S|)=\frac{(n-|S|)!\ (|S|-1)!}{n!} \tag{7-2}$$

其中，S 表示部分成员组成的联盟，$S\subseteq I$；$|S|$ 为联盟 S 中成员的个数；$v(S)$ 表示联盟子集 S 在博弈中获得的增值收益；$v(S\backslash i)$ 表示联盟中去掉成员 i 后取得的增值收益；$\varphi_i(v)$ 表示成员 i 在博弈中应当得到的增值收益；$W(|S|)$ 表示成员的贡献度。

通过核算发现，集体经营性建设用地入市的增值收益受各种因素影响存在一定的浮动性，而普通 Shapley 值具有唯一值的特性，为了更好地反映增值的浮动，需要使用区间数计算 Shapley 值。在区间 Shapley 值中 $\varphi_i(v)$ 不再是准确值而是一个区间数，可以表示为 $\varphi_i(v)=[\varphi_i^-(v),\varphi_i^+(v)]$，$\varphi_i^-(v)$ 和 $\varphi_i^+(v)$ 分别代表主体 i 获得增值收益的下限与上限。

其中：$\varphi_i^-(v)=\sum_{S\subseteq I}W(|S|)[v^-(S)-v^-(S\backslash i)]$

$$\varphi_i^+(v)=\sum_{S\subseteq I}W(|S|)[v^+(S)-v^+(S\backslash i)]$$

另外，公式（7－2）建立的基础分配模型中体现了 Shapley 值法中参与主体的平等性，假设了集体经营性建设用地入市过程中政府、集体、农民等对增值收益的贡献度一致（余慕溪，2019；苑韶峰等，2021）。而在现实中可能存在差异。因而，需要计算出各主体对入市土地增值贡献度的影响。

参考张建等（2022）的研究，根据不同主体对集体经营性建设用地入市中用途性增值、供求性增值和投资性增值的贡献程度，使用层次分析法通过构建相应判别矩阵，依次对三类增值在整体增值的占比、各主体对三类增值的贡献度进行测算。最终将两次评价结果进行交乘可获得三个入市主体对增值收益的贡献度，可表示为矩阵形式：$W_A = \{W_{A1}, W_{A2}, W_{A3}\}^T$

利用贡献度获得主体的修正系数 $\Delta w_{Ai} = w_{Ai} - \frac{1}{3}$，进而计算各主体应得增值收益的修正量为 $\Delta v(i) = v(S) \times \Delta w_{Ai}$，最终可得到各主体的优化增值收益分配额：$\varphi_i(v)^* = \varphi_i(v) + \Delta v(i)$

这种优化方法既能反映主体间的合作博弈关系，又参考了入市主体的贡献度和增值收益的浮动性，能较好对集体经营性建设用地入市增值收益分配进行优化。

第三节　集体经营性建设用地入市增值收益测算方法

首先根据调查地块的入市价格和成本情况核算增值收益，加总平均后可以计算出乡镇层面的集体经营性建设用地入市平均增值收益。采取"成本—收益"分析法核算每一宗入市地块的增值收益情况，计算公式如下：

$$K_{it} = R_{it} - C_{it} \tag{7-3}$$

其中，K_{it}代表地块 i 在时期 t 的增值收益；R_{it}和 C_{it}分别代表入市地块 i 在时期 t 的总收益与总成本。为了保证不同地块的可比性，在计算过程中使用 5.5% 的土地还原率①将收益和成本统一折算到 2020 年 1 月 1 日②。

一、直接入市增值收益测算

直接入市以存量建设用地为主，参与收益分配的主体包括集体与政

① 通过安全利率加风险调整值法确定，安全利率为 2019 年一年期银行定期存款利率 1.5%。根据估价规程，风险调整值应根据估价对象所处地区的社会经济发展和土地市场等状况对其影响程度而确定，一般取值空间为［3%，5%］，这里取平均值 4%。

② 研究样本入市试点分布在 2018—2022 年，为保障可比性取中间时点。

府[①]。在收益上，政府和集体收益均来源于入市地块成交价款，政府按照一定比例提取收益调节金后剩余收益归集体所有。在成本上，直接入市的成本包括土地取得成本、土地开发成本、土地管理成本等。因此在直接入市中，增值收益的计算公式为：

$$K_1 = P - AC - DC - MC \tag{7-4}$$

公式（7－4）中，K_1 为直接入市的增值收益；P 是入市土地最终成交的总价格；AC 为土地取得成本；DC 为土地开发成本；MC 为土地管理成本[②]。

土地取得成本（AC）主要为历史上农用地转为存量建设用地的成本。由于存量建设用地取得时间较早，许多成本难以调查清楚，参考《农村集体经营性建设用地土地增值收益调节金征收使用管理暂行办法》，按照入市地块转为建设用地时的土地征收标准进行计算，采用收益还原法还原到2020年。土地取得成本（AC）的计算公式为：

$$AC = A \times (1 + r)^{\Delta t} \tag{7-5}$$

公式（7－5）中，A 为入市地块转为建设用地时的土地征收价格；由入市地块调查得到，r 代表收益还原率；Δt 代表地块出让时点与地块转为建设用地的时间间隔。

土地开发成本（DC）主要是前期土地进行基础设施建设达到入市标准的成本投入。土地管理成本（MC）是入市过程中推动项目实施所需的管理性和服务性工作的支出，包括土地出让业务费、方案编制费[③]。因此，土地开发成本（DC）、土地管理成本（MC）的计算公式分别为：

$$DC = \partial_1 \tag{7-6}$$

$$MC = P \cdot \theta + \beta_1 \tag{7-7}$$

---

① 直接入市中政府主要是指县级以下政府。

② 按照试点地区入市流程，入市前期需要政府对入市地块规划条件、产权归属、用途等进行合法合规性审查，集体单独组织的入市也需要按照要求向政府报备，由此需要一定的管理费用。

③ 土地出让业务费包括评估费和测绘费，评估费是指入市过程中对地上附着物进行评估的费用支出，测绘费是指测绘部门对入市地块实地勘测定界费用。方案编制费用是指入市报备前编制入市方案、审查入市合法性的相关费用。

公式（7－6）、公式（7－7）中，∂_1 为土地进行“三通一平”“五通一平”的基础设施开发成本，一般而言城镇开发边界内要求的开发水平较高，为“五通一平”，其他为“三通一平”。$P \cdot \theta$ 代表土地出让业务费，按照土地成交价格乘以相应的收费标准①，β_1 是入市方案编制费用②。

二、调整入市增值收益测算

调整入市是将零散的存量建设用地进行复垦（以下称复垦区）生成建设用地指标，通过增减挂钩的方式将指标落在其他农用地（以下称落地区），将其转变为建设用地，从而实现了用途置换。因此，调整入市涉及政府、集体和农民三个主体③。

调整入市的增值有两部分，一部分是落地区农用地转为建设用地后入市的增值收益，另一部分是复垦区指标交易产生的增值收益。落地区集体经营性建设用地入市产生的增值收益为入市总价减去土地取得成本、土地开发成本和土地管理成本。复垦区产生的增值收益主要是指标交易费用减去复垦地块成本（即耕地开垦费）。调整入市增值收益的计算公式可以表达为：

$$K_2 = P + TP - AC - DC - MC - RC \tag{7-8}$$

公式（7－8）中，K_2 是调整入市中整体的增值收益，P 是入市土地成交价格，TP 是农转用指标费④，AC 是土地取得成本，DC 为土地开发成本，MC 为土地管理成本，RC 是土地复垦成本。其中，土地复垦成本（RC）根据耕地开（复）垦费进行确定，土地取得成本（AC）则包括被占用耕地的农户的土地补偿费和安置补偿费，与相应的青苗补偿，前两项通过征收农用地区片综合地价计算得到。上述分析中的总收

---

① 长垣市集体经营性建设用地出让中参考《河南省土地评估收费参考标准》（豫土估协文04号），实行分段累进制计算。

② 根据长垣市入市调查得到，一般单宗地为1万—2万元。

③ 这里的集体和农民主要是指落地区的集体和农民。

④ 农转用指标费也称为耕地占用指标费，由获得土地使用权的经营主体承担，故而将其计入入市总价中。

益成本情况如表7-2所示。

表7-2 变量统计性描述

	变量名	变量值（万元/亩）	说明
收益（R）	入市土地成交价款（P）	8.4—16.1	根据调研与搜集公共资源交易平台公开信息得到
	农转用指标费（TP）	11	长垣市参照国有建设用地标准对农转用收取的费用，由用地主体额外缴纳，存在于调整入市的情况
成本（C）	土地取得成本（AC）	2.3—2.7	根据入市地块转为建设用地年份的土地征收标准按照收益还原率折算
	土地开发成本（DC）	3.15—3.9	土地前期开发建设投入①
	土地管理成本（MC）	0.2—0.25	包括土地出让业务费以及方案编制费等②
	耕地复垦成本（RC）	0.75—0.85	根据耕地开垦费征收标准确定③
	农业机会成本（PC）	3.16	被占地农户因指标落地而无法从事农业生产损失的机会成本④

注：①长垣市一级和二级土地开发程度按照“五通一平”的标准，平均价格在5.3万元/亩，三级到六级土地开发程度按照“三通一平”的标准，平均价格在3万元/亩。

②河南省土地出让业务费根据土地价格总额实行分段累进制，土地价格总额在100万元以下（含100万元）按千分之四收取，101万—200万元部分按千分之三收取，201万—1000万元部分按千分之二收取。

③河南省农业建设项目占用耕地的，耕地开垦费按10—14元/平方米收取，其中，占用望天田的按10元/平方米收取，占用旱地的按12元/平方米收取，占用水浇地、灌溉水田、菜地的按14元/平方米收取。

④根据当地平均的农地流转价格每亩地1200元/年（杨阳，2020），按照每五年上调50元的标准，使用收益还原法折算为出让年期50年的收益。

第四节 集体经营性建设用地入市增值收益分配现状

如前所述，长垣市集体经营性建设用地入市分为就地入市和调整入市，两种入市模式在收益分配上主要差异在于“农户是否直接参与分配”。接下来，将采用长垣市的入市调查数据分别对这两种方式下的“收益—成本”构成和增值收益进行详细测算。

一、总收益分配情况

长垣市在实践中以总收益作为依据划分集体经营性建设用地入市收益，针对工业用地，政府按照5%的比例提取收益调节金，剩余分给集体。调整入市中，政府除了获得收益调节金，还收取农转用指标费，部分农转用指标费需要支付给复垦区集体，作为耕地复垦费用。调整入市需要占用落地区农民的耕地，也需要给予农民补偿，这部分补偿一般是政府从农转用指标费中统一支付。当把农民作为共同的收益分配主体时，这部分补偿就可以看作农民的入市收益。通过测算，得到研究区集体经营性建设用地入市收益分配情况，如表7－3所示。

表7－3　　长垣市集体经营性建设用地入市收益分配情况

乡镇	直接入市（万元/亩）			调整入市（万元/亩）			
	政府	集体	总计	政府	集体	农户	总计
南蒲街道	0.7	13.38	14.08	8.19	9.39	5.95	23.53
丁栾镇	0.59	11.19	11.78	8.61	8.64	5.65	22.9
满村镇	0.75	14.17	14.92	8.88	8.49	5.83	23.2
恼里镇	0.62	11.75	12.37	9.04	7.83	5.95	22.83
樊相镇	0.51	9.67	10.18	8.93	7.52	5.88	22.32
赵堤镇	0.5	9.58	10.09	8.91	8.25	5.84	23.01
平均	0.67	12.8	13.47	8.73	8.40	5.80	22.92

表7－3显示，直接入市模式下政府获得的入市平均收益为0.67万元/亩，集体获得的入市平均收益为12.80万元/亩；调整入市政府获得的入市平均收益为8.73万元/亩，集体获得的入市平均收益为8.40万元/亩，农户获得的入市收益平均为5.80万元/亩。通过对比两种入市模式的收益分配，发现相对直接入市，调整入市的总收益更高，这是因

为其收益包含了购买农用地转用为建设用地的指标费用。通过对比不同乡镇的收益情况发现，南蒲街道和满村镇的总收益均高于平均水平，这可能是因为南蒲街道和满村镇的城镇化水平更高，建设用地需求相对大，入市价格相对更高。综上可得，直接入市中的收益分配比例为政府：集体 =5%：95%，调整入市的收益分配比例为政府：集体：农户 = 38%：37%：25%。

二、入市成本分担情况

在计算出不同入市总成本的基础上，将入市成本在不同入市模式下分担到不同入市主体。直接入市模式下政府的成本是其承担的部分土地开发成本（DC_g）[①] 和土地管理成本（MC），集体的成本包括其承担的部分土地开发成本（DC_c）和土地取得成本（AC）。调整入市下，政府的成本不仅包括土地开发成本[②]（DC_g）和土地管理成本（MC），还包括因土地调整而产生的土地复垦成本（RC）。集体组织的成本包括土地开发成本（DC_c）和土地取得成本（AC）。农户的成本包括其承担的土地开发成本（DC_f）与农业机会成本（PC），即农户此前对土地的投入和因农地转用丧失的进行农业生产获取收益的机会。

表 7 - 4 显示，直接入市模式下政府的平均成本为 1.53 万元/亩，集体的成本为 3.86 万元/亩。对比发现，直接入市中政府入市成本高于入市收益，出现“倒挂”现象，主要是因为政府为推动入市改革，主动承担了部分入市成本，如管理成本，这部分由财政支出。调整入市模式下政府的平均成本为 2.83 万元/亩，集体的平均成本为 3.40 万元/亩，农户的平均成本为 4.35 万元/亩。调整入市需要承担开垦区土地开垦费，成本显著高于直接入市。

---

① 长垣市的直接入市中一般为现状存量建设用地，不需要再整治开发，所以考虑的是达到现状“三通一平”或“五通一平”的成本。土地开发成本既有取得土地时集体的土地开发投入，同时受到政府城镇开发价值的影响，所以将这部分成本平均分担到政府和集体。

② 调整入市下，因政府、集体和农民都是入市增值收益分配主体，假设他们各承担三分之一的土地开发成本。

表 7-4　　长垣市集体经营性建设用地入市成本分担情况

乡镇	直接入市（万元/亩）			调整入市（万元/亩）			
	政府	集体	总计	政府	集体	农户	总计
南蒲街道	1.54	4.00	5.54	2.46	3.43	4.02	9.91
丁栾镇	1.66	3.86	5.51	2.35	3.43	4.28	10.06
满村镇	1.53	4.00	5.52	2.38	3.50	4.42	10.30
恼里镇	1.42	3.45	4.87	2.41	3.37	4.53	10.31
樊相镇	1.65	3.94	5.59	2.38	3.34	4.48	10.19
赵堤镇	1.66	4.00	5.66	2.37	3.32	4.45	10.14
平均	1.53	3.86	5.39	2.38	3.40	4.35	10.13

三、增值收益测算情况

结合表 7-3 和表 7-4，在厘清不同入市模式下各主体入市收益和成本的基础上，使用“成本—收益”分析法对长垣市集体经营性建设用地入市增值收益进行核算，具体结果如表 7-5 所示。

表 7-5　　长垣市集体经营性建设用地入市增值收益

乡镇	直接入市（万元/亩）			调整入市（万元/亩）			
	政府	集体	总计	政府	集体	农户	总计
南蒲街道	-0.84	9.38	8.55	5.73	5.96	1.94	13.63
丁栾镇	-1.07	7.33	6.26	6.26	5.20	1.38	12.84
满村镇	-0.78	10.17	9.39	6.50	4.99	1.41	12.90
恼里镇	-0.80	8.30	7.50	6.63	4.46	1.42	12.51
樊相镇	-1.14	5.73	4.59	6.54	4.18	1.40	12.13
赵堤镇	-1.16	5.58	4.43	6.54	4.93	1.39	12.87
平均	-0.85	8.94	8.08	6.35	4.99	1.45	12.80

表 7-5 显示，直接入市模式下的平均增值收益为 8.08 万元/亩，调整入市模式的平均增值收益为 12.80 万元/亩，造成差异的主要原因是政府在调整入市时收取了农地转变成建设用地的指标费，在支付完占用农户耕地补偿以及土地复垦费用后能够得到结余。在直接入市中，樊相镇和赵堤镇的总收益低于其他乡镇，同时入市成本相对较高，增值收

益相对较少。直接入市中政府的入市成本高于入市收益，增值收益为负数，原因是政府征收的入市收益无法完全覆盖其承担的成本支出。直接入市中的增值收益比为政府：集体 = -11%：111%；调整入市中的增值收益分配比例为政府：集体：农户 = 50%：39%：11%。可见，调整入市中政府获得最高的增值收益分配比例。

第五节　集体经营性建设用地入市增值收益分配优化

长垣市集体经营性建设用地入市以直接入市与调整入市为主，直接入市中相关的利益主体包括政府（i_g）与集体（i_c），而在调整入市中还包括农户主体（i_f）。下面对两种入市模式各自存在的合作联盟进行分析。

一、基于区间 Shapley 值法的入市增值收益分配优化

（一）直接入市情景下入市联盟及其收益

直接入市情境下，可划分为单方参与和双方参与形成的合作联盟。单方参与形成的联盟是仅有集体参与的情况 $\{i_c\}$，代表集体将存量建设用地出让给企业使用，增值收益 $v(i_c) = P_1 - AC - DC_c - MC$。其中 P_1 为集体单独参与入市的收益[①]；AC 是土地的历史取得成本；DC_c 为农村集体对土地的前期开发投资成本；MC 是土地入市的管理成本。政府单独组织入市的联盟为 $\{i_g\}$，由于入市土地所有权归集体所有，政府无法单独参与入市，对应的增值收益为0。其中，集体单方交易土地价格的计算公式如下：

$$P_1 = \frac{p}{r}\left[1 - \frac{1}{(1+r)^n}\right] \tag{7-9}$$

---

① 根据调研入市改革前集体土地以租赁形式组织的入市近似替代，采用收益还原法还原为基准点（2020 年 1 月 1 日）可比的价格。

公式（7－9）中，P_1 是集体单方交易土地价格；p 为土地租赁收益；r 是土地的还原利率；n 是土地入市的年限。

政府与集体合作的合作联盟为 $\{i_g, i_c\}$，增值收益 $v(i_c, i_g) = P_2 - AC - DC_{cg} - MC$。其中，$P_2$ 为出让收益；AC 是土地取得成本；DC_{cg} 为集体和政府共同对土地开发进行的投入，一般而言 $DC_{cg} > DC_c$ ①。政府与集体合作同样需要付出一定的管理成本，假设与集体入市一致。相对于集体单独主导的入市，政府参与入市后通过招商引资、增加投资从而更有利于土地价值增值，因此一般而言 $P_2 > P_1$。

1. 集体的增值收益

集体经营性建设用地属于村集体所有，村集体能单独组织入市，也可与政府合作入市，使用 Shapley 值法可确定在单独与合作情形下集体应当获得的合理增值收益额。集体的增值收益分配额如表 7－6 所示。当参与方只有集体时，则联盟 $S = \{i_c\}$，此时 S 的收益即为集体的增值收益，即 $v(S) = v(i_c)$，成员的贡献率为 $W(|S|) = 1/2$；当集体与政府合作，共同参与入市过程，则联盟 $S = \{i_c, i_g\}$，此时联盟 S 的收益即为集体和政府合作时的增值收益 $v(S) = v(i_c, i_g)$，成员的贡献率为 $W(|S|) = 1/2$，两种情况下没有集体参与入市的增值收益均为 0。此时，在合作博弈下集体的增值收益为：$\varphi_c = 1/2v(i_c) + 1/2v(i_c, i_g) = 1/2(P_1 + P_2) - 1/2(DC_c + DC_{cg}) - AC - MC$

表 7－6　　直接入市过程中集体获得的土地增值收益分配表

内容	意义	$S = \{i_c\}$	$S = \{i_c, i_g\}$
$v(S)$	在博弈中可获得最多的增值收益	$P_1 - AC - DC_c - MC$	$P_2 - AC - DC_{cg} - MC$
$v(S \backslash i_c)$	去除集体可获得的增值收益	0	0
$v(S) - v(S \backslash i_c)$	集体对联盟的贡献	$P_1 - AC - DC_c - MC$	$P_2 - AC - DC_{cg} - MC$
$W(\|S\|)$	贡献率	1/2	1/2

① 一般而言，政府为提高入市增值收益，会提高入市地块开发程度，如整合不同入市地块推进规模化入市，目的是更好地提供入市条件，吸引实力较为雄厚的企业从事生产经营活动。

续表

内容	意义	$S=\{i_c\}$	$S=\{i_c,i_g\}$
$W(\|S\|)[v(S)-v(S\backslash i_c)]$	成员的收益	$1/2(P_1-AC-DC_c-MC)$	$1/2(P_2-AC-DC_{cg}-MC)$

2. 政府的增值收益

同理可计算出政府获得的增值收益，政府获得的增值收益分配额如表7-7所示。与集体不同的是，政府无法单独组织入市，当参与方只有政府时联盟 $S=\{i_g\}$，此时 S 的收益即为政府的增值收益，因此 $v(s)=v(i_g)=0$。当政府和集体合作时联盟 $S=\{i_c,i_g\}$。$v(S\backslash i_g)$ 代表合作中除去政府可获得的增值收益，因而 $v(S)-v(S\backslash i_g)$ 为政府对增值收益的贡献，此时 $W(|S|)=1/2$，因此在合作博弈下政府的增值收益为 $\varphi_g=1/2v(i_c,i_g)-1/2v(i_c)=1/2(P_2-P_1-DC_{cg}+DC_c)$

表7-7　　直接入市过程中政府获得的土地增值收益分配表

内容	意义	$S=\{i_c\}$	$S=\{i_c,i_g\}$
$v(S)$	在博弈中联盟可获得最多的增值收益	0	$P_2-AC-DC_{cg}-MC$
$v(S\backslash i_g)$	去除政府可获得的增值收益	0	$P_1-AC-DC_c-MC$
$v(S)-v(S\backslash i_g)$	政府对联盟收益的贡献	0	$P_2-P_1-DC_{cg}+DC_c$
$W(\|S\|)$	贡献率	1/2	1/2
$W(\|S\|)[v(S)-v(S\backslash i_g)]$	成员的收益	0	$1/2(P_2-P_1-DC_{cg}+DC_c)$

（二）调整入市情景下入市联盟及其收益

调整入市情境下，可划分为双方参与和三方参与形成的合作联盟。调整入市由于涉及农用地转为建设用地，农用地一般为农户承包地，因此在没有农户参与的情况下，政府与集体均无法单独参与调整入市，政府和集体形成联盟 $\{i_g,i_c\}$，增值收益为0。另外，政府不会违反法定程序，越过集体和个别农户合作，政府与农民形成的联盟 $\{i_g, i_f\}$ 的增值收益也为0。因此，双方参与的情况仅包括农户与集体形成的合作联盟 $\{i_f, i_c\}$，增值收益 $v(i_f, i_c) = P_1 - AC - DC_{cf} - MC$。其中 DC_{cf} 为集体和农户承担的土地开发成本，是除政府进行的基础设施建设投入以外的所有土地开发成本。

调整入市中，政府、集体和农民三方参与形成的合作联盟的增值收益 $v(i_f, i_c, i_g) = P_2 + TP - AC - DC_{cfg} - MC - RC - PC$。其中，$TP$ 为购买"农转用"指标的费用①；DC_{cfg} 为土地开发成本，一般而言 $DC_{cfg} > DC_{cf}$；RC 是土地复垦成本；AC 是落地区被占地农户的补偿。调整入市模式下集体和政府的 Shapley 值测算如表 7－8、表 7－9 和表 7－10 所示，φ_f、φ_c 和 φ_g 分别表示为农民、集体和政府应得的增值收益。

1. 农户获得的增值收益

调整入市中单一主体无法完成入市，因此当参与方仅有农户时 $v(S) = v(i_f) = 0$，农户无法获得增值收益。政府不会越过集体与农户单独进行合作，当 $S = \{i_f, i_g\}$ 时，$v(S) = v(i_f, i_g) = 0$。农户仅能在与集体合作的过程中获得增值收益，即只有 $S = \{i_f, i_c\}$，$S = \{i_f, i_c, i_g\}$ 两种联盟能够产生增值收益。而这两种联盟组合对于增值收益产生的贡献率 $W(|s|)$ 分别为 1/6 和 1/3。因此，农户的增值收益为 $\varphi_f = 1/6v(i_f, i_c) + 1/3v(i_f, i_c, i_g) = 1/6P_1 + 1/3(P_2 + TP - DC_{cfg}) - 1/2(AC + MC + RC + PC) - 1/6DC_{cf}$。农户获得的增值收益分配表如表 7－8 所示。

表 7－8　　调整入市中农户获得的土地增值收益分配表

内容	意义	$S=\{i_f\}$	$S=\{i_f, i_c\}$	$S=\{i_f, i_g\}$	$S=\{i_f, i_c, i_g\}$
$v(S)$	在博弈中可获得最多的增值收益	0	$P_1 - AC - DC_{cf} - MC - RC - PC$	0	$P_2 + TP - AC - DC_{cfg} - MC - RC - PC$

① 调整入市涉及指标区农地转为建设用地，长垣市按照"农转用"规定，需要缴纳一定的土地指标费。

续表

内容	意义	$S=\{i_f\}$	$S=\{i_f,i_c\}$	$S=\{i_f,i_g\}$	$S=\{i_f,i_c,i_g\}$
$v(S\backslash i_f)$	去除农户可获得的增值收益	0	0	0	0
$v(S)-v(S\backslash i_f)$	农户对联盟的贡献	0	$P_1-AC-DC_{cf}-MC-RC-PC$	0	$P_2+TP-AC-DC_{cfg}-MC-RC-PC$
$W(\|S\|)$	贡献率	1/3	1/6	1/6	1/3
$W(\|S\|)[v(s)-v(S\backslash i_f)]$	成员的收益	0	$1/6(P_1-AC-DC_{cf}-MC-RC-PC)$	0	$1/3(P_2+TP-AC-DC_{cfg}-MC-RC-PC)$

2\. 集体获得的增值收益

在调整入市中集体无法脱离农户单独参与入市，也无法脱离农户仅与政府合作入市，需要与农户合作入市。同理，可计算出集体获得的增值收益额，如表 7 - 9 所示。集体获得的增值收益为：

$$\varphi_c=1/6v(i_c,i_f)+1/3v(i_f,i_c,i_g)=1/6P_1+1/3(P_2+TP-DC_{cfg})-1/2(AC+MC+RC+PC)-1/6DC_{cf}$$

表 7 - 9　　集体的土地增值收益分配表

内容	意义	$S=\{i_c\}$	$S=\{i_c,i_f\}$	$S=\{i_c,i_g\}$	$S=\{i_f,i_c,i_g\}$
$v(S)$	在博弈中可获得最多的增值收益	0	$P_1-AC-DC_{cf}-MC-RC-PC$	0	$P_2+TP-AC-DC_{cfg}-MC-RC-PC$
$v(S\backslash i_c)$	去除集体可获得的增值收益	0	0	0	0
$v(S)-v(S\backslash i_c)$	集体对联盟的贡献	0	$P_1-AC-DC_{cf}-MC-RC-PC$	0	$P_2+TP-AC-DC_{cfg}-MC-RC-PC$
$W(\|S\|)$	贡献率	1/3	1/6	1/6	1/3
$W(\|S\|)[v(s)-v(S\backslash i_c)]$	成员的收益	0	$1/6(P_1-AC-DC_{cf}-MC-RC-PC)$	0	$1/3(P_2+TP-AC-DC_{cfg}-MC-RC-PC)$

3. 政府获得的增值收益

调整入市中政府不可单独入市，也不能单独与农户或集体进行双方合作，只有在政府、农户、集体共同合作的情境下才可入市并获得增值收益。因而，只有在 $S=\{i_f,i_c,i_g\}$ 的联盟中，$v(S)\neq 0$。去除政府的联盟增值收益为 $v(S\setminus i_g)=v(i_c,i_f)$，政府对联盟的贡献表示为 $v(S)-v(S\setminus i_g)=v(i_f,i_c,i_g)-v(i_c,i_f)$。此时成员的贡献率分别为 $W(|S|)=1/3$。因此政府的增值收益为 $\varphi_g=1/3v(i_f,i_c,i_g)-1/3v(i_c,i_f)=1/3(P_2+TP+DC_{cf}-P_1-DC_{cfg})$。政府的土地增值收益分配表如表 7-10 所示。

表 7-10　政府获得的土地增值收益分配表

内容	意义	$S=\{i_g\}$	$S=\{i_g,i_f\}$	$S=\{i_g,i_c\}$	$S=\{i_f,i_c,i_g\}$
$v(S)$	在博弈中可获得最多的增值收益	0	0	0	$P_2+TP-AC-DC_{cfg}-MC-RC-PC$
$v(S\setminus i_g)$	去除政府可获得的增值收益	0	0	0	$P_1-AC-DC_{cf}-MC-RC-PC$
$v(S)-v(s\setminus i_g)$	政府对联盟的贡献	0	0	0	$P_2+TP+DC_{cf}-P_1-DC_{cfg}$
$W(\|S\|)$	贡献率	1/3	1/6	1/6	1/3
$W(\|S\|)[v(S)-v(S\setminus i_g)]$	成员的收益	0	0	0	$1/3(P_2+TP+DC_{cf}-P_1-DC_{cfg})$

根据上述内容，结合区间数的运算方法①，计算出直接入市和调整入市各主体的优化增值收益额，表 7-11 展示了基于区间 Shapley 值法的直接入市中政府和集体的增值收益分配优化结果。结果表明，直接入市中政府应获得增值收益额在 0.34—0.99 万元/亩，占总增值的比例在 8.93%—11.89%。集体应获得增值收益额在 4.05—9.57 万元/亩，占总增值的比例在 88.11%—91.07%。

① 收益分配比例由区间的中位数进行计算。

表 7－11　　基于区间 Shapley 值法的直接入市增值收益分配优化

乡镇（街道）	政府（万元/亩）	集体（万元/亩）	比例（%）
南蒲街道	[0.70，0.82]	[5.61，7.45]	10.4：89.6
丁栾镇	[0.68，0.71]	[5.03，6.49]	10.77：89.23
满村镇	[0.53，1.18]	[4.63，9.57]	10.72：89.28
恼里镇	[0.98，0.99]	[7.27，7.30]	11.89：88.11
樊相镇	[0.34，0.52]	[3.49，5.13]	9.03：90.97
赵堤镇	[0.38，0.41]	[4.01，4.05]	8.93：91.07

表 7－12 展示了基于区间 Shapley 值法的调整入市中政府、集体和农民的增值收益分配优化值。结果表明，政府应获得的增值收益比例为 8.27%—9.87%。集体应获得的增值收益比例为 45.06%—45.87%，与农民获得的增值收益分配比例一致。

表 7－12　　基于区间 Shapley 值法的调整入市增值收益分配优化

乡镇（街道）	政府（万元/亩）	集体（万元/亩）	农户（万元/亩）	比例（%）
南蒲街道	[1.09，1.3]	[4.52，6.39]	[4.52，6.39]	9.87：45.06：45.06
丁栾镇	[1.05，1.21]	[5.34，6.65]	[5.34，6.65]	8.61：45.69：45.69
满村镇	[1.01，1.18]	[4.84，6.26]	[4.84，6.26]	8.98：45.51：45.51
恼里镇	[1.02，1.1]	[5.35，5.91]	[5.35，5.91]	8.60：45.70：45.70
樊相镇	[0.99，1.11]	[5.71，5.94]	[5.71，5.94]	8.27：45.87：45.87
赵堤镇	[1.04，1.23]	[5.21，6.78]	[5.21，6.78]	8.65：45.68：45.68

表 7－11 和表 7－12 的增值收益分配优化值是以不同入市联盟中主体对增值收益的贡献度一致得到的（即不同联盟中 $W(|S|)$ 的权重一致），实践中可能会存在差异。因此，接下来将考虑不同主体对入市投资性增值、供求性增值和用途性增值的贡献度差异，采用专家打分法和层次分析法对入市贡献度进行量化，对区间 Shapley 值法做出修正。

二、入市主体对增值收益贡献度测算

本书使用专家打分法和层次分析法确定利益主体对增值收益的贡献度，判别矩阵的标度设定为 1—5，标度 1 代表两者同等重要，数值越大，说明一方相对另一方的重要程度更深，邀请来自参与长垣市入市政策制定的 3 名政府工作人员以及浙江大学、南京农业大学、中国矿业大学与中国地质大学（武汉）的 4 名专家学者进行打分，利用和积法计算权重。

（一）不同因素对增值的贡献度测算

首先对集体经营性建设用地入市用途性、供求性和投资性因素对增值的贡献度进行分析，所有计算结果 CR < 0.1，均通过一致性检验。

表 7 - 13 汇报了长垣市集体经营性建设用地入市不同因素对增值的贡献度，集体入市土地发生增值的主导因素是用途性增值，其次是供求性增值和投资性增值，这与既有研究结论保持一致。两种入市模式的增值因素来源存在一定差异，直接入市模式受供求性增值的影响程度略高于调整入市，受投资性增值和用途性增值的影响小于调整入市。直接入市的土地是存量建设用地，在过去已经进行了一定程度开发，所在区域用地需求较大，因而供求性增值影响相对更高。而调整入市涉及“农转用”“土地开（复）垦”，需要进行的投资相对更多，用途转变的程度相对更大，因而投资性增值和用途性增值相对更高。

表 7 - 13　长垣市集体经营性建设用地入市不同因素对增值的贡献度

入市模式	供求性增值（%）	投资性增值（%）	用途性增值（%）
直接入市	29.75	16.25	53.99
调整入市	20.89	20.81	58.30

（二）不同入市主体对增值贡献度测算

本书使用同样的方法，对政府、集体、农户三个主体对三类增值因素的贡献进行测算，结果均通过一致性检验，具体如表 7 - 14 所示。

在两种模式的各类增值中，政府的贡献度普遍较高，用途性增值中政府在直接入市和调整入市中的贡献度分别达到 46.03% 和 41.03%，投资性增值中政府在直接入市和调整入市中的贡献度分别达到 49.75% 和 52.44%，供求性增值中政府在直接入市和调整入市中的贡献度分别达到 51.69% 和 42.37%。政府对用途性增值贡献度高是因为其具备编制和调整空间规划的行政权力，只有经过一定程序，相关土地的用途才能发生合法转变。此外，前期政府对城郊地区公共基础设施的投资也对入市价值增值产生很大影响。相对于用途性增值和投资性增值，政府对供求性增值的贡献度较小。

用途性增值中，调整入市农户的贡献度要高于直接入市，主要原因在于调整入市落地区需要占用农民的耕地，农民对“农转用”做出较大贡献。投资性增值中，调整入市集体的贡献度要高于直接入市，体现出调整入市中集体在协调“农转用”方面的作用。

综合来看，经过贡献度调整后表 7－14 展示的贡献度较为合理，与现实条件相符。

表 7－14　政府、集体、农户对不同入市增值因素的贡献度

主体	直接入市			调整入市		
	用途性	投资性	供求性	用途性	投资性	供求性
政府	46.03%	49.75%	51.69%	41.03%	52.44%	42.37%
集体	28.26%	30.62%	29.60%	15.65%	26.75%	30.09%
农户	25.71%	19.63%	18.71%	43.32%	20.81%	27.54%

（三）不同入市模式下主体的总体贡献度测算

将表 7－13、表 7－14 的结果进行交乘运算后，得到最终的各主体对集体经营性建设用地入市增值收益的贡献度，具体结果如表 7－15 所示。

表 7－15　长垣市集体经营性建设用地入市增值贡献度

入市模式	政府贡献度（%）	集体贡献度（%）	农户贡献度（%）
直接入市	48.32	29.04	22.64
调整入市	43.69	20.98	35.33
平均水平	46.00	25.01	28.99

表 7－15 显示，两种入市模式的主体贡献度有一定差异，这与各主体在不同情境下的入市中所承担的“职责”存在差异相关。综合来看，

政府平均贡献度为46.00%、集体平均贡献度为25.01%、农户平均贡献度为28.99%，集体经营性建设用地增值的主要贡献主体是政府，与先前研究结果相似。

三、基于贡献度修正的区间 Shapley 值的增值收益优化

经过计算，得到相关利益主体的贡献度 W_A，在直接入市中 $W_A = \{0.4832, 0.2904, 0.2264\}$；在就地入市中 $W_A = \{0.4369, 0.2098, 0.3533\}$；利用贡献度获得主体的修正系数 $\Delta w_{Ai} = w_{Ai} - \frac{1}{3}$，进而计算各主体应得增值收益的修正量为 $\Delta v(i) = v(s) \times \Delta w_{Ai}$，最终可得到各主体的优化增值收益分配额：

$$\varphi_i(v)^* = \varphi_i(v) + \Delta v(i)$$

表7-16展示了直接入市中经过贡献度修正的增值收益分配优化值。优化后政府应获得的增值收益分配比例在19.32%—22.25%，较优化前有所提高（8.93%—11.89%，见表7-11）。同样，这一比例显著高于政府在直接入市中获得的现状收益，现状中平均为-11%。

表7-16　基于贡献度修正的区间 Shapley 值法对直接入市增值收益分配的优化结果

乡镇（街道）	政府（万元/亩）	集体（万元/亩）	比例（%）
南蒲街道	[1.35, 1.68]	[4.96, 6.59]	20.78 : 79.22
丁栾镇	[1.3, 1.42]	[4.44, 5.75]	21.07 : 78.93
满村镇	[1.06, 2.29]	[4.1, 8.46]	21.06 : 78.94
恼里镇	[1.83, 1.85]	[6.42, 6.44]	22.25 : 77.75
樊相镇	[0.74, 1.1]	[3.09, 4.55]	19.41 : 80.59
赵堤镇	[0.87, 0.84]	[3.55, 3.59]	19.32 : 80.68

表7-17展示了调整入市中经过贡献度修正的增值收益分配优化值。优化后政府应获得的增值收益分配比例在18.90%—20.24%，较优化前有所提高（8.27%—9.87%，见表7-12）。集体获得的增值收益比例为32.71%—33.35%，较优化之前有所降低（45.06%—45.87%，见表7-12）。农民获得的增值收益比例为47.05%—47.91%，较优化

之前小幅度的上升（45.06%—45.87%，见表7－12）。

表7－17　　基于贡献度修正的区间Shapley值法对调整入市增值收益分配的优化结果

乡镇（街道）	政府（万元/亩）	集体（万元/亩）	农户（万元/亩）	比例（%）
南蒲街道	[2.14，2.76]	[3.27，4.65]	[4.72，6.67]	20.24：32.71：47.05
丁栾镇	[2.27，2.71]	[3.89，4.86]	[5.57，6.94]	18.98：33.35：47.68
满村镇	[2.12，2.6]	[3.52，4.57]	[5.05，6.53]	19.35：33.17：47.48
恼里镇	[2.23，2.44]	[3.9，4.31]	[5.58，6.17]	18.96：33.33：47.71
樊相镇	[2.34，2.46]	[4.1，4.33]	[5.97，6.2]	18.9：33.19：47.91
赵堤镇	[2.23，2.76]	[3.79，4.95]	[5.44，7.08]	19.01：33.29：47.70

优化后政府理论增值收益额要高于实践中的收益额，这说明在工业用途的集体土地的入市中，政府有意识地采取了“让利于民”的措施，将主要增值收益留给集体。综合来看，增值收益应当侧重向集体和农户进行分配，同时保障政府得到相当份额的收益。

四、增值收益分配现状与优化对比分析

本书为了直观对比实践（以总收益和增值收益为基准）与优化理论（以增值收益为基准）的收益分配方式，绘制出三者间的收益分配对比如图7－2所示。

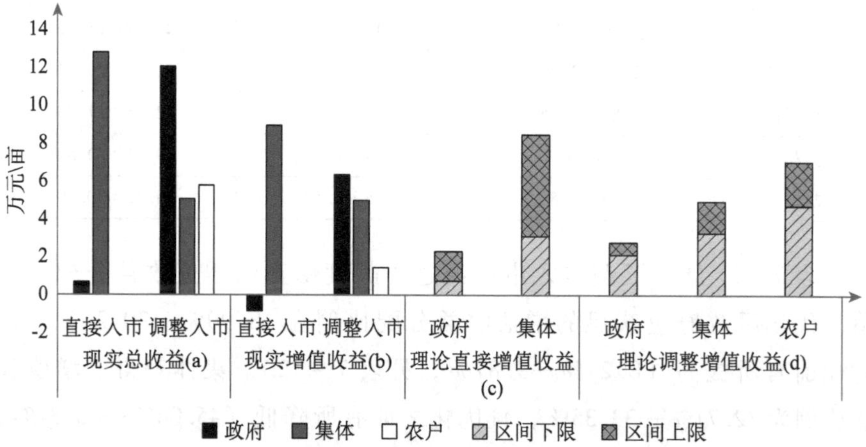

图7－2　长垣市集体经营性建设用地入市收益分配对比

实践中以总收益为基准的直接入市分配比例为政府：集体 = 5%：95%，即政府从总收益中获得 5% 的土地增值收益调节金。而在调整入市中，由于占用耕地指标费的存在，各主体分配比例存在差异，经过测算平均分配比例为：政府：集体：农户 = 53%：22%：25%

经过现实增值收益分析，直接入市中的增值收益比为政府：集体 = -11%：111%；调整入市中的增值收益分配比例为政府：集体：农户 = 50%：39%：11%。经过理论测算的直接入市增值收益分配比例为政府：集体 = 20%：80%，调整入市政府：集体：农户 = 19%：33%：48%。对比结果表明，实践中直接入市模式的政府获得收益较低。调整入市中政府获得的增值收益分配比例偏高，农民获得的增值收益分配比例偏低。

本章小结

本章选取河南省长垣市 2018—2022 年入市的 98 宗工业用途的集体土地作为研究对象，分析了直接入市和调整入市两种模式下增值收益分配现状，并从贡献度和合作博弈的双重视角出发，使用基于贡献度修正的区间 Shapley 值法测算了合理的增值收益分配比例。研究发现，直接入市过程中政府以管理服务为主，采取了“让利于民”的分配方式，优化后政府应获得的增值收益分配比例高于实践值。而在调整入市过程中，政府收取“农转用”的指标费用，因此获得的增值收益分配比例较高。调整入市增值收益比例优化后，农民获得的增值收益分配比例相应提高，政府获得的增值收益分配比例应当降低。

第八章

集体经营性建设用地入市治理结构与增值收益分配

本书第三章介绍了基于制度经济学的集体经营性建设用地入市增值收益分配理论。本章承接上文理论分析，进一步从增值收益分配实践案例阐释制度环境、治理结构对入市增值收益分配的影响。基于调查研究观察，发现同处于长三角发达地区，江苏省武进区采取的是乡镇集体统筹的集体经营性建设用地入市增值收益分配模式，德清县采取的是集体土地所有权三级所有的增值收益分配模式。那么，为什么两地采取了差异较大的入市增值收益分配模式？受到哪些制度环境的影响？本章尝试从制度经济学视角，分析不同的制度环境下两地集体经营性建设用地入市的治理结构差异对入市增值收益分配模式的影响。

第一节　集体经营性建设用地入市增值收益分配案例

本研究选择江苏省常州市武进区和浙江省湖州市德清县的集体经营性建设用地入市进行案例分析。两地同处于长三角经济发达地区，但由于制度环境的不同，入市增值收益分配的治理结构（模式）存在较大差异。入市过程中，武进区是以镇集体主导的治理结构，德清县形成的是集体自组织的治理结构。

一、武进区镇集体主导入市的增值收益分配模式

武进区是由镇集体统筹入市的增值收益分配模式，镇集体的组织实体是乡镇集体经济组织或乡镇政府资产办。集体经营性建设用地入市增值收益分配过程中，区政府按照10%—20%的比例征收入市收益调节金[①]，征收的收益调节金在区和镇一级各分成50%，主要统筹用于城镇和农村基础设施建设、农村环境整治、生态补偿、土地复垦、失地农民保障以及对农村经济困难群众的社保补助和特困救助等。

镇集体统筹下的入市增值收益内部分配主体有镇集体经济组织、村集体和农民。镇村两级集体经济组织协商确定收益分配比例，一般按照镇集体经济组织分成40%或30%，村集体经济组织分成60%或70%。为实现土地增值收益取之于民、用之于民，《常州市武进区农村集体经营性建设用地入市净收益管理办法（试行）》规定，镇集体获取的分配收益设立专户实行单独核算管理，用于本镇（街道）农村基础设施建设、农村居民民生项目和农村公共服务运行维护等支出。村集体分配收益实行“村账镇管”，村集体有独立的核算账户，集体收益不得直接分配，应当提取公积金和公益金，可以折股量化到本集体经济组织成员，用于集体经济组织投资稳定收入来源的项目、农村公共服务和民生项目支出等。村集体收益也可以用于购买国债、建设标准厂房出租等投资项目，取得的集体经济收益折股量化，年底根据收益情况向农民分红。根据村集体股权收益情况，每家每户分红收益在几百元到几千元不等。

二、德清县集体自组织入市的增值收益分配模式

德清县集体经营性建设用地入市中根据乡镇集体、村集体和农民三级土地所有权主体，设计了“自主入市、委托入市、合作入市”三种

---

① 2015—2022年第一轮入市和2023年新一轮入市政府征收的收益调节金有较大区别，一级市场上，第一轮以出让方式入市的，按照增值收益分级累进缴纳调节金。增值收益在50%（含50%）以内部分按30%缴纳；增值收益在50%—100%（含100%）部分按40%缴纳；增值收益在100%以上部分按50%缴纳。新一轮入市中，以出让方式入市的，工业用地由出让方按10%缴纳，商业用地由出让方按20%缴纳。以租赁方式入市的，出租方在收取租金时，按照租金收入的20%缴纳。

实现形式，乡镇集体所有土地由乡镇资产经营公司等全资下属公司或其代理人实施入市，村集体所有土地由村股份经济合作社实施入市，村民小组所有土地可委托村股份经济合作社等代理人实施入市。由于集体土地主要还是以村集体所有，德清县集体经营性建设用地入市主要还是以村集体自组织入市为主。

政府与集体的收益分配中，县级和乡镇政府通过征收收益调节金的方式分享增值收益，德清县按土地成交价款的16%—48%确定了“按类别、有级差”的调节金收取方式①，并按照入市用途确定差异化的县级和乡镇政府收益分配比例，对于商服类用地入市收益，县级和乡镇政府按照60%∶40%的比例分成，对工矿仓储类用地则按照80%∶20%的比例分成。

集体内部增值收益分配中，乡镇集体所有的土地入市增值收益，纳入到乡镇财政统一管理，主要用于辖区内农村基础设施建设、民生项目等支出。村集体所有土地入市取得的增值收益，统一列入集体公积公益金进行管理，收益作为村股份经济合作社（或村经济合作社）经营性资产，以股权增资方式追加量化成员股权。入市收益可通过对外投资、购买物业、股份合作、购买政府性债券等用于发展壮大集体经济。用于村级公益事业支出的，需乡镇人民政府审核同意，但支出总额不得超过出让收益的50%。德清县以集体土地增值收益对外投资、购买物业、股份合作、购买政府性债券等再投资所取得的收益，在扣除必要的投资费用后，将不少于30%的再收益按股份对农民分红。

第二节　不同入市增值收益分配模式的特征比较

一、治理主体和入市方式的差异

武进区集体经营性建设用地入市主要由乡镇集体或乡镇政府资产办

---

① 调节金缴纳比例分别为：入市土地位于县城规划区的，商服类用地按48%缴纳，工矿仓储类用地按24%缴纳；入市土地位于乡镇规划区的，商服类用地按40%缴纳，工矿仓储类用地按20%缴纳；其他地块商服类用地按32%缴纳，工矿仓储类用地按16%缴纳。

统筹入市。乡镇集体并不是长期存在的经济组织，而是政府支持下组建的专门参与入市的机构，一些没有乡镇集体的地方则是由乡镇政府的资产办统筹入市。镇集体统筹入市的好处是可以避免土地权属分属于不同乡镇、村集体、小组存在的协调冲突，统一规划、统一入市，尤其是涉及农地转为建设用地的调整入市，在统筹建设用地指标方面具有很大优势①。

德清县根据乡镇集体、村集体和村小组三级土地所有权归属分别由产权主体组织入市，乡镇集体所有经营性建设用地由乡镇资产经营公司组织入市，村集体所有土地由村股份经济合作社组织入市，村民小组可委托村股份经济合作社等代理人实施入市。当涉及多个产权主体的土地时，也可以由某一个村股份经济合作社统一合作入市。由于德清县大多数集体土地归属权在村集体，由村股份经济合作社的形式入市是其主要方式。

二、收益分配方式和主要用途

武进区镇集体主导下的入市增值收益在乡镇和村集体之间按照40%：60%或30%：70%的比例分成，具体的比例则由各乡镇结合入市成本制定。乡镇集体获得的入市收益主要用于本镇农村基础设施建设、农村居民民生项目和农村公共服务运行维护等支出。村集体获得的收益不允许直接分配给农民，而是要列入村公益金管理，用于改善本集体组织成员的生产和生活配套设施等农村公共服务，以及教育奖励、贫困户和老年人补贴等民生项目的支出，剩余以经营性资产折股量化，可以用于股权投资，年底给农民分红。

德清县属于不同入市主体的增值收益分配用途并不一致，属于乡镇集体的集体经营性建设用地入市增值收益使用与武进区一致，主要用于辖区内农村基础设施建设、民生项目等支出。属于村集体经营性建设用地入市的增值收益归村股份经济合作社所有，不直接对农民分配，而是

---

① 非农建设用地指标既可以用于集体经营性建设用地入市占补平衡，也可以用于国有土地出让占补平衡，指标具有稀缺性，德清县一般每亩地的指标价格高达28万元。

折股量化成股权，主要用于对外投资、购买物业、股份合作、购买政府性债券等。对于投资获得的收益，德清县要求年底拿出不少于30%的回报给农民分红。因此，除了村小组所有土地入市收益分配给农民，德清县和武进区村集体入市收益均不对农民直接分配，而都是通过股权分红间接分配。相对于武进区鼓励村集体将入市收益拆借到区、镇两级政府获得稳定的资金收益率，德清县更加鼓励村股份经济合作社将入市收益用于对外投资、购买物业，表明德清县给予村股份经济合作社更大的收益支配权和市场主体地位。

三、收益管理

武进区集体经营性建设用地入市镇级收益纳入镇集体经济组织（资产办）统一管理，村级收益实行“村账镇管”，乡镇设立专门账户管理村集体资产收益，村集体支出需要乡镇审批。德清县入市过程中的乡镇集体收益纳入乡镇财政统一管理，村集体收益由村股份经济合作社成立专门账户进行管理，小组收益除直接分配给农民外，剩余部分实行“组财村代理”，即村股份经济合作社代理村小组保管入市收益。由此可见，武进区实行“村账镇管”的方式对于村集体入市收益有着更严格的管控，而德清县的收益管理权在村集体经济组织，相对来讲更加宽松。

表8-1　不同方式入市增值收益内部分配模式的特征比较

	治理主体	入市方式	收益分配方式	收益主要用途	收益管理
镇集体主导模式	乡镇集体或乡镇政府资产办	乡镇集体代表村组集体统一入市	镇村集体分别按照40%∶60%或30%∶70%的比例分成；不直接分配给农民	镇集体收益用于公共事务支出；村集体收益用于公共支出、股权量化或再投资，鼓励拆借到区、镇两级政府	镇级收益纳入镇集体经济组织（资产办）统一管理；村级收益实行“村账镇管”

续表

	治理主体	入市方式	收益分配方式	收益主要用途	收益管理
集体自组织	乡镇资产经营公司；村股份经济合作社	镇集体所有土地由乡镇资产经营公司代理入市；村集体和小组所有土地由村股份经济合作社实施入市	按照入市土地归属于乡镇、村和小组进行收益分配；村集体增值收益不直接分配给农民，投资收益拿出30%进行分红；村小组收益可以直接分配	镇集体收益用于公共事务支出；村集体收益重点用于对外投资、购买物业、股份合作、购买政府性债券等，以及公共事务支出。	乡镇集体收益纳入乡镇财政统一管理；村集体收益纳入村股份经济合作社基本账户；小组收益可实行“组财村代理”

第三节　制度环境、治理结构与入市增值收益分配模式差异

武进区和德清县两地经济发展迅速，乡镇范围内小微企业发达，集体经营性建设用地需求充分。两地乡镇经济发展过程中存在大量存量建设用地，所不同的是武进区集体经营性建设用地入市以工业用地为主，德清县既有工业用地，还有大量民宿经营和产业融合发展的商服用地。地区经济发展模式固然对两地集体经营性建设用地入市模式产生一定影响，但最主要的还是制度环境和治理结构上的差异。基于制度环境、治理结构与集体经营性建设用地入市增值收益分配的理论框架，本节分别从制度环境和治理结构两个方面阐释两地入市增值收益分配模式产生差异的原因。

一、制度环境与入市增值收益分配模式差异

（一）政府与市场的关系对增值收益分配模式的影响

武进区和德清县两地在集体经营性建设用地入市政策设计时较明显

的区别是乡镇政府和村集体的关系不同。前者乡镇政府对村集体有着较强的统筹力度，后者在乡镇政府领导下村集体有着较为独立的经济自主权。

武进区入市过程中以乡镇集体或乡镇政府为主体，由乡镇集体主动实施和管理，统筹推进各村集体经营性建设用地入市。之所以形成如此格局，主要有两个原因：一是遵循路径依赖，武进区集体经营性建设用地入市有着原本乡镇管理下集体建设用地流转的影子，入市交易对象多数是已经租赁集体建设用地的小微企业，只是通过入市过程获取国家土地制度改革的“合法”身份，因此，这些企业对乡镇政府作为土地交易主体履约保障能力更为信赖。二是武进区乡镇政府主导入市收益分配很大程度上是为平衡集体内部利益，以及入市和国有土地征收过程中农民收益分配差异之间的矛盾。由于不同村庄集体建设用地存量存在巨大差异，入市可能会导致村庄收益的差距。因此，武进区乡镇集体收取一部分的增值收益，可以更好地扶持资源贫乏村庄的基础设施建设和乡村振兴投资，从而降低乡村之间的差距。

德清县早在 20 世纪 90 年代中期就拥有较为活跃的民营经济，且政府较少干预民营经济，呈现出“小政府、大社会”的特点。民营经济发展过程中与村集体形成较强的互惠互利关系，对村集体履行入市主体身份也较为信任。德清县西部地区以发展民宿和旅游产业为主，以村股份经济合作社为市场主体的村集体经济拥有民宿和旅游产业物业管理的职能，村集体主导的入市也较容易在产业落地和收益分配中明确责任与义务。

（二）资源禀赋和入市用途对增值收益分配模式的影响

武进区集体经营性建设用地入市以小微工业企业为主，这些企业历史上也多占用集体建设用地。而德清县山水资源较为丰富，集体经营性建设用地入市以支撑民宿产业为主，两种入市用途可能对入市模式和收益分配产生较大影响。武进区多以乡镇、村庄范围内兴建工业园区的方式容纳企业，涉及跨村、跨乡镇的企业园区较多，入市过程中无可避免地涉及不同集体产权主体的建设用地，因此，武进区乡镇集体统筹入市可以更好地解决集体土地所有权分散问题，降低入市的交易成本，统筹入市过程中产生的土地增值收益也由镇集体按照土地来源与主体贡献度协商分配。

德清县以民宿为主的入市方式一般都是个人或小企业经营，很少涉及跨村镇的土地权属问题，因此，村集体主导下就可以规避土地权属调整过高的交易费用问题，土地入市收益归属于集体，不存在矛盾纠纷。少量跨村的入市交易，收益分配过程中也由村集体组织协商，实现双方均认可的收益分配方案。

（三）土地制度设计对增值收益分配模式的影响

首轮集体经营性建设用地入市过程中调整入市占很大比重，可以更好解决集体存量建设用地分散、规模小和区位条件差的问题。然而，调整入市建设区占用耕地需农转用指标，而指标是稀缺资源，在不同村、镇内并不平衡，需要更大乡镇甚至区（县）范围内统筹。在此过程中，武进区异地调整入市由乡镇统筹建设用地占用指标，在指标统筹使用和公平分配方面具有很大优势，可以更好协调解决村内入市价值高但缺少建设用地指标的问题。由于入市指标在较大范围内统筹，入市过程要购买建设用地指标，这一指标并非完全是对开垦耕地和占用耕地的补偿，而且附加了对于农转用地区农民的额外收益损失补偿，即将农转用地区的农民也纳入到收益分配群体。因此，武进区镇集体统筹协调下较好地均衡了各利益主体的收益分配。

德清县山地资源较多、耕地资源紧缺，粮食安全与耕地保护任务较重。因此，德清县调整入市过程中采取了占用耕地区（称为建新区块）和复垦指标区（称为复垦区块）相挂钩的方式，集体经济组织应当制定异地调整方案，按照“先复垦、后调整”的原则实施，这样可以避免补充耕地的区位、选址的不合理，有效保护耕地。这种建设用地指标交易范围较小，且需要村集体经济组织有较强的组织协调能力。德清县入市过程中，强化了村股份经济合作社的入市职能和作为经济主体的市场活动能力，相应的收益分配也由土地所有权归属集体经济组织进行分配，以便更好地协调入市。

二、治理结构与入市增值收益分配模式差异

（一）治理结构与入市增值收益分配主体

武进区主要是以镇集体主导的入市治理结构为主，这种治理结构下乡镇政府统筹入市力度大，各村集体、村小组等土地所有权主体是入市参与者和响应者，服从镇集体的入市安排。镇集体通过统一开发整理建设用地、实施耕地占补平衡和指标交易、招商引资、推进入市等过程，完成集体经营性建设用地入市。镇集体统筹入市过程中，尽管也存在镇集体、村集体和小组集体三级所有的土地所有权主体，但由于入市统筹推进、成本投入难以区分，无法按照所有权主体身份进行收益分配。因此，镇集体会采用民主协商的形式确定镇、村的分配比例。例如，对于以调整入市为主、土地整治需求大、镇集体开发成本投入大的乡镇，镇集体和村集体分别按照40%和60%的比例分成，而对于现状入市条件较为成熟、土地开发投入较小的入市，镇集体和村集体分别按照30%和70%的比例分成。这就意味着，镇集体投入较多的入市，相应的分成比例也越高，反之镇集体分成比例越低。

德清县三级所有的集体经营性建设用地入市治理结构下，除少数镇集体所有的土地由镇集体组织入市，村集体自组织入市是主要的入市方式，主要由村股份经济合作社代理村集体行使入市和收益分配权。部分村小组所有的建设用地也是通过村股份经济合作社入市，以解决村小组经济主体地位缺失问题。在这种治理结构下，村集体拥有较强的入市主导权。由于村股份经济合作社具有一定的经济实力和较大的财务支配权，调整入市中也主要通过村集体投资完成占用耕地和复垦耕地的占补平衡管理任务。因此，除了需要跨村、跨乡镇的统筹入市，村集体自组织入市与乡镇集体所有的土地入市很少有所交叉，而是独立存在与运行。村集体所有的土地入市增值收益归村股份经济合作社所有，小组所有的土地委托村集体入市后，收益归小组所有的部分可以分配给组内集体成员，也可以实行“组财村代理”，即村股份经济合作社管理小组入市收益，收益量化为小组成员所有的股权，通过股权分红实现增值收益

分配。

（二）治理结构与入市增值收益支配权

武进区镇集体主导入市治理结构下，镇集体获取的增值收益由镇集体经济组织或镇资产办经营管理，而这两个机构也具有较强的政府干预性质，镇资产办属于乡镇政府下属资产管理机构。镇集体获取的增值收益主要用于乡镇范围内的基础设施建设，增值收益更多惠及乡镇建设与发展，避免增值收益分配到少数经济发达村庄后带来的区域发展不平衡问题。镇集体主导入市治理结构下，对村集体增值收益的内部分配和用途也具有更强的干预能力，如对村集体内部收益分配的限制，通过“村账镇管”、支出审批、限制用途等影响村集体增值收益的使用方向。

德清县村集体自组织入市中村集体拥有较大的支配权，可以用于村庄基础设施建设、生产经营、对外投资、股份合作等活动。德清县地方政府同样不鼓励入市收益直接分配给农民，而是通过折股量化成股权分配给集体成员，农民年底可以获得不少于30%的股权净收益。地方政府通过限制收益分配的用途，如规定村级公益事业支出的总额不得超过出让收益的50%，且要对支出行使审批权，目的是防止村集体将入市收益过多用于市场经营之外的支出，避免对村集体经济产生不利影响。

本章小结

本章基于制度环境、治理结构与集体经营性建设用地入市增值收益分配理论框架，对比分析了武进区和德清县入市增值收益分配中的治理主体、入市方式、收益分配方式、主要用途和收益管理的差异，并从政府与市场的关系、资源禀赋和入市用途及土地制度设计等方面分析了制度环境对两地集体经营性建设用地入市增值收益分配的影响，以及治理结构差异对于入市增值收益分配主体、收益支配权等方面的影响。

第九章

农村集体经营性建设用地入市增值收益共享机制

前文关于集体经营性建设用地入市增值收益分配理论、实践与优化的研究表明，合理的增值收益分配机制关键是要在考虑增值收益形成机理和不同利益主体贡献度的基础上，综合政府财税目标、集体经济组织发展与农民共同富裕目标，均衡各主体相关利益，设计符合地区资源禀赋和社会经济属性的增值收益分配方式和共享模式。本章主要从增值收益共享原则、共享程序、共享保障等方面提出集体经营性建设用地入市增值收益的共享机制。

第一节　集体经营性建设用地入市增值收益共享原则

集体经营性建设用地入市增值收益共享原则需要确保多方利益的平衡，为各利益相关者提供公平参与和共享收益的机会，保障入市收益的公平和合理分配。本节提出按发展权贡献度、利益均衡、让利于民、集体经济组织可持续发展等入市增值收益共享原则。

一、按发展权贡献度共享原则

集体经营性建设用地从限制开发、单一用途、产权残缺到拥有较为完备的入市流转、收益、抵押等权能，逐步实现同国有建设用地“同权、同价、同市”，实质是赋予农村集体建设用地开发利用、转变用途、价值增值等发展权的过程。而在发展权实现过程中，离不开地方政府的“还权让利”和有效的制度供给，也离不开集体建设用地长期投资价值和村集体、农民主体的产权让渡价值。因此，需要充分考虑地方政府、村集体和农民对入市土地发展权的贡献度，避免陷入“涨价归公”“涨价归私”的绝对收益分配陷阱。

按发展权贡献度共享增值收益的原则符合级差地租理论，兼顾产权主体利益的同时考虑投资者对土地价值增值的贡献。也有利于提高参与主体推动入市和价值实现积极性，创造更高的入市价值。为此，需要科学评价入市各环节土地价值增值的构成和入市主体的贡献，以主观判断结合客观评价方法对政府、集体和农民等主体对入市增值收益的发展权贡献度合理量化，以确定集体经营性建设用地入市中合理的增值收益分配比例。

二、利益均衡原则

集体经营性建设用地入市过程中，各主体的利益诉求和博弈能力并不一致，为达成入市目标，实现集体土地价值增值，需要根据各主体的利益诉求建立均衡的收益分配方案，协调各主体的利益冲突。原则的核心是公平、合理地分配土地入市带来的收益与风险，均衡入市主体的利益关系。

首先，合理平衡政府入市收益和国有土地征收收益。地方政府传统征地入市的方式为其获取巨大的农地入市价值增值，极大地补充了地方发展的财政收入来源。而要让政府“还权让利”于民，允许集体土地直接入市，要以一定的收益分配比例弥补政府的“土地财政”损失。当然，当前征地成本不断提高，许多政府征地项目也难以实现收支平衡，尤其是在房地产经济下行压力下，传统依靠卖地的地方发展路径走进了死胡同（刘守英等，2022）。

其次，平衡农村集体之间以及集体内部收益分配，减少矛盾冲突。不同农村集体之间因用途管制可入市的集体建设用地资源存在较大差异，资源较丰富的村集体享有更大的利润分配，容易引发乡村之间的收入差距。为此，要通过乡镇集体收取一定的收益分配金用于整个乡村地区的基础建设投资，以调节村庄之间的收入差距。此外，集体内部收益分配也容易引发矛盾，自古“不患寡而患不均”，可以将入市增值收益进行股权化管理，因各地股权制度改革中对集体成员权的权利和外部成员的权利都做了较好划分，股权化管理可以减少矛盾冲突。

三、让利于民原则

集体土地制度改革的主要目的是释放农村土地配置活力，增进农民福祉，助力乡村振兴。因此，增值收益分配上要适当向农民集体倾斜，政府不过度攫取入市利益。入市中在考虑发展权贡献和主体利益关系的同时，政府收取一定比例的增值收益调节金，平衡不同区域资源禀赋差异和不同入市用途带来的收入差距。政府收益还要坚持“取之于民，用之于民”的原则，用于乡村振兴中村庄基础设施建设和产业经济发展。

由于入市过程中土地所有权可能分别归属于乡镇集体、村集体和村小组，整体推进入市较难对不同产权主体的贡献度做出区分，乡镇集体应适度让利，以发展集体经济、提高农民收入、改善村居环境为目标。入市增值收益分配中，可以留取一部分的公积金、公益金等用于农村人居环境改善、基础设施建设、农村贫困人群救助等，还要适当分配给农民，以激发农民入市参与的积极性，加强对入市过程和增值收益的监督，保障农村土地财产权益。

四、集体经济组织可持续发展原则

党的二十大报告着眼于全面推进乡村振兴，提出“发展新型农村集体经济”。农村集体经济发展的动力依赖于乡村经济发展。然而，长期以来，我国存在集体经济发展不均衡、不显著问题，东部地区村集体经济依靠区位优势经济活跃度要明显优于中西部地区，中西部地区缺少落地乡村的产业融合体系，集体经济组织薄弱。集体经营性建设用地入市为解决中西部地区小微企业落地、村集体获取土地财产权收益提供了路径支持。

要根据地区资源禀赋设计差异化的增值收益分配方法。对东部乡镇经济活跃的地区而言，鼓励村集体通过建设标准厂房出租、以集体建设用地作价出资入股企业、通过股份制量化集体资产投资等方式保证集体经济分享入市改革红利，促进集体经济资产保值增值。对于中西部落后村，要将增值收益金与国家惠农政策相结合，重点支持乡村特色产业和一、二、三产业融合发展，打造地区优势产业，完善农业农村产业链和物流链。

第二节 集体经营性建设用地入市增值收益共享程序

集体经营性建设用地入市因收益分配产生矛盾冲突，不利于组织发展与农村土地制度改革。入市过程中矛盾大多无关乎分配额度，而是有关程序是否公平公正的问题。因此，入市增值收益分配中需要建立合理的共享程序，健全沟通协商机制，完善乡村治理体系，明确分配比例和标准，实施有效的监督机制。

一、健全沟通协商机制

增值收益分配中各利益主体的博弈能力对于分配结果至关重要，为避免政府单方面决策的缺陷，提高农民集体的话语权，关键是要建立相应的博弈平台，发挥政府与村集体协商、村民自治和乡村治理在增值收益分配中的决策作用。

对于政府与集体的增值收益分配，首先要以公共事务决策的方式完善决策过程，完善座谈会、听证会等协商方式，组织基层政府、人大代表、村委干部和村民代表共同参与议事，各方代表要坚持公平公正原则，广泛听取农民群众的意见，保障村集体利益的实现。其次要制定明确的议事规则，对入市集体协商会的召开流程、决策方式和表决流程进行明确规定，保障决策过程的合法性。最后要设立问题反馈和投诉渠道，建立由村民代表组成的监督小组，以监督沟通协商过程中的各项规定是否执行到位。

二、完善乡村治理体系

集体经营性建设用地属于村集体财产，入市过程在遵循法律政策的前提下，既要通过政府产权交易平台在更广泛的范围内参与交易，提升土地价值，也要充分发挥村集体土地所有权主体地位，发挥村民自治作用在入市价格协商和增值收益分配协调中的作用。为此，要加强农村基层党组织建设，加强思想引领和模范带动作用，依托村民会议、村民代表会议、村民议事会、村民理事会、村民监事会等形式增强基层民主自治能力。加强法治建设，在入市决策中要保证村民大会或村民代表会议的合法有效性，提高基层治理主体的守法意识和法律素养。要加强村民代表德治建设，形成道德对个人行为的有效约束。积极动员村民或村代表参加决策会议，运用数字化平台优化村民决策流程，确保农民个体的知情权和参与权，让群众手中的投票切实发挥作用，而不能流于形式。

对于集体内部的入市增值收益分配，政府做好指导监督工作，可以对增值收益的管理、用途做出原则性的规定，要以村民自治为分配主体，发挥村民民主决策能力。要以健全的集体经济组织产权主体为基础，完善的乡村治理体系为保障，发挥村民自治与决策作用机制，增强入市过程中的村集体博弈能力。

三、明确分配比例和标准

当前，国家层面尚未建立统一的集体经营性建设用地入市增值收益分配标准，试点地区主要参照2016年财政部和原国土资源部印发的《农村集体经营性建设用地土地增值收益调节金征收使用管理暂行办法》来制定本地区的增值收益分配办法。该办法规定“调节金分别按入市或再转让农村集体经营性建设用地土地增值收益的20%—50%征收”。而将农村集体经营性建设用地土地增值收益界定为“农村集体经营性建设用地入市环节入市收入扣除取得成本和土地开发支出后的净收益，以及再转让环节的再转让收入扣除取得成本和土地开发支出后的净收益”。然而，对于存量集体经营性建设用地入市成本较难核算，各地入市过程中实质是按照入市价格收取一定的调节金，根据土地用途、区位等级的不同征收标准存在差异。如长垣市将入市土地划分为7级，对于商服用地和公共管理按照等级收取10%—20%的收益调节金，对工业用地统一收取5%的收益调节金。江苏省武进区对不同级别土地按每亩出让价格进行分级征收，根据出让价格的等级缴纳20%—40%的价款。部分地区入市收益分配过程中提取公积金和公益金用于村集体各项事业发展，如贵州省湄潭县；有的提取部分比例用于农民福利和村庄公共设施建设，如内蒙古自治区呼和浩特市。

尽管各地入市根据地方实际和民主决策确定了各具特色的收益分配方式和比例，但按照增值收益的性质，应当明确分配比例和标准：

一是政府征收的目的是调节增值收益在国家和集体之间的分配，一般要低于土地征收中的政府增值收益占比。

二是应当对增值收益进行分配，而非总入市价格。尽管入市改革过程中历史成本难以核算，但是应当结合一般农用地征收成本和土地开发成“三通一平”“五通一平”的程度核算入市成本。按照增值收益收取分配金的好处是有助于土地所有者提高集体建设用地投资，显化土地价值。目前，一些村集体经济组织财政较为薄弱，可以鼓励村集体积累一定的财力后再进行集体土地开发投资。

三是收益分配的形式应当包括发展金（公积金或公益金）和风险准备金。入市增值收益缴纳政府收取的分配金后，集体留存部分应当提取村集体经济组织发展金和风险保障金，用于村集体经济发展和村庄建设，以及提取一部分风险准备金用于集体经营性建设用地入市风险处理与防范。

四、确立反馈和监督机制

为防止少数人由于信息不对称垄断增值收益，应当建立反馈和监督机制，确保集体经营性建设用地入市收益分配合理有效、公开透明。由于村集体经济组织实体的缺失、产权不明晰，以及村级自治组织的不健全，以乡村干部为主的入市主导者容易干预入市流程和收益分配，将土地收益私自挪用或者在分配时为自己和亲友谋取不正当利益，私吞超额利益。

为应对这些潜在问题，必须建立如村务公开、财务审计、群众监督、法律监察等多维度的监督反馈机制，确保收益分配的每一个环节都公开透明，并且让群众有足够的知情权和参与权。此外，对涉嫌违规违法行为的相关责任人应依法追责，惩处不法行为，强化法律的威慑力，保护集体和个人的合法权益。

第三节　集体经营性建设用地入市增值收益共享保障机制

合理的集体经营性建设用地入市增值收益对于平衡国家与农民集体利益，实现多方共赢，助力乡村振兴和共同富裕目标的实现具有重要意义。入市增值收益分配顺利推行需要建立以下保障机制。

一、健全农村集体经济组织产权体系保障

明晰的集体土地产权体系、明确的土地所有权主体和收益分配主体，是保障集体经营性建设用地入市及其收益合理分配的前提。产权体系的明确有助于合理界定各方面的权益、责任和义务，减少冲突。当前，政策要求入市地块的所有权归属要清晰无争议，然而，这种清晰多数是名义上的，即集体土地确权到组、村、镇等三级主体，而集体的虚置仍然会导致土地权属的悬置，从而产生产权“公共域”，为其他权利主体寻“租”带来可能。

为此，需要建立强有力的集体经济组织，鉴于集体土地大多确权到村，至少要在村集体层面建立主体明确、产权归属清晰的集体经济组织。按照2024年6月28日新颁布的《中华人民共和国农村集体经济组织法》，农村集体经济组织应当包含乡镇级农村集体经济组织、村级农村集体经济组织、组级农村集体经济组织三个层面。按照法律规定，农村集体经济组织可以依法出资设立或者参与设立公司、农民专业合作社等市场主体，承担入市主体职责。按照《中华人民共和国农村集体经济组织法》的规定，要完善集体经济组织理事会、监事会、组织章程

等内容，完善内部清产核资、成员权界定、股权量化分配等工作。要严格按照农村集体经济组织章程规定设立成员代表大会，召开成员大会或成员代表大会，对于集体经营性建设用地入市和增值收益分配重大事项由成员大会或代表大会投票通过。要进一步理顺村委和村集体两者之间的关系，避免组织成员交叉任职，以避免行政运行对集体经济的占用和侵蚀。实施“政经分离”。根据情况无法避免的，按照法律要求，要确保农村集体经济组织理事会成员、财务人员、会计人员及其近亲属不得担任监事会成员或者监事。

要健全财产经营管理和收益分配机制，制定农村集体财产管理具体办法，实现集体财产管理制度化、规范化和信息化。村集体经济组织要编制收益分配方案，供成员大会、成员代表大会投票表决。应当明确村庄运行中政府提供公共物品的职能，划分村集体经济分担村庄建设的领域和责任，尽可能将入市收益留存集体用于发展壮大集体经济和股份分红。

二、完善的政策法规保障

当前，国家层面上尚缺乏对集体经营性建设用地入市增值收益分配的法律法规指导，地方试点地区推进集体经营性建设用地入市及增值收益分配过程中，主要参照2016年财政部和原国土资源部印发的《农村集体经营性建设用地土地增值收益调节金征收使用管理暂行办法》来制定本地区的增值收益分配办法。然而，试点地区制定的政策必然是有一定的时效性，入市主体面临着政策的不确定性和产权安全难以保障的风险。

为此，在新一轮集体经营性建设用地入市改革试点的基础上，应尽快提炼入市增值收益分配经验，规范入市交易方式，提高统一在集体资产交易平台进行招拍挂等入市比例，出台国家层面的入市增值收益分配法律、行政条例，为地方政府提供可操作的入市增值收益分配指南。法律、政策应当明确入市过程中的成本、收益以及增值收益的计算方法，明确地方政府收益调节金或增值收益税金的收取方式、比例、使用方式。

三、有为的政府管理保障

无论是经济体制改革对政府在资源配置中的角色定位还是服务型政府建设，都强调了对有为政府的建设要求。集体经营性建设用地入市作为城乡土地资源市场化配置的重要内容，是社会主义市场经济建设的一部分，也要遵循市场在资源配置中起决定性作用和更好发挥政府作用这一基本准则，积极发挥服务型政府的职能，服从国家治理体系和能力现代化的要求。

集体经营性建设用地入市中，要发挥政府在入市及增值收益分配的原则、程序等方面的制度顶层设计，加大产权交易平台、法律政策咨询等公共服务的供给，强化城乡建设用地统筹入市的市场监管，建立农村土地市场和收益分配的纠纷调解和风险化解机制。政府要着重培育村集体经济组织在入市过程中的主体地位，逐步从入市主导者转为入市监管者，真正实现“还权赋能”。进一步放松对入市用途的管制，允许集体经营性建设用地以更高价值的居住、商业用地配置，真正实现集体和国有土地“同权”。

四、健全的市场机制保障

遵循市场资源配置的基本逻辑，健全的集体土地市场机制要发挥价格机制、供求机制和竞争机制的作用。集体经营性建设用地入市价格机制的有效发挥依赖完善的地价体系和充分的价格信号，因此，要健全入市基准地价和宗地价格评估体系，严格入市环节招标程序，保障入市价格的公开透明。而市场供求和竞争机制的发挥需要建立全国统一大市场，打破区域垄断、关系型合约对集体经营性建设用地入市的约束，在符合区域产业规划的基础上，提高集体土地的市场竞争度，最大化集体土地价值增值。要以制度创新解决市场供需不匹配问题，引导市场形成有效市场供给和需求，如培育农村新兴产业体系、拓宽农产品市场、打通城乡物流链等。最后，入市增值收益分配制度设计时要坚持市场在初次分配中的主体地位，遵循按照产权让渡贡献度、投资增值贡献度进行初次分配的理论逻辑，政府主要应以税收形式参与二次分配。

本章小结

本章阐述了集体经营性建设用地入市增值收益共享中的按发展权贡献度、利益均衡、让利于民、集体经济组织可持续发展等原则，并指出沟通协商机制、乡村治理体系、明确分配比例和标准、确立反馈和监督机制等过程在建立集体经营性建设用地入市程序中的重要意义。最后，从健全农村集体经济组织产权体系保障、完善的政策法规保障、有为的政府管理保障、健全的市场机制等方面提出了集体经营性建设用地入市增值收益共享的保障机制。

第十章

研究总结与展望

本书系统研究了集体经营性建设用地入市增值收益的理论机理，梳理了改革实践中试点地区集体经营性建设用地入市增值收益分配现状、存在的问题、主要模式及其经验启示，重点从发展权、合作博弈、治理结构等角度研究了集体经营性建设用地入市增值收益分配优化策略，提出了入市增值收益分配共享机制。

第一节 研究总结

一、集体经营性建设用地入市增值收益分配存在理论与实践中的悖论

集体经营性建设用地入市增值收益分配理论上应当由集体所有权主体作为入市决策主体并享有收益支配权，按照收益扣除成本后的增值额进行分配，政府以税收方式共享增值收益，而现实中，政府对入市和收益分配比例有着较强的控制，多数按照入市成交价即收益额征收收益调节金，集体内部较少进行收益分配。

理论与实践悖论的原因在于，我国自上而下推进集体经营性建设用地入市强化了顶层设计，加强了政府管理，增值收益分配过程中以平衡国家、集体和农民各方利益为原则，村集体经济组织存在产权虚置、产权落实不到位，“村账镇管”中强化了乡镇政府对村集体财务的管控，

村集体承担了大部分本应当由地方政府承担的公共服务供给职责。当前，我国仍然存在集体经营性建设用地入市全国性的法规政策缺失、收益分配比例不均衡，尤其是集体内部缺乏完善的分配方案，收益分配机制不完善，农民协商与博弈能力弱等问题。

二、入市价值尚未显化，主要受到区位和经济发展的影响

当前，集体经营性建设用地入市的方式以协议和挂牌为主，市场化程度较低，集体土地使用权人也多为小微企业，具备的价格支付能力和投资强度有限，限制了集体经营性建设用地入市价值增值。基于地理加权回归模型（GWR）的研究结果表明，入市价格有一定的空间相关性，主要受到区位因素如交通便捷度，经济发展和工业化程度，如乡镇财政收入、工业聚集程度等因素的影响。此外，土地出让率也对入市价格有着较大影响，反映出竞争程度较高的入市有利于价格显化。然而，个体因素，如地块面积对集体经营性建设用地入市价格的影响较小。

三、合理的入市增值收益分配模式有助于保障国家利益的同时促进集体经济发展和农民共同富裕

集体经营性建设用地入市实践中形成了许多增值收益分配亮点经验，如长垣市“定等级、有级差”收益调节金征收方式、浙江省德清县“折股量化、按股分红”的增值收益分配模式、武进区“两确保，一增强”的收益分配机制、湄潭县“三定一议”收益分配机制等增值收益分配模式，这些入市模式在政府收益调节金征收的基础上，在集体和农民内部收益分配方面进行了创新。不同入市增值收益分配模式在政府与农民集体关系的协调、优化资源配置、增加集体收益等方面表现出效率上的差异，在保障了增值收益分配方式的公平性、调节收入差距等方面表现出公平上的差异。总结不同入市增值收益共享的经验发现，入市增值收益分配强调了统筹政府与农民集体利益关系、集体内部收益分配兼顾集体经济发展与农民利益，平衡区域、乡村之间的利益关系等方面。

四、基于发展权对集体经营性建设用地入市收益分配优化，发现乡镇收益分配比例偏高，村集体收益支配权较弱

集体经营性建设用地入市过程也是集体土地发展权实现的过程，对应入市过程中用途变更权、强度提高权和流转交易权，分别带来用途性增值、投资性增值和供求性增值。以江苏省赣榆区为例，通过量化发展权增值因素，对集体经营性建设用地入市增值收益分配进行优化，发现乡镇收益分配比例的实际值要高于优化值，村集体获得的收益分配额的实际值要低于优化值。

赣榆区的入市实践表明，镇集体统筹下的入市改革中，镇集体相对而言较为强势，获取增值收益分配的博弈能力较强，可能在入市中获得更高的增值收益。集体经济组织内部较少进行增值收益分配，尤其是农民不拥有建设用地的情况下，村集体增值收益可能不会直接给农民分配现金，而是主要用于集体经济发展和村庄基础设施建设。由于实行“村账镇管”，村集体对入市增值收益分配的支配能力也被削弱，尽管这有利于对村委会的财务监管。

五、基于合作博弈的集体经营性建设用地入市增值收益分配优化研究发现，直接入市和调整入市中政府和农民之间的收益分配比例存在较大差异

长垣市工业用地直接入市中政府获取的增值收益分配比例低，集体获得的比例高，实践中以总收益为基准的就地入市中政府和集体的收益分配比例为5%∶95%，政府分享的收益比例较低，基于贡献度修正的区间 Shapley 值法优化后政府应当分享的增值收益比例为20%。调整入市中，政府获得的收益分配比例达到53%，要高于直接入市。对调整入市的增值收益分配关系优化后，发现农民实际分享的入市增值收益比例偏低。

六、制度环境和治理结构差异对镇集体主导入市和集体自组织入市增值收益分配产生影响

基于制度环境、治理结构与集体经营性建设用地入市增值收益分配

模式的研究发现，武进区集体经营性建设用地入市以镇集体主导为主，由镇村两级集体经济组织协商确定收益分配比例，德清县入市以集体自组织为主，主要通过村股份经济合作社推进入市，收益分配按照土地所有权归属于乡镇、村集体和村小组。此外，武进区村集体收益实行“村账镇管”，而德清县的收益管理权在村集体经济组织，两地均可以将入市收益用于基础设施建设、购买物业、投资经营等活动，德清县以股权量化形式强化了对入市收益的管理。两地入市增值收益很少直接分配给农民，农民主要通过股权分红获取收益。制度分析发现，政府与市场的关系、资源禀赋和入市用途、土地制度设计等制度环境差异是武进区镇集体主导入市模式和德清县集体自组织入市模式增值收益分配存在差异的主要原因，治理结构的差异影响到两种模式下增值收益分配主体和村集体的收益支配权。

七、集体经营性建设用地入市合理的增值收益分配机制要以共享原则为指导、以共享程序为依据，建立完善的共享保障机制

合理的增值收益分配机制关键是要在考虑增值收益形成机理和不同利益主体贡献度的基础上，考虑按照发展权贡献度共享原则、利益均衡原则、让利于民原则、集体经济组织可持续发展原则等进行分配，要以健全的共享程序为依据，建立合理的沟通协商机制、乡村治理体系、分配比例和监督机制。入市增值收益的共享还要有健全的农村集体经济组织产权体系、完善的政策法规、有为的政府管理和健全的市场机制作保障。

第二节 研究不足与展望

一、研究不足

迫于能力、时间与精力限制，本书研究还存在以下几点不足：

首先，研究范围未能如愿。尽管本书研究选择了全国东部地区的武

进区、德清县，中部地区的长垣市，西部地区的湄潭县等为研究区域，客观上讲还只是全国入市改革的缩影，尤其是在《土地管理法》颁布之后，各省在33个国家级试点的基础上又新增了大量的省级集体经营性建设用地入市试点地区。因此，本研究范围及样本未能覆盖到大多数试点地区。

其次，研究内容的丰富度也可以提升。本研究仅对集体经营性建设用地入市增值收益分配进行研究，而在调研中发现，入市模式、改革路径、市场建设、合约管理等问题也存在很多问题，有许多值得深化研究的点，限于时间精力，这些问题研究得并不具体、全面。

二、研究展望

集体经营性建设用地入市研究既是一个新鲜事物，又是一个老的研究话题。入市研究新在2015年我国才启动全国范围的集体经营性建设用地入市改革试点，近几年全国范围内的入市改革案例才不断增加，因此，新的问题、实践、冲突在发展中产生。说其是老话题，是因为入市前已有大量研究关注集体建设用地流转，入市研究实质上是在延续之前的集体建设用地流转研究。尽管如此，入市改革还有以下研究值得期待：

第一，如何协调好集体经营性建设用地入市中国家与集体关系的研究。集体经营性建设用地入市是国家“还权赋能”的过程，在权利让渡、收益分配等方面让利于民。入市改革对于城镇国有土地出让也会带来冲击，影响地方土地财政收入。为此，应当研究入市改革对城镇国有土地市场及政府收益的影响，研究协调国家与集体利益关系的有效机制，更好实现城乡共同富裕目标。

第二，如何更好发挥村集体在集体经营性建设用地入市中的主导权作用。入市改革自上而下的路径有利于规范入市程序、提高组织规划能力。然而，入市没有赋予村集体自主的主导权，仍然由政府充当“家长”角色，不利于实现村民自治。未来，如何培育入市中村集体自组织能力，发展新型集体经济，激发乡村内生动力，才是乡村振兴与可持续发展的根本。

第三，如何看待入市改革中差异化的模式、路径及其绩效。地区差异化的资源禀赋和产业结构产生了集体经营性建设用地入市差异，需要针对差异化的入市模式，增值收益分配状况和社会经济、生态环境效益进行研究。通过总结提炼地区入市经验，为国家层面集体经营性建设用地入市法律政策制定提供参考。

参考文献

[1] SHI C, TANG B sin. Institutional change and diversity in the transfer of land development rights in China: The case of Chengdu [J]. Urban Studies, 2020, 57 (3): 473 -489.

[2] SHI C, TANG B sin. Institutional change and diversity in the transfer of land development rights in China: The case of Chengdu [J]. Urban Studies, 2020, 57 (3): 473 -489.

[3] YU C. Allocating Land Value Increment from the Perspective of Land Development Right [J]. Economic Geography, 2012.

[4] NOSAL E. The taking of land: market value compensation should be paid [J]. Journal of Public Economics, 2001, 82 (3): 431 -443.

[5] FEDER G, FEENY D. Land Tenure and Property Rights: Theory and Implications for Development Policy [J]. The World Bank Economic Review, 1991, 5 (1): 135 -153.

[6] VAN WAGNER E. Law's rurality: Land use law and the shaping of people - place relations in rural Ontario [J]. Journal of Rural Studies, 2016, 47: 311 -325.

[7] PARK A, BRANDT L, GILES J. Competition under credit rationing: theory and evidence from rural China [J]. Journal of Development Economics, 2003, 71 (2): 463 -495.

[8] BRANDT L, HUANG J, LI G, 等. Land Rights in Rural China: Facts, Fictions and Issues [J]. The China Journal, 2002, 47: 67 -97.

[9] ZHOU L, LU H, ZOU J. Impact of Land Property Rights Security Cognition on Farmland Quality Protection: Evidence from Chinese Farmers

[J]. Land, 2023, 12 (1): 188.

[10] RUDEN, S. T. Property Rights, Land Market and Investment in Soil Conservation, Paper Prepared for the Workshop [J]. Economic Policy and Sustainable Land Use Recent Advances in Quantitative Analysis for Developing Countries, 1999, 5 (12): 132 - 157.

[11] ADAMOPOULOS T. Land inequality and the transition to modern growth [J]. Review of Economic Dynamics, 2008, 11 (2): 257 - 282.

[12] LI N, TANG L, CHE X, 等. Does the democratization level of village governance affect perceptions of security and integrity of land rights? - An analysis from the perspective of social network abundance [J]. Journal of Rural Studies, 2022, 94: 305 - 318.

[13] PAŠAKARNIS G, MORLEY D, MALIENĖ V. Rural development and challenges establishing sustainable land use in Eastern European countries [J]. Land Use Policy, 2013, 30 (1): 703 - 710.

[14] CHEN J, YANG S. Rural Land Property Right System of China: Defects and Solutions [J]. Canadian Social Science, 2014, 10 (2): 75 - 83.

[15] ZHENG L, QIAN W. The impact of land certification on cropland abandonment: evidence from rural China [J]. China Agricultural Economic Review, 2021, 14 (3): 509 - 526.

[16] DING C. Land policy reform in China: assessment and prospects [J]. Land Use Policy, 2003, 20 (2): 109 - 120.

[17] HAVEL M B. Delineation of property rights as institutional foundations for urban land markets in transition [J]. Land Use Policy, 2014, 38: 615 - 626.

[18] MUNTON R. Rural land ownership in the United Kingdom: Changing patterns and future possibilities for land use [J]. Land Use Policy, 2009, 26: S54 - S61.

[19] ADAMOPOULOS T, RESTUCCIA D. Land Reform and Productivity: A Quantitative Analysis with Micro Data [J]. American Economic

Journal: Macroeconomics, 2020, 12 (3): 1 - 39.

[20] SÉOGO W, ZAHONOGO P. Do land property rights matter for stimulating agricultural productivity? Empirical evidence from Burkina Faso [J]. Land Use Policy, 2023, 125: 106475.

[21] GORGAN M, HARTVIGSEN M. Development of agricultural land markets in countries in Eastern Europe and Central Asia [J]. Land Use Policy, 2022, 120: 106257.

[22] MOSS C B, LIVANIS G, BRENEMAN V, 等. Productivity Versus Urban Sprawl: Spatial Variations in Land Values [M] //BALL V E, NORTON G W. Agricultural Productivity: Measurement and Sources of Growth. Boston, MA: Springer US, 2002: 117 - 133.

[23] KVARTIUK V, PETRICK M. Liberal land reform in Kazakhstan? The effect on land rental and credit markets [J]. World Development, 2021, 138: 105285.

[24] MACMILLAN D C. An economic case for land reform [J]. Land Use Policy, 2000, 17 (1): 49 - 57.

[25] HOLCOMBE R G. The New Urbanism Versus the Market Process [J]. The Review of Austrian Economics, 2004, 17 (2/3): 285 - 300.

[26] INTERDONATO R, BOURGOIN J, GRISLAIN Q, 等. The new abnormal: Identifying and ranking anomalies in the land trade market [J]. PLOS ONE, 2022, 17 (12): e0277608.

[27] BINSWANGER H P, DEININGER K, FEDER G. Chapter 42 Power, distortions, revolt and reform in agricultural land relations [M] // Handbook of Development Economics: 卷 3. Elsevier, 1995: 2659 - 2772.

[28] DELLER W S. The transfer of land in medieval England from 1246 to 1430: the language of acquisition [J]. Continuity and Change, 2020, 35 (2): 139 - 162.

[29] ROY V P N. Part - time Brokers in Financialised Rural Land Markets: Processes, Typology and Implications [J]. Review of Development and Change, 2020, 25 (1): 70 - 88.

[30] WELDESILASSIE A B, B. WORKU G. Managing urban land markets in Africa: Valuation, performance and policy implication [J]. Land Use Policy, 2022, 114: 105906.

[31] HAGMAN D G, MISCZYNSKI D J. Windfalls For Wipeouts: Land Value Capture and Compensation. : PB80172711 [R]. American Society of Planning Officials, Chicago, IL. ; Department of Housing and Urban Development, Washington, DC. Office of, 1978.

[32] KUNG J K sing. Common Property Rights and Land Reallocations in Rural China: Evidence from a Village Survey [J]. World Development, 2000, 28 (4): 701 -719.

[33] DYE R F, MCMILLEN D P. Teardowns and land values in the Chicago metropolitan area [J]. Journal of Urban Economics, 2007, 61 (1): 45 -63.

[34] JOHNSTON R J, SWALLOW S K. Economics and Contemporary Land Use Policy: Development and Conservation at the Rural - Urban Fringe [M]. New York: Routledge, 2006.

[35] EVANS A W, BEED C. Transport Costs and Urban Property Values in the 1970s [J]. Urban Studies, 1986, 23 (2): 105 -117.

[36] BOUÉ C, COLIN J P. Land certification as a substitute or complement to local procedures? Securing rural land transactions in the Malagasy highlands [J]. Land Use Policy, 2018, 72: 192 -200.

[37] DIAMOND H, NOONAN P F. Land Use in America [C]. 1996.

[38] WANG H, KAN X, JIANG X. Imbalance and balance: The distribution of land value - added benefits in postmining land use [J]. The Extractive Industries and Society, 2023, 13: 101220.

[39] CORY G A. The New Institutional Economics: Williamson and Transaction Cost Economics [M] //CORY G A. The Consilient Brain. Boston, MA: Springer US, 2004: 109 -115.

[40] ALCHIAN A, DEMSETZ H. Production, information costs, and economic organization [M] //PUTTERMAN L, KROSZNER R S. The Eco-

nomic Nature of the Firm：A Reader. 3 版 . Cambridge：Cambridge University Press，2009：173 - 196.

[41] NORTH D C，THOMAS R P. An Economic Theory of the Growth of the Western World [J]. The Economic History Review，1970，23（1）：1 - 17.

[42] COASE R H. The Problem of Social Cost [J]. The Journal of Law and Economics，1960，3：1 - 44.

[43] WILLIAMSON O E. Markets and Hierarchies：Some Elementary Considerations [J]. The American Economic Review，1973，63（2）：316 - 325.

[44] BARZEL Y. A Theory of Rationing by Waiting [J]. The Journal of Law and Economics，1974，17（1）：73 - 95.

[45] SABATIER P A. Governing the Commons：The Evolution of Institutions for Collective Action. By Elinor Ostrom. Cambridge：Cambridge University Press，1990. 279p. [J]. American Political Science Review，1992，86（1）：248 - 249.

[46] YANG L，MENG F，MA C，et al. Elucidating the spatial determinants of heavy metals pollution in different agricultural soils using geographically weighted regression [J]. Science of The Total Environment，2022，853：158628.

[47] 埃里克·弗鲁博顿，鲁道夫·芮切特．新制度经济学：一个交易费用分析范式 [M]．姜建强，罗长远，译．上海人民出版社，2012.

[48] 薄乐．农村集体经营性建设用地入市收益分配研究 [D]．沈阳农业大学，2018.

[49] 保罗·萨缪尔森．经济学 [M]．萧琛主译，译．商务印书馆，2013.

[50] 北京大学国家发展研究院综合课题组，周其仁．还权赋能——成都土地制度改革探索的调查研究 [J]．国际经济评论，2010（2）：54 - 92，5.

［51］蔡继明．必须给被征地农民以合理补偿［J］．中国审计，2004（8）：18.

［52］曹笑辉．集体建设用地入市模式及其立法选择［J］．理论探索，2016（2）：116－122.

［53］曹昭煜，洪开荣．基于博弈论的集体建设用地入市联盟利益分配机制研究［J］．湖南社会科学，2015（5）：143－146.

［54］陈昌玲，诸培新，许明军．治理环境和治理结构如何影响宅基地有偿退出——基于江苏省阜宁县退出农户集中安置模式的案例比较［J］．中国农村经济，2023（8）：168－184.

［55］陈会广，陈利根，马秀鹏，等．农村集体建设用地流转模式的多样化创新——基于政府与市场关系的视角［J］．经济体制改革，2009（1）：87－92.

［56］陈阳．集体经营性建设用地入市土地增值核算原理及技术方法研究［D］．浙江大学，2018.

［57］程雪阳．论集体土地征收与入市增值收益分配的协调［J］．中国土地科学，2020，34（10）：28－33.

［58］崔建远．物权编对四种他物权制度的完善和发展［J］．中国法学，2020（4）：26－43.

［59］单玉红，聂俊成．基于 GWR 模型的武汉市住宅地价影响因素研究［J］．华中农业大学学报（社会科学版），2014（5）：111－118.

［60］邓爱珍，陈美球，林建平，等．农村集体经营性建设用地“入市”流转的社会认知与意愿实证分析——以江西省赣县为例［J］．农村经济与科技，2016，27（1）：26－28，31.

［61］邓宏乾．土地增值收益分配机制：创新与改革［J］．华中师范大学学报（人文社会科学版），2008（5）：42－49.

［62］丁琳琳，王大庆．中国农村集体经营性建设用地入市问题的再认识［J］．价格理论与实践，2022（8）：51－54.

［63］董秀茹，薄乐，赫静文．农村集体经营性建设用地流转收益分配研究——基于分配主体利益诉求及博弈理论［J］．国土资源科技

管理，2016，33（3）：80-85.

[64] 杜伟，黄敏．关于乡村振兴战略背景下农村土地制度改革的思考［J］．四川师范大学学报（社会科学版），2018，45（1）：12-16.

[65] 杜新波，孙习稳．城市土地增值原理与收益分配分析［J］．中国房地产，2003（8）：38-41.

[66] 樊帆．集体经营性建设用地流转收益分配研究——基于政府规制失灵的视角［J］．湖北社会科学，2016（11）：80-85.

[67] 樊帆．影响集体经营性建设用地流转收益分配方式的主要因素——基于微观主体农户的调查［J］．理论与改革，2015（5）：92-95.

[68] 樊丽如．农村集体经营性建设用地入市实践研究——以山西泽州试点为例［D］．晋中市：山西农业大学，2019.

[69] 房骏．交易费用理论在集体建设用地入市分析中的拓展［D］．杭州：浙江大学，2016.

[70] 房绍坤．农村集体经营性建设用地入市的几个法律问题［J］．烟台大学学报（哲学社会科学版），2015，28（3）：15-22.

[71] 丰景春，杨圣涛，张云华．异质性偏好视角下的PPP项目控制权分配研究［J］．工程管理学报，2016，30（6）：95-100.

[72] 傅白水．浙江农村产权改革试验［J］．决策，2016（5）：64-65.

[73] 高飞．农村土地"三权分置"的法理阐释与制度意蕴［J］．法学研究，2016，38（3）：3-19.

[74] 高圣平，刘守英．集体建设用地进入市场：现实与法律困境［J］．管理世界，2007（3）：62-72，88.

[75] 高静，唐建，贺昌政．试重构城镇化进程中农地转非的土地增值分配机制——基于权利贡献度视角［J］．城市发展研究，2011，18（2）：48-53.

[76] 耿槟，朱道林，梁颖．基于特征价格模型的农村集体建设用地流转价格影响因素研究［J］．生态经济，2013（1）：56-58，70.

[77] 韩冬，韩立达，何理，等．基于土地发展权和合作博弈的农村土地增值收益量化分配比例研究——来自川渝地区的样本分析［J］．

中国土地科学，2017，31（11）：62－72.

［78］韩松．论农村集体经营性建设用地使用权［J］．苏州大学学报（哲学社会科学版），2014，35（3）：70－75，191－192.

［79］何芳，龙国举，范华，等．国家集体农民利益均衡分配：集体经营性建设用地入市调节金设定研究［J］．农业经济问题，2019（6）：67－76.

［80］何鹏飞．农村集体经营性建设用地入市增值收益分配研究——基于马克思地租理论视角［J］．湖南广播电视大学学报，2020（2）：36－41.

［81］贺雪峰．地权的逻辑Ⅱ［M］．北京：东方出版社，2013.

［82］贺雪峰．就地权逻辑答周其仁教授［J］．华中农业大学学报（社会科学版），2013（3）：1－9.

［83］亨利·乔治．进步与贫困［M］．吴良健，王翼龙，译．北京：商务印书馆，2012.

［84］胡如梅，谭荣．集体经营性建设用地统筹入市的模式选择［J］．中国土地科学，2021，35（4）：101－108.

［85］华德志，宣飞，查章林，等．浅析博弈论在企业管理中的应用［J］．技术与市场，2011，18（7）：294－295.

［86］黄砺，姚钰洁．新时代农村集体建设用地入市模式研究：基于交易费用视角［J］．南京农业大学学报（社会科学版），2021，21（1）：85－94.

［87］黄贤金，杨红，罗明．农村土地制度的改革创新模式和绩效［J］．中国土地，2018（5）：13－15.

［88］黄贤金，戴垠澍．对广西北流市农村集体经营性建设用地入市改革的思考［J］．南方国土资源，2018（03）：19－23.

［89］江晓华．集体建设用地市场化的制度风险及治理［J］．华南农业大学学报（社会科学版），2014，13（2）：1－7.

［90］矫雪梅，黄欢，张晓婧，等．国家城乡融合发展试验区集体经营性建设用地入市研究［J］．规划师，2021，37（5）：19－24.

［91］卡尔·马克思，弗里德里希·恩格斯．马克思恩格斯全集：

著作（1875 年 4 月 ~ 1883 年 5 月）：卷 0 [M]. 中共中央马克思恩格斯列宁斯大林著作编译局，译. 人民出版社，2001.

[92] 柯武刚，史漫飞，贝彼得. 制度经济学：财产、竞争和政策（第 2 版）（修订版）[M]. 柏克，韩朝华，译. 商务印书馆有限公司，2018.

[93] 孔祥智，李愿. 新时代集体经营性建设用地入市改革：阶段特征、现实进展与政策建议 [J]. 南京工业大学学报（社会科学版），2024，23（02）：93 – 108，110.

[94] 李春江，贾莉. 农村集体经营性建设用地流转问题研究——以佛山市南海区为例 [J]. 乡村科技，2019（24）：41 – 43.

[95] 李怀. 农村集体经营性建设用地入市收益分配改革：模式、困境与突破 [J]. 东岳论丛，2020，41（7）：128 – 137.

[96] 李杰，陈英，谢保鹏，等. 集体经营性建设用地地价影响因素研究 [J]. 国土与自然资源研究，2021（4）：43 – 48.

[97] 李娟，吴群，刘红. 土地市场成熟度及其量度体系研究 [J]. 中国土地，2006（11）：12 – 14.

[98] 李世亮，李海嘉. 以金融服务乡村振兴为视角　谈集体经营性建设用地使用权交易 [J]. 产权导刊，2022（7）：28 – 33.

[99] 李文艳，王海卉，林筠茹. 新土地蛋糕如何切分？——农村集体经营性建设用地入市增值收益辨析 [C] //中国城市规划学会. 面向高质量发展的空间治理——2020 中国城市规划年会论文集（16 乡村规划）. 中国四川成都：中国建筑工业出版社，2020：8.

[100] 李中仁，蔡庆鸣. 农村集体经营性建设用地入市收益分配为何出现困境？——基于湖南省 S 市的案例分析 [J]. 吉首大学学报（社会科学版），2024，45（02）：95 – 103.

[101] 李祖全，任空军. 农地发展权合作博弈的均衡保护研究 [J]. 安徽农业科学，2017，45（16）：182 – 185.

[102] 林航，李震华. 农村集体资产股份权能改革试验与对策研究——以浙江省德清县为例 [J]. 浙江农业学报，2017，29（11）：1949 – 1956.

［103］林瑞瑞，朱道林，刘晶，等．土地增值产生环节及收益分配关系研究［J］．中国土地科学，2013，27（2）：3－8.

［104］刘洪彬，曲福田．关于农村集体建设用地流转中存在的问题及原因分析［J］．农业经济，2006（2）：39－41.

［105］刘俊杰，岳永兵．农村集体经营性建设用地入市改革：回顾与展望［J］．农村金融研究，2020（6）：10－14.

［106］刘俊杰．农村集体经营性建设用地入市改革需解决好四大问题［J］．农村工作通讯，2019（2）：41－44.

［107］刘丽，张迎新．集体建设用地流转中政府定位不明、职能不清的原因分析［J］．国土资源情报，2003（11）.

［108］刘尚芳．土地增值原因与土地增值税研究［D］．济南：山东大学，2015.

［109］刘守英，熊雪锋，章永辉，等．土地制度与中国发展模式［J］．中国工业经济，2022（1）：34－53.

［110］刘向南，郭锦涛，吴群．集体经营性建设用地出让改革研究——基于农民土地财产权益实现的视角［J］．中国国土资源经济，2022，35（2）：36－44.

［111］刘晓丽．长垣县农村集体经营性建设用地入市路径研究［J］．安徽农业科学，2016，44（17）：238－240，257.

［112］刘晓萍．农村集体经营性建设用地入市制度研究［J］．宏观经济研究，2020（10）：137－144.

［113］刘亚辉．农村集体经营性建设用地使用权入市的进展、突出问题与对策［J］．农村经济，2018（12）：18－23.

［114］刘益林，徐霞，王森，等．基于 ISM 的我国集体经营性建设用地入市制约因素研究［J］．宏观经济管理，2017（S1）：12－13，15.

［115］刘永湘，杨明洪．中国农民集体所有土地发展权的压抑与抗争［J］．中国农村经济，2003（6）：16－24.

［116］刘正山．喜忧并存的“全面产权观”——与周城教授商讨征地补偿问题［J］．南方国土资源，2006（3）：16－17.

[117] 龙开胜．农村集体建设用地流转：演变、机理与调控 [D]．南京农业大学，2011.

[118] 龙小敏，冯德东，韩德军．农村集体经营性建设用地入市研究——以湄潭县为例 [J]．农业与技术，2020，40 (18)：172 - 174.

[119] 陆剑，陈振涛．集体经营性建设用地入市改革试点的困境与出路 [J]．南京农业大学学报（社会科学版），2019，19 (2)：112 - 122，159.

[120] 陆剑，易高翔．论我国农村集体经济组织法人的制度构造——基于五部地方性法规和规章的实证研究 [J]．农村经济，2018 (2)：16 - 21.

[121] 罗雅纯．集体经营性建设用地入市流转收益分配研究——以湖北宜城市为例 [D]．武汉：华中师范大学，2017.

[122] 吕丹，李明珠．基于演化博弈视角的"乡贤"参与乡村治理及其稳定性分析 [J]．农业经济问题，2020 (4)：111 - 123.

[123] 吕萍，于璐源，丁富军．集体经营性建设用地入市模式及其市场定位分析 [J]．农村经济，2018 (7)：22 - 27.

[124] 吕萍，支晓娟．集体建设用地流转影响效应及障碍因素分析 [J]．农业经济问题，2008 (2)：12 - 18，110.

[125] 吕萍．城乡经济一体化中集体土地流转问题研究 [J]．中国农业资源与区划，2003 (2)：56 - 60.

[126] 马翠萍．集体经营性建设用地制度探索与效果评价——以全国首批农村集体经营性建设用地入市试点为例 [J]．中国农村经济，2021 (11)：35 - 54.

[127] 马翠萍．农村集体经营性建设用地入市收益分配的实践探索与制度优化 [J]．改革，2022 (10)：106 - 116.

[128] 马贤磊，曲福田．经济转型期土地征收增值收益形成机理及其分配 [J]．中国土地科学，2006 (5)：2 - 6，12.

[129] 聂家荣，李贵才，刘青．基于夏普里值法的城市更新单元规划空间增量分配方法探析——以深圳市岗厦河园片区为例 [J]．人文地理，2015，30 (2)：72 - 77.

[130] 朋东云. 农村集体经营性建设用地入市增值收益评价及其分配研究——以浙江省德清县为例 [D]. 杭州: 浙江工商大学, 2020.

[131] 彭文英, 洪亚敏, 王文, 等. 集体建设用地流转收益及分配探析 [J]. 经济与管理研究, 2008 (5): 55-60.

[132] 邱芳荣, 赵旭. 同权同价 流转顺畅 收益共享——记德清县农村集体经营性建设用地入市试点工作 [J]. 浙江国土资源, 2018 (1): 55-56.

[133] 曲福田, 谭荣. 中国土地非农化的可持续治理 [M]. 1 版. 北京: 科学出版社, 2010.

[134] 曲福田, 田光明. 城乡统筹与农村集体土地产权制度改革 [J]. 管理世界, 2011 (6): 34-46, 187.

[135] 曲福田, 诸培新. 土地经济学 (第 4 版) [M]. 中国农业出版社, 2018.

[136] 申文金, 任喜洋, 张君宇, 等. 市场均衡视角下农村建设用地入市增值收益博弈与分配研究 [J]. 国土资源科技管理, 2023, 40 (1): 27-37.

[137] 舒帮荣, 陈利洪, 李永乐, 等. 集体经营性建设用地流转收益分配合理性影响因素研究——基于村级背景和农户认知的多层次分析 [J]. 国土与自然资源研究, 2018 (2): 35-41.

[138] 宋才发, 金璐. 三权分置: 农村土地制度创新的法治基础 [J]. 中南民族大学学报 (人文社会科学版), 2018, 38 (5): 138-143.

[139] 宋志红. 集体建设用地使用权设立的难点问题探讨 兼析《民法典》和《土地管理法》有关规则的理解与适用 [J]. 中外法学, 2020, 32 (4): 1042-1061.

[140] 谈琼. 集体经营性建设用地入市增值收益分配研究——以天津蓟州区为例 [J]. 中国房地产, 2019 (22): 37-41.

[141] 谭荣, 曲福田. 中国农地非农化与农地资源保护: 从两难到双赢 [J]. 管理世界, 2006 (12): 50-59, 66.

[142] 唐健, 谭荣. 农村集体建设用地价值 "释放" 的新思路——基于成都和无锡农村集体建设用地流转模式的比较 [J]. 华中

农业大学学报（社会科学版），2013（3）：10－15.

［143］唐健，谭荣．农村集体建设用地入市路径——基于几个试点地区的观察［J］．中国人民大学学报，2019，33（1）：13－22.

［144］汪洋．“三块地”改革背景下集体建设用地使用权的再体系化［J］．云南社会科学，2022（3）：137－149.

［145］王成量，周丙娟，陈美球，等．农村集体经营性建设用地价格影响因素的实证分析——基于江西省余江县179份交易案例［J］．中国农业资源与区划，2018，39（12）：211－217.

［146］王敏，诸培新，张志林．集体建设用地流转增值收益共享机制研究——以昆山市为例［J］．中国土地科学，2016，30（2）：51－57.

［147］王秋兵，赫静文，董秀茹，等．农村集体经营性建设用地入市障碍因素分析——基于利益主体视角［J］．江苏农业科学，2017，45（4）：255－258.

［148］王小映．论农村集体经营性建设用地入市流转收益的分配［J］．农村经济，2014（10）：3－7.

［149］王亚男，吕晓，张启岚．集体经营性建设用地入市助推乡村振兴的机制与对策［J］．农村经济，2022（11）：27－33.

［150］温世扬．集体经营性建设用地“同等入市”的法制革新［J］．中国法学，2015（4）：66－83.

［151］翁贞林，唐文苏，谌洁．乡村振兴视野下农村集体经营性建设用地直接入市：演进逻辑、现实挑战与未来展望［J］．华中农业大学学报（社会科学版），2022（3）：188－196.

［152］吴迪，祁宝平，韩凌月．集体经营性建设用地入市的法律困境和治理路径［J］．上海法学研究，2020，24.

［153］吴一恒．农地“三权分置”制度：制度由来、产权配置与实践路径研究［D］．南京：南京农业大学，2024.

［154］吴义龙．集体经营性建设用地入市的现实困境与理论误区——以“同地同权”切入［J］．学术月刊，2020，52（4）：118－128，141.

［155］夏莲，丁玉敏．基于利益均衡的集体经营性建设用地入市

收益分配机制研究——以浙江省德清县为例［J］. 哈尔滨学院学报，2023，44（1）：38－42.

［156］夏沁. 论农村集体经营性建设用地入市的规范体系——以《土地管理法》（修正）和《民法典》为基本法［J］. 华中农业大学学报（社会科学版），2022（3）：177－187.

［157］肖新喜. 集体经营性建设用地增值收益分配的制度革新［J］. 学习与实践，2019（9）：55－62.

［158］谢保鹏，朱道林，陈英，等. 土地增值收益分配对比研究：征收与集体经营性建设用地入市［J］. 北京师范大学学报（自然科学版），2018，54（3）：334－339.

［159］辛蔚，林木西. 产权结构与制度环境降低交易成本的机理研究［J］. 经济理论与经济管理，2020（5）：35－47.

［160］徐建牛，李敢. 农地入市何以可能？——双重影响视角下农地入市案例研究［J］. 公共管理学报，2019，16（3）：108－117，173.

［161］徐洁，高清浅. 乡村振兴背景下农村集体经营性建设用地入市的困境与纾解［J］. 河南社会科学，2023，31（1）：26－35.

［162］徐进才，徐艳红，庞欣超，等. 基于“贡献—风险”的农地征收转用土地增值收益分配研究——以内蒙古和林格尔县为例［J］. 中国土地科学，2017，31（3）：28－35.

［163］徐永德. 集体经营性建设用地入市法律规制研究［D］. 西南政法大学，2022.

［164］杨宸. 农村集体经营性建设用地入市土地增值收益分配机制［J］. 安徽农业科学，2016，44（36）：221－223.

［165］杨辉. 三亚探索集体经营性建设用地入市［J］. 小康，2021（11）：74－75.

［166］杨人豪，杨庆媛，冯一泰. 农村集体经营性建设用地入市的基层治理研究——基于扎根理论对成都市郫都区宝华村的案例分析［J］. 西部论坛，2020，30（5）：32－42.

［167］杨小凯，黄有光. 专业化与经济组织：一种新兴古典微观

经济学框架 [M]. 张玉纲，译. 经济科学出版社，1999.

[168] 杨雅婷. 农村集体经营性建设用地流转收益分配机制的法经济学分析 [J]. 西北农林科技大学学报（社会科学版），2015，15(2)：15-21.

[169] 杨岩枫. 政府规制视角下的集体经营性建设用地土地市场研究——以北京市为例 [D]. 中国地质大学（北京），2017.

[170] 杨阳. 长垣市政府主导型农地流转问题研究 [D]. 郑州：河南师范大学，2020.

[171] 叶兴庆. 农村集体经营性建设用地的产权重构 [N]. 中国经济时报，2015 (5).

[172] 易甜. 集体经营性建设用地流转收益分配问题研究 [D]. 华中师范大学，2016.

[173] 于建嵘. 集体经营性建设用地入市的思考 [J]. 探索与争鸣，2015 (4)：55-58.

[174] 余慕溪. 关闭矿井土地退出增值收益分配研究 [D]. 徐州：中国矿业大学，2019.

[175] 余述琼，周小平，王军艳. 农村集体经营性建设用地入市用于商品住宅的改革探索与风险分析——以广西壮族自治区北流市的改革创新为例 [J]. 改革与战略，2020，36 (6)：104-115.

[176] 虞晓芬，傅玳. 多指标综合评价方法综述 [J]. 统计与决策，2004 (11)：119-121.

[177] 喻瑶，余海，徐振雄. 农村集体经营性建设用地入市价格影响因素研究——基于湖南省浏阳市数据的分析 [J]. 价格理论与实践，2019 (11)：33-36.

[178] 苑韶峰，干欣怡，唐奕钰. 基于联盟利益分配的宅基地退出增值收益共享研究——以浙江省典型县市为例 [J]. 资源科学，2021，43 (7)：1361-1374.

[179] 岳永兵，刘向敏. 集体经营性建设用地入市增值收益分配探讨——以农村土地制度改革试点为例 [J]. 当代经济管理，2018，40(3)：41-45.

［180］臧俊梅，王万茂．中国农地发展权的配置与流转研究［J］．国土资源科技管理，2008（2）：14－18.

［181］张安录，毛泓．农地城市流转与土地一级市场均衡［J］．华中师范大学学报（自然科学版），2000（2）：233－236.

［182］张承，彭新万．利益共享模式下的农地发展权价值形成与分配——基于政府公共服务视角［J］．经济问题探索，2020（11）：73－85.

［183］张建，冯淑怡，诸培新．政府干预农地流转市场会加剧农村内部收入差距吗？——基于江苏省四个县的调研［J］．公共管理学报，2017，14（1）：104－116，158－159.

［184］张建，邹先明，李鑫．基于发展权的集体经营性建设用地入市增值收益分配研究——以江苏省赣榆区为例［J］．湖南农业大学学报（社会科学版），2022，23（6）：88－96.

［185］张军，郑循刚．基于使用权的农村土地增值收益分配改革思路［J］．中国农业资源与区划，2020，41（1）：66－73.

［186］张雷雨，杨毅，梁霄．地理加权回归模型的多重共线性诊断方法［J］．测绘与空间地理信息，2017，40（10）：28－31.

［187］张梦琳，陈利根．农村集体建设用地流转的资源配置效应及政策含义［J］．中国土地科学，2008，22（11）：72－75.

［188］张梦琳．农村集体建设用地流转的模式绩效与路径选择［J］．农村经济，2013（1）：39－41.

［189］张伟．比较视野下我国土地增值收益分配改革［J］．法律适用，2022（4）：159－166.

［190］张伟．农村集体经营性建设用地增值收益分配机制研究——以集体经营性建设用地初次流转为视角［J］．成都理工大学学报（社会科学版），2016，24（2）：53－56.

［191］张文律．我国集体建设用地流转驱动模式研究［J］．西部论坛，2011，21（6）：16－20.

［192］张晓玲．集体建设用地入市政策演进历程与规划管控策略［J］．中国土地，2021（3）：4－7.

[193] 张扬，师海猛．我国农村集体经营性建设用地入市改革探讨 [J]．郑州轻工业大学学报（社会科学版），2021，22（3）：49－54.

[194] 张义博，申佳．建立城乡统一建设用地市场的探索——贵州省湄潭县农村集体经营性建设用地入市改革调查 [J]．中国发展观察，2018（Z1）：114－118.

[195] 赵振宇，陈红霞，赵繁蓉．论集体经营性建设用地增值收益分配——基于博弈论的视角 [J]．经济体制改革，2017（4）：77－83.

[196] 郑妮．《民法典》实施视角下集体经营性建设用地入市疑难问题及对农民权益保障的影响 [J]．农村经济，2021（8）：54－61.

[197] 中共中央马克思恩格斯列宁斯大林著作编译局编译．马克思恩格斯全集：1842 年 11 月—1844 年 8 月：卷 0 [M]．中共中央马克思恩格斯列宁斯大林著作编译局，译．人民出版社，1998.

[198] 周诚．关于我国农地转非自然增值分配理论的新思考 [J]．农业经济问题，2006（12）：4－7，79.

[1990] 周诚．我国农地转非自然增值分配的“私公兼顾”论 [J]．中国发展观察，2006（9）：27－29，26.

[200] 周扬，朱喜钢，郭紫雨，等．从“三集中”到“有机集中”：对苏南小城镇工业用地集聚集约发展的再思考——以常州市礼嘉镇为例 [J]．城市发展研究，2018，25（4）：18－26.

[201] 周应恒，刘余．集体经营性建设用地入市实态：由农村改革试验区例证 [J]．改革，2018（2）：54－63.

[202] 朱道林．试论土地增值 [J]．中国土地科学，1992，6（6）：12－15，8.

[203] 朱启臻，王念．自己的利益要靠自己维护——论集体建设用地流转中农民利益的实现 [J]．中国土地，2009（8）：22－24.

[204] 诸培新，刘玥汐．江苏省“万顷良田建设工程”中集体建设用地流转增值收益分配与机制创新 [J]．中国土地科学，2012，26（10）：4－8.

[205] 诸培新，王敏．农村集体建设用地流转乏力因素分析：兼论促进农民分享增值收益 [J]．土地经济研究，2017（1）：40－49.

后　　记

建立健全兼顾国家、集体和农民个人的入市土地增值收益调节机制，保护农民集体和个人权益，是有序推进集体经营性建设用地入市、健全城乡统一建设用地市场的一项重要任务。围绕农村集体经营性建设用地入市的研究主题，学界在入市改革模式与经验借鉴、土地增值收益分配现状与形成机理等方面取得了丰硕的研究成果。然而，既有研究较少关注集体经营性建设用地入市增值收益分配如何优化，缺少对建立健全增值收益共享机制的探索。本书基于试点地区入市改革的长期跟踪和深入调研，收集了丰富的一手数据和案例资料，构建了基于土地发展权、合作博弈和制度环境与治理结构的土地增值收益分配理论框架，对典型地区入市增值收益分配进行了分析优化，并从共享原则、共享程序、保障机制等方面提出了集体经营性建设用地入市增值收益共享机制，研究丰富了土地增值收益分配的理论体系，为健全入市改革与兼顾国家、集体和农民个人的土地增值收益调节机制提供了理论与实践方面的参考借鉴。

本书是作者作为课题组成员参与南京农业大学冯淑怡教授主持的研究阐释党的二十大精神国家社会科学基金重大项目“我国土地要素市场化改革及其深化路径研究”（批准号：23ZDA031）的阶段性成果。本书从集体经营性建设用地入市增值收益分配这一“小”的主题切入，回答了如何通过完善土地增值收益分配机制来保障农村土地要素市场化的公平与效率、促进乡村振兴与共同富裕战略目标的实现等宏观问题。

本书的顺利完成首先要感谢南京农业大学冯淑怡教授，正是依托冯老师主持的国家社科基金重大项目我才有信心和动力持续对农村土地制度改革这一主题进行思考与研究。感谢冯老师百忙之中多次不厌其烦地指导与交流，她总能洞见本书撰写中的一些问题、症结和调整方法，她的一丝不苟、精益求精、勤奋执着的学术精神时刻激励着我。

其次，要感谢浙江大学谭荣教授的指导。本书是我在浙江大学访学期间完成的，期间相关内容多次在谭老师的组会上汇报交流，谭老师给出许多好的建议，帮助我提升了本书的研究深度。

再次，要感谢中国矿业大学基础、人文与新兴交叉学科经费的资助和公共管理学院（应急管理学院）王义保院长的支持，王院长关心学院青年人的学术成长，为我们创造了好的学术环境，多次在学术道路上指导与鼓励。

最后，要感谢我的研究团队和参与本书撰写的学生张斌、邹先明、李嘉慧和李晓帆，本书的顺利完成工作量巨大，离不开我的学生支持。他们参与了本书部分章节的撰写和修改工作：张斌参与了第四章集体经营性建设用地入市增值收益分配现状的数据整理和初稿撰写工作以及第七章基于合作博弈的集体经营性建设用地入市增值收益分配优化初稿撰写；邹先明参与了第五章农村集体经营性建设用地入市价格影响因素研究和第六章基于发展权的集体经营性建设用地入市增值收益分配优化的初稿撰写；李嘉慧参与了文献综述的初稿撰写和第七章的部分数据整理；李晓帆参与了第三章集体经营性建设用地入市利益主体博弈分析的初稿撰写工作。

张　建

2024 年 8 月